变局中的创新政策转型

国务院发展研究中心创新发展研究部 著

China's Innovation Policy Transformation
in the Transitional Era of Momentous Change

中国发展出版社
CHINA DEVELOPMENT PRESS

图书在版编目（CIP）数据

变局中的创新政策转型/国务院发展研究中心创新发展研究部著.
北京：中国发展出版社，2020.11
ISBN 978-7-5177-1144-5

Ⅰ.①变… Ⅱ.①国… Ⅲ.①科技政策—研究—中国
Ⅳ.①G322.0

中国版本图书馆CIP数据核字（2020）第213501号

书　　　名： 变局中的创新政策转型
著作责任者： 国务院发展研究中心创新发展研究部
出 版 发 行： 中国发展出版社
联 系 地 址： 北京经济技术开发区荣华中路22号亦城财富中心1号楼8层（100176）
标 准 书 号： ISBN 978-7-5177-1144-5
经　销　者： 各地新华书店
印　刷　者： 北京市密东印刷有限公司
开　　　本： 710mm×1000mm　1/16
印　　　张： 18.5
字　　　数： 230千字
版　　　次： 2020年12月第1版
印　　　次： 2020年12月第1次印刷
定　　　价： 75.00元

联 系 电 话：（010）68990625　68990692
购 书 热 线：（010）68990682　68990686
网 络 订 购： http://zgfzcbs.tmall.com
网 购 电 话：（010）68990639　88333349
本 社 网 址： http://www.develpress.com
电 子 邮 件： 174912863@qq.com

DRC

2020

国务院发展研究中心研究丛书

“变局中的创新政策转型”
课题组

课题负责人：

马名杰　国务院发展研究中心创新发展研究部部长、研究员

课题顾问：

吕　薇　十三届全国人大常委会委员、国务院发展研究中心研究员

课题协调人：

沈恒超　国务院发展研究中心创新发展研究部研究室主任、研究员

熊鸿儒　国务院发展研究中心创新发展研究部研究室副主任、副研究员

课题组成员：

马名杰　国务院发展研究中心创新发展研究部部长、研究员

吕　薇　十三届全国人大常委会委员、国务院发展研究中心研究员

田杰棠　国务院发展研究中心创新发展研究部副部长、研究员

戴建军　国务院发展研究中心创新发展研究部副部长、研究员

沈恒超　国务院发展研究中心创新发展研究部研究室主任、研究员

杨　超　国务院发展研究中心创新发展研究部研究室副主任、副研究员

龙海波　国务院发展研究中心创新发展研究部研究室副主任、副研究员

熊鸿儒　国务院发展研究中心创新发展研究部研究室副主任、副研究员

罗　涛　国务院发展研究中心创新发展研究部三级调研员、副研究员

李　忠　国务院发展研究中心创新发展研究部四级调研员、助理研究员

张　鑫　国务院发展研究中心创新发展研究部一级主任科员、副研究员

许守任　国务院发展研究中心创新发展研究部访问学者（2019 年度）

总　序

为决战决胜全面建成小康社会
贡献高端智库更大智慧和力量

马建堂

2020 年是全面建成小康社会决战决胜之年和“十三五”规划收官之年。面对突如其来的新冠肺炎疫情，在以习近平同志为核心的党中央坚强领导下，全国人民以习近平新时代中国特色社会主义思想为指导，坚决贯彻落实中央各项方针政策，紧扣全面建成小康社会目标任务，统筹推进疫情防控和经济社会发展工作，迎难而上、奋力拼搏，决战决胜全面建成小康社会，确保如期全面建成得到人民认可、经得起历史检验的小康社会。

小康社会是中华民族对幸福生活的千年期盼，全面建成小康社会是中国共产党的奋斗目标和庄严承诺。党的十八大以来，以习近平同志为核心的党中央顺应我国经济社会新发展和广大人民群众新期盼，提出了全面建成小康社会新的目标要求，赋予了“小康”更高的标准、更丰富的内涵、更全面的要求。全面建成小康社会，是“两个一百年”奋斗目标的第一个百年奋斗目标，是中国共产党向人民、向历史作出的庄严承诺，是中国特色社会主义进入新时代的重大历史任务，也是乘势开启全面建设社会主义现代化国家新征程、实现中华民族伟大复兴中国梦的重要里程碑，具有十分重要的实践意义、历史意义和世界意义。在习近平新时代中国特色社会主义思想指引下，我国决战全面建成小康社会生动展开、决胜在即。

一是经济迈向高质量发展。习近平总书记指出，我国经济已由高速增长阶段转向高质量发展阶段，正处在转变发展方式、优化经济结构、转换增长动力的攻关期。以经济建设为中心是兴国之要，经济迈向高质量发展是全面建成小康社会的重要物质基础。党的十八大以来，我国积极推进一系列体制机制改革和政策创新，大力推动经济发展质量变革、效率变革、动力变革，经济高质量发展取得了显著成效。2012～2019年，我国经济增长平均速度达到7.0%，在世界主要经济体中保持领先，持续成为推动世界经济增长的动力源。2019年，我国GDP达到990865亿元，接近100万亿元，人均GDP按年平均汇率折算达到10276美元，标志着我国经济发展迈上了新的台阶。同时，产业结构持续优化，制造业内部结构升级趋势明显，化解产能过剩取得实效，供给体系质量逐步提高。

二是创新驱动成效显著。习近平总书记强调，创新是引领发展的第一动力。全面建成小康社会，解决我国发展面临的突出短板问题，守住安全底线，提高发展的平衡性、包容性和可持续性，根本的出路唯有实现创新驱动。党的十八大以来，我国持续加大创新资源投入，通过全面深化改革不断释放和激发全社会的创业创新热情，自主创新能力显著增强，创新型国家和人才强国建设取得决定性进展。2012～2019年，全社会研发经费投入从10298亿元增长到21737亿元，7年间翻了一番，目前研发经费支出占GDP比重已达到2.19%，超过欧盟15个初创国家平均水平。持续投入结出了累累硕果，我国在基础研究、前沿技术等领域取得诸多重大突破，产生一批在世界上叫得响、数得着的重大成果。创新对经济社会发展的引领力不断增强，全员劳动生产率稳步提高，2019 年已达到 115009 元/人。科技与经济深度融合，智能制造、无人配送、在线消费、医疗健康等新产业新业态新商业模式持续高速发展，对经济社会发展的支撑作用不断增强，不少领域在全世界处于领先水平，这一点在新冠肺炎疫情暴发期间表现得尤为突出。

三是发展协调性明显增强。习近平总书记指出，现代化建设各个环节、各个方面要协调发展，不能长的很长、短的很短。协调发展是全面建成小康社会的应有之义。从发展目标上说，协调就是要让全体人民共享发展的成果；从发展手段上说，协调就是要扬长避短，既要巩固和厚植原有优势，也要着力破解难题，补齐短板，克服“木桶效应”，从而提高整体发展质量，挖掘发展潜力，增强发展后劲。党的十八大以来，我国一系列重点发展战略举措都体现了协调发展的理念，取得了明显成效。在区域协调发展方面，我国提出了京津冀协同发展、长江经济带发展、粤港澳大湾区建设、长三角一体化发展、黄河流域生态保护和高质量发展等重大战略，持续支持革命老区、边疆地区、贫困地区加快发展，不断缩小地区发展差距。2019 年我国东部地区人均 GDP 是西部的 1.76 倍，比 2012 年下降了 0.08 倍。反映 31 个省区市人均 GDP 不均等程度的基尼系数从 2012 年的 0.237 下降到 2019 年的 0.235。在城乡协调发展方面，着力实施乡村振兴战略，坚持工业反哺农业、城市支持农村和多予少取放活的方针，促进城乡资源均衡配置，加快推进农业农村现代化步伐。2019 年城镇居民人均可支配收入是农村居民的 2.64 倍，比 2012 年明显下降。

四是人民生活水平和质量普遍提高。习近平总书记强调，让老百姓过上好日子是我们一切工作的出发点和落脚点。全面建成小康社会，人民是最终的阅卷人，必须坚持以人民为中心的发展理念，紧紧抓住人民最关心最直接最现实的利益问题。2013～2019年，我国全年城镇新增就业人数都在1300万人以上，在一个有14亿人口的大国实现了比较充分的就业。2012～2019年，我国居民人均可支配收入从16510元增长到30733元，收入分配差距问题有所缓解，中等收入人口比重持续上升，经济增长和社会发展成果真正被广大人民共享。截至2019年底，全国参加城镇职工基本养老保险的有43482万人，参加城乡居民基本养老保险的有53266万人，参加基本医疗保险的有135436万人。作为一个发展中国家，我国建成了全世界覆盖面最广的社会保障网，有效解除了广大人民的后顾之忧。全面小康是惠及全体人民的小康，是没有一个人掉队的小康，其中最艰巨的是打赢精准脱贫攻坚战。习近平总书记多次强调，小康不小康，关键看老乡。2012～2019年，我国年末贫困人口从9899万人减少到551万人，连续7年年均减贫1000万人以上，9000多万人已经稳定脱贫，贫困发生率从10.2%降到0.6%，脱贫攻坚取得了决定性成就。这是人类减贫史乃至发展史上前无古人的壮举。

五是国民素质和社会文明程度显著提高。习近平总书记指出，只有物质文明建设和精神文明建设都搞好，国家物质力量和精神力量都增强，全国各族人民物质生活和精神生活都改善，中国特色社会主义事业才能顺利推向前进。党的十八大以来，中国梦和社会主义核心价值观深入人心，已经内化为人们的精神取向、外化为人们的自觉行动，成为当代中国精神的集中体现，凝结着全体人民共同的价值追求。随着对教育、卫生等公共事业的持续投入，2018年我国劳动年龄人口的平均受教育年限达到10.63年，人均预期寿命达到77岁，国民思想道德素质、科学文化素质、健康素质明显提高，为创建知识型、技能型、创新型劳动者大军提供了坚实人力基础。特别是在2020年初新冠肺炎疫情暴发后，习近平总书记亲自指挥、亲自部署，始终把人民群众生命安全和身体健康放在第一位，带领全党全国人民打响疫情防控的人民战争、总体战、阻击战，并迅速扭转局面，取得疫情防控持续向好态势，有力保障了人民健康安全。

六是生态环境质量总体改善。习近平总书记强调，环境就是民生，青山就是美丽，蓝天也是幸福。良好的生态环境是最公平的公共产品和最普惠的民生福祉，是全面建成小康社会的重要内容，否则，就会影响小康社会的“成色”。党的十八大以来，我国明确实行了最严格的生态环境保护制度，逐步健全了以主体功能区制度为核心，以源头预防、过程控制、损害赔偿和责任追究为主要内容的生态文明制度体系。党的十九大提出要坚决打好污染防治攻坚战，以改善生态环境质量为核心，以解决人民群众反映强烈的突出生态环境问题为重点，围绕污染物总量减排、生态环境质量提高、生态环境风险管控三类目标，全面推进蓝天保卫战，着力打好碧水保卫战，扎实推进净土保卫战，大力开展生态保护和修复，强化生态环境督察执法，保证党中央关于生态文明建设决策部署落地生根见效。由于这些努力，近年来我国环境质量改善速度之快前所未有，生态环境发生了历史性、转折性和全局性的变化。空气质量明显改善。2019年，在监测的337个地级及以上城市中，空气质量达标的城市占46.6%，比最近可比的2015年提高了25个百分点；全国细颗粒物（PM2.5）未达标地级及以上城市的年平均浓度为40微克/立方米，比2015年下降了29.8%。水环境质量明显好转。全国地表水Ⅰ－Ⅲ类水体比例达到70%以上，劣Ⅴ类水体比例控制在5%以内。能源资源消费更加集约。2019年，每万元国内生产总值用能量为0.49吨标煤，比2012年下降了24.5%；每万元国内生产总值用水量67立方米，比2012年下降了38.8%。

七是各方面制度更加成熟更加定型。习近平总书记指出，新时代改革开放具有很多新的内涵和特点，其中很重要的一点就是制度建设分量更重，改革更多面对的是深层次体制机制问题，对改革顶层设计的要求更高，对改革的系统性、整体性、协同性要求更高，相应地，建章立制、构建体系的任务更重。全面小康是我国近现代发展史上的一次重大历史变革，其建成、巩固以及在此基础上开启我国社会主义现代化国家建设新征程，都要依靠沿着正确方向深化改革形成的成熟定型的国家制度和国家治理体系。党的十八届三中全会开启了全面深化改革、系统整体设计推进改革的新时代。近几年来，我国坚持和完善党的领导制度体系、人民当家作主制度体系、中国特色社会主义法治体系、中国特色社会主义行政体制、社会主义基本经济制度、繁荣发展社会主义先进文化的制度、统筹城乡的民生保障制度、共建共治共享的社会治理制度、生态文明制度体系等，主要领域的基础性制度体系基本形成，重要领域和关键环节改革成效显著，按制度办事、依法办事意识普遍提高，运用制度和法律治理国家的能力显著增强，各方面制度优势正不断转化为管理国家的效能，为全面建成小康社会提供了强大制度保障。

在决战决胜全面建成小康社会的宏伟征程中，国家高端智库肩负着光荣而重大的职责使命。今年以来，国务院发展研究中心深入学习贯彻习近平新时代中国特色社会主义思想，深入学习贯彻习近平总书记重要指示批示精神和党中央决策部署，扎实开展“不忘初心、牢记使命”主题教育，不断增强“四个意识”、坚定“四个自信”、做到“两个维护”，党的建设自觉性主动性和初心使命意识进一步增强，为党咨政、为国建言的质量进一步提高，支撑主责主业、服务中央决策的能力进一步提升，政务运转和服务保障工作进一步提效，国际交流合作机制进一步深化，“智库创新工程”带动智库体制机制建设实现新的突破，国家高端智库建设迈上新的台阶。

过去一年，我们围绕经济社会发展全局性、战略性、前瞻性、长期性和重点热点难点问题开展深入研究，推出一大批高质量研究报告，进一步提高了服务中央决策的能力和水平，共完成几十项中央交办重大课题，高质量完成长江三角洲区域一体化、海南自由贸易港制度与政策体系等多项重大研究任务。

呈现在读者面前的这套“国务院发展研究中心研究丛书2020”，就是一年多来中心部分代表性成果的集中展示。本年度丛书计划出版10余部著作，其中包括国务院发展研究中心重大研究课题报告和研究部（所）承担的重点研究课题报告。这也是“国务院发展研究中心研究丛书”自2010年至今连续第11年出版。11年来，丛书累计出书150余种，受到社会各界读者，特别是中央和地方各级领导同志以及政策咨询研究机构工作人员的高度关注和广泛好评，成为我国智库业界的知名出版物。在此，我谨代表国务院发展研究中心和丛书编委会，向广大读者表示真诚的感谢，希望丛书继续得到领导、专家、读者们的关心、指导和帮助。

当前，我国正站在一个开启全面建设社会主义现代化国家伟大征程的新起点上。国务院发展研究中心将更加紧密地团结在以习近平同志为核心的党中央周围，继续深入学习习近平新时代中国特色社会主义思想，全面贯彻党的十九大和十九届二中、三中、四中全会精神，不忘初心、牢记使命，唯实求真、守正出新，持续提高综合研判和战略谋划能力，加快智库体制机制创新，着力深化国际交流合作，奋力开拓国家高端智库建设新局面，为推进国家治理体系和治理能力现代化、决战决胜全面建成小康社会、实现“十三五”完美收官和“十四五”顺利开局、向第二个百年奋斗目标进军，贡献更大的智慧和力量！

2020 年 8 月 17 日

（作者为国务院发展研究中心党组书记、研究员）

目 录

总报告

新形势下我国创新政策转型的思路与重点 …… 1
一、引言 …… 1
二、创新政策的内涵与我国发展特点 …… 4
三、我国创新政策面临的新形势与新挑战 …… 13
四、从我国追赶实践看影响创新政策的若干关键因素 …… 26
五、新时期我国创新政策转型的方向和重点 …… 38

专题报告一

加强基础研究需注意解决的几个问题 …… 48
一、加强对基础研究重要性和规律的认识 …… 48
二、多措并举，促进基础研究来源多元化 …… 53
三、科学布局，优化支出结构，提高基础研究效率 …… 58
四、构建科学的评价体系，提高基础研究质量 …… 62

专题报告二

面向前沿技术的创新组织机制及政府作用 …… 66
一、前沿技术创新需要新的组织实施机制 …… 66
二、典型发达国家开展前沿技术创新的做法和经验 …… 68
三、我国支持前沿技术创新的状况 …… 79
四、我国前沿技术创新存在的问题 …… 81
五、推进我国前沿技术创新的建议 …… 83

专题报告三

新形势下知识产权制度的调整与完善 …… 88
一、国际知识产权制度现状及发展趋势 …… 88
二、我国经济技术发展对知识产权制度的需求及现存问题 …… 96
三、完善我国知识产权制度及应对国际形势变化的建议 …… 107

专题报告四

我国产学研合作的发展评价、问题剖析与转型对策 …… 114
一、产学研合作的内涵与分析框架 …… 115
二、从国际比较看当前我国产学研合作的主要差距 …… 122
三、制约产学研深度融合的主要问题及深层次原因 …… 128
四、主要结论与对策建议 …… 133

专题报告五

我国工业软件产业发展与政策研究 …… 136
一、工业软件发展的必要性和紧迫性 …… 136
二、我国工业软件的发展现状与问题 …… 149
三、工业软件发展的国际经验 …… 157
四、促进工业软件产业发展的建议 …… 160

专题报告六

新材料产业发展与创新政策转型 …… 163
一、新材料产业发展的趋势特征与创新模式 …… 163
二、近年来我国新材料产业发展的总体进展 …… 171
三、我国新材料产业发展存在的主要问题与瓶颈 …… 175
四、促进新材料产业发展的国际经验比较 …… 178
五、新形势下新材料产业创新政策转型的政策思考 …… 185

专题报告七

高端芯片产业的新形势及其创新政策转型 …… 190

一、高端芯片的产业特征与新形势 …… 190

二、我国高端芯片发展的问题和挑战 …… 193

三、借鉴国际经验加速我国高端芯片行业发展 …… 194

四、支持高端芯片发展的总体思路与政策建议 …… 197

专题报告八

我国机器人产业发展与促进政策研究 …… 201

一、机器人领域的概念范畴及发展环境 …… 201

二、我国机器人领域的发展现状 …… 209

三、机器人领域发展存在的主要问题 …… 218

四、国际经验借鉴 …… 225

五、促进机器人领域发展的思路和建议 …… 230

专题报告九

日本和韩国技术追赶与政府科技管理体制演变：经验与启示 …… 234

一、日本技术追赶与政府科技管理体制演变 …… 235

二、韩国技术追赶与政府科技管理体制演变 …… 249

三、对我国科技决策与管理体制的几点思考 …… 256

专题报告十

全球创新指数视角下的西方创新政策前沿 …… 262

一、全球创新指数与西方创新政策前沿 …… 262

二、西方四国的创新政策前沿 …… 264

三、创新政策前沿的中西比较分析 …… 277

总报告

新形势下我国创新政策转型的思路与重点

一、引 言

当创新日渐成为驱动经济繁荣、改善社会福利以及应对重大挑战的必要手段时，对促进技术进步和创新的政策讨论得到了越来越广泛和深入的关注。历史经验表明，当技术落后的国家向处于科技前沿的发达国家趋近时，需要适时实现创新系统和创新政策的转型，逐步形成动态、成熟、充满活力的创新生态系统。[①] 过去数十年来，中国在经济转型、技术进步和创新创业上取得了举世瞩目的成就，一些反映整体创新实力或国家创新能力的国际评价指标大幅上升，与不少领先的主要发达国家差距不断缩小[②]。可以说，今天的中国已进入了创新政策转型阶段。

研究创新系统转型的学者们提出了创新政策演化的基本框架[③]，

---

① OECD（1999），“Managing Innovation Systems”，Paris.

② WIPO，“Global Innovation Index（GII）”，2019.

③ Schot，J.，& Steinmueller，W. E.（2018）．“Three Frames for Innovation Policy：R&D，Systems of Innovation and Transformative Change”．Research Policy，47（9），1554 - 1567.

即从线性模型到复杂线性模型的转变，呈现出从“创新政策1.0”到“创新政策2.0”再到“创新政策3.0”的演进路径。其中，“创新政策1.0”关注从发明到创新再到扩散的单一链条；“创新政策2.0”注重解决系统性问题，通过创新的生成、使用和相互作用过程中的学习机制发挥系统性的作用；“创新政策3.0”则关注系统变革和转型，致力于解决技术变革问题所带来的社会—技术经济问题[①]。创新政策的转型趋向多元化、组合化，其中政策组合（policy mix）的重要性日益凸显，既要有利于传统意义上技术创新的产生和扩散，也要有利于驱动整个社会—技术体系转型的技术突破[②]。同时，由于创新政策的制定往往涉及多个不同部门或机构，这些部门或机构之间的关系演进对于创新政策组合的有效性十分重要[③]。面对经济社会的重大变迁，构建新一代的创新政策需要新的驱动者及其必要的合作协调[④]。主要发达国家的实践也表明，一个良好的创新政策体系一般涵盖了五个主要方面：有效的技能人才战略以及优化的技能资源配置；健全、开放、公平竞争的商业环境；对于有效的知识创造与扩散体系的持续性公共投入；对于数字经济更多的参与和使用；成熟的治理和实施体系。近年来，中国的创新政策逐步超越了过去追赶阶段的状态，呈现出许多重要的转变，如更加重视市场的重要性、强调民营企业和改善那些有

① Schot, J., & Steinmueller, W. E. (2016). “Framing Innovation Policy for Transformative Change: Innovation Policy 3.0”. SPRU Science Policy Research Unit, University of Sussex: Brighton, UK.

② Weber, K. and H. Rohracher (2012), “Legitimizing research, technology and innovation policies for transformative change”, Research Policy, Vol. 41/6, pp. 1037-1047.

③ Sun, Y., & Cao, C. (2018). “The Evolving Relations Between Government Agencies of Innovation Policymaking in Emerging Economies: A Policy Network Approach and Its Application to the Chinese Case”. Research Policy, 47 (3), 592-605.

④ Kuhlmann, S., & Rip, A. (2018). “Next-Generation Innovation Policy and Grand Challenges”. Science and Public Policy, 45 (4), 448-454.

助于创新体系运行效率的制度条件[①]，政府的支持作用也在政策过程、政策工具改进中不断优化。

世界正面临百年未有之大变局，新技术革命、全球化转型等因素，以及突发的新冠肺炎疫情大流行，正推动着冷战结束后形成的全球政治经济格局向新的平衡格局演化，更将深刻改变全球科技发展的路径和创新形态。在这种形势下，中国迫切需要加快完善创新驱动发展的体制机制，全面提升创新的质量和效率，进一步发挥创新对经济转型升级的引领作用，建立更加高效、富有活力、适应国际规则的创新体系，以更加开放的视野、更加主动的姿态融入全球创新网络。为此，未来较长一段时期内，中国创新政策究竟如何在深刻变化的国际国内政治经济和产业变革条件下实现与技术追赶、经济转型阶段转换的有效匹配？对这个重大问题的讨论引发了广泛关注，但争议也较大。

本报告在总结中国创新政策近40年来内在演进逻辑和主要特点的基础上，结合新形势、新挑战，尝试构建一个分析后发经济体产业技术创新与追赶的多因素框架来阐述新时期中国创新政策的转型思路和发展重点。总的来说，中国的创新政策转型应着力解决好四个方面的问题。一是在政策思路上，如何适应从跟踪模仿向创新引领的转变，处理好自主与开放的关系。二是在政府作用上，如何有效打破创新壁垒，营造更有活力的创新环境。三是在创新资源配置上，如何处理好“补短板”与“锻长板”的关系。四是在政策手段上，如何进一步增强创新政策的开放性。

---

① Liu, X., Schwaag Serger, S., Tagscherer, U., & Chang, A. Y. (2017). “Beyond Catch-up—Can a New Innovation Policy Help China Overcome the Middle Income Trap?”, Science and Public Policy, 44 (5), 656–669.

二、创新政策的内涵与我国发展特点

（一）创新政策的概念范式

创新研究的“鼻祖”——熊彼特1912年在《经济发展理论》中提出了“创新”概念，但“创新政策”的提出与相关研究大致兴起于20世纪70年代初（最初多表述为“科技政策”），但直到今天各界对其内涵和外延的准确界定尚无统一认识。目前，大多数围绕创新政策的讨论聚焦于“科学、技术和创新”（Science，Technology and Innovation，STI）三类。尽管这三类活动本质上存在差异但又紧密相关，“科学、技术和创新政策”（STI Policy）逐渐成为国际上政策界、学术界及产业界拥有共识的一个概念框架。经济合作与发展组织（以下简称OECD，2005）明确提出“各个国家都需要一个科学、技术和创新政策框架，以引导政策理解、政策制定和冲突议题的解决”。著名创新学者伦德瓦尔和博拉斯（Lundvall. B. A，Borras. S，2005）将科学、技术和创新政策定义为“为实现国家目标，政府能够而且已经实行的关于推进科学、技术知识的生产、扩散和应用的公共政策”①。狭义地理解科学政策、技术政策和创新政策，其政策目标、作用对象、政策工具及主要内容都有明显差异。科学政策更多关注如何生产科学知识，为技术进步和创新提供知识基础；技术政策更关注技术进步和商业化，强调产业技术革新；创新政策则主要关注如何提供好的环境和制度促进创新活动发生、创新绩效改进及对经济社会发展的贡献。不过，由于创新活动的内涵十分丰富，因此科学、技术和创新政策并非

① Fagerberg，J.（2017）．“Innovation Policy：Rationales，Iessons and Challenges”．Journal of Economic Surveys，31（2），497－512.

三者的简单叠加，而是基于内在有机联系的、跨领域的，以创新为核心的政策体系。

本报告认为，创新政策是通过促进科学技术知识生产、转移、应用和扩散，从而促进经济增长和提升社会福利的公共政策①。创新政策是由科技政策发展而来的，科学技术政策是创新政策的内容之一。相对而言，科技政策主要是为了解决知识生产问题，关注创新链的前端。创新政策不仅涵盖了科学技术政策，更关注知识的应用和扩散，其政策范围覆盖了创新全链条。同时，从政策外延来看，创新政策与产业政策、社会政策、教育政策、金融政策、区域政策、环境政策等既有区别又有联系。本报告认为，上述政策中凡是影响科技知识生产、应用和扩散的部分，都属于创新政策范畴（见图1）。尽管创新政策与上述政策有交集，但由于政策目标不同，因此彼此难以相互替代。

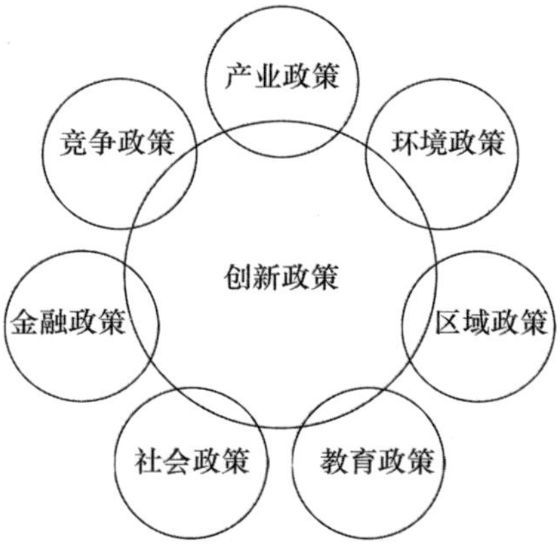

图1　创新政策的理论外延

创新政策的概念内涵并非单一、静态的，而是伴随经济社会发展和政策实践处于动态变化之中，因此有必要深刻理解其理论范式的历

① 由于对创新政策内涵和外延有不同理解，本报告所指的是广义的创新政策，即包括科学政策、技术政策和狭义的创新政策。

史演进。总体而言，创新政策发展至今，主要呈现出两类不同的发展范式："放任主义的创新政策"（the laissez-faire version）和"系统化的创新政策"（the systemic version）（见表1）。从创新政策的演进逻辑来看，大致经历了从线性模型（linear model）到复杂线性模型（complex linear model）的转变，呈现出"创新政策1.0"、"创新政策2.0"、"创新政策3.0"的演进路径①。其中，"创新政策1.0"大致等同于科学与技术政策，关注从发明到创新再到扩散的单一链条；"创新政策2.0"注重解决系统性问题，通过创新的生成、使用和相互作用过程中的学习机制发挥系统性的作用；"创新政策3.0"则关注系统变革和转型，更加具有前瞻性，将社会科学与科学技术有机结合，来解决技术变革问题所带来的社会——技术特性方面的问题。"创新政策3.0"对政策制定、实施与评价提出了新的更高要求：充分利用创新的力量，将创新放到道德、经济等背景下进行整体把握，提供创新的方向，关注可持续创新和包容式创新，在创新活动之前和之后均需注重生态和社会议题的管理等②。

（二）创新政策的基本特征

创新政策旨在解决现代经济社会生活中各类创新活动所面临的一系列障碍，诸如负外部性、公共品等市场失灵问题，制度失灵、能力不足或网络失序等系统结构性问题等，由此构成一个相对综合，多要

---

① 引自：Schot J, Steinmueller E. Framing Innovation Policy for Transformative Change — Innovation Policy 3.0. SPRU working paper series, Sussex University, 2016。补充说明：英国萨塞克斯大学科技政策研究中心（SPRU）是创新政策框架及转型的创新政策研究的策源地，近年来在该议题上作了大量研究。

② 梁正："从科技政策到科技与创新政策——创新驱动发展战略下的政策范式转型与思考"，《科学学研究》2017年第35卷第2期，第170~176页。

表1　创新政策的两大理论范式对比

放任主义的创新政策（the laissez-faire version）	系统化的创新政策（the systemic version）
新古典主义观点（Neo-classical）： · 企业知道什么是最好的，不需要市场干预 · 政策更多关注制度框架，而不是特定的产业或技术；总是选取那些脱颖而出的"胜者" · 基础研究和通识教育是唯一合法的政府公共活动，知识产权保护是唯一合法的政府管制	演化论观点（Evolutionary-structuralist）： · 除了市场失灵，还存在制度失灵、政策间联结失灵 · 需要针对国家制度系统特征特定的视角去设计一个合适的创新政策 · 系统化创新政策的目标是：经济增长、国际竞争力、社会和谐与公平

资料来源：Lundvall. B. A，Borras. S.，2005。

素、多层面及多关联的政策体系。从全球过往实践看，一般具有系统性、协调性、动态性及多面性等特征。

一是系统性。创新活动内生在整个经济社会系统之中，政产学研以及各类组织和个人都是重要主体，都会对创新活动产生影响。因此创新政策的作用对象相对广泛，要注意政策对各主体创新意愿和创新行为的影响。其中，企业是最重要的创新主体，也是创新政策的主要对象。大学、科研机构以及各类中介组织（包括金融机构、孵化器等）也是重要的作用对象。

二是协调性。各类政策都会不同程度地影响创新主体的动机和行为，因此要注意防止政策冲突，促进政策协调。不同类型的创新政策组合的政策体系不一定会产生预期的政策效果，有时候甚至出现冲突或抵消效应——这就需要各政策出台部门加强协调，形成目标一致、工具互补的政策合力。此外，考虑到政策效果本身的不确定性，及时的政策评估也有助于政策协调。

三是动态性。创新政策是问题导向的，随着国家发展阶段、科技水平和创新能力，以及制度环境和经济形势等因素的变化，创新障碍和问题也会发生变化，政策重点就要相应调整，灵活应对。因此，创新政策涵盖的范围也在不断变化，总趋势是涵盖领域越来越广，与其他政策的交集越来越大。创新政策已从早期主要关注如何助推经济发展和产业竞争力问题，扩展到就业、健康、环境甚至更广泛的国家治理等社会领域。

四是多面性。从政策的作用面来看，创新政策涉及了供给面、环境面、需求面的政策。供给面政策强调公共政策对创新活动的推力，如政府从人才、技术、信息、资金等方面直接扩大创新和技术供给，推动创新活动的广度和深度；环境面政策强调政策环境和基础性制度对创新活动的影响力，一般通过财政、金融、税收、产业规制等手段营造有利于创新的生态环境，提供有利的制度规范；需求面政策则强调通过政府采购、消费刺激以及推动贸易等手段减少创新需求的不确定性，拉动创新。由此，供给面、需求面政策直接地对创新活动产生推动、拉动作用，环境面政策间接地对科技创新活动起到影响作用（见图2）。

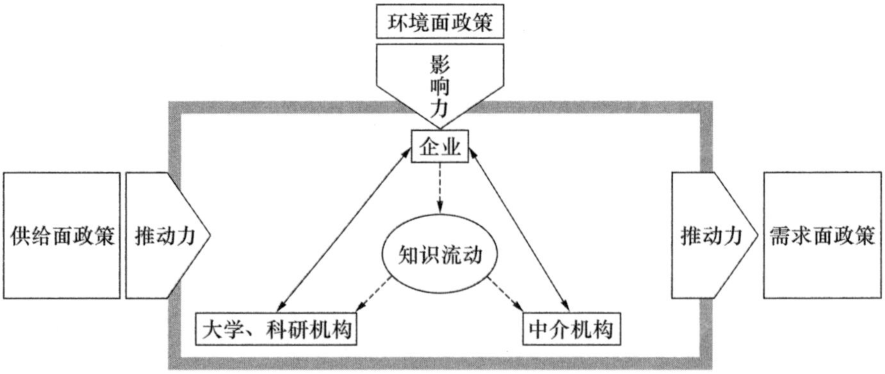

图2　创新政策的作用面分析

资料来源：科技部《中国科技创新政策体系报告》，2018。

除了上述这些各国普遍具备的创新政策一般特点外，中国作为转型国家，创新政策与市场经济体制改革和政府职能转变高度结合。例如，科技供给和创新能力不足、创新动力不足、创新效率不高是中国创新当前存在的主要问题，激励创新的制度环境尚不完善。因此，我国创新政策的一个重大功能是推进落实市场经济和创新制度改革，体现为创新生态环境建设的若干举措及基础性制度支撑。

（三）我国创新政策的发展特点

改革开放40多年来，伴随科技进步和创新能力的提升，我国已基本形成了覆盖面广、手段多样、针对不同主体的创新政策体系。从不同维度，对创新政策体系的构成可以有不同分类（见表2）。例如，根据政策对象，可分为产业创新、区域创新、创新要素、创新主体等政策。我国已经拥有世界上几乎所有创新政策工具、政策种类，由于体制机制障碍更多且有特殊性，我国还拥有更多的甚至独具特色的创新环境建设政策。

表2　创新政策的主要类型——基于政策目标的划分

政策类型	政策目标	政策特征	例子
一般性创新政策	对研究开发活动和创新活动给予支持	纠正市场失灵； 促进知识流动； 普惠、无歧视	从基础研究到成果转化； 促进产学研合作； 促进区域创新发展
制度环境类创新政策	构建公平竞争、创新友好的制度环境	纠正制度失灵； 落实改革措施	知识产权政策； 人才政策； 标准政策
社会发展性创新政策	以增进社会福利为主要目的，促进技术扩散和普及	弥补市场失灵	能源、环保、健康等领域新技术应用

续表

政策类型	政策目标	政策特征	例子
针对特殊群体的政策（包容性创新政策）	促进创新创业机会均等； 以创新促进社会发展	包容性	针对中小微企业等弱势群体的创新创业活动
针对特定领域的政策	反映国家安全和国家战略需求，支持特定产业的发展，提高国际竞争力	倾斜式支持	对特定产业给予政策优惠等

具体而言，我国创新政策已经从以科技政策为主转向覆盖创新链各环节的综合政策体系，政策工具从财政资助和税收优惠为主转向更加注重体制机制改革和调动社会积极性。特别是党的十八大以来，我国先后发布了200余项关于创新的政策文件，其中近1/3是由党中央、国务院直接颁布的重要政策（见图3）。2012年，十八大正式提出实施创新驱动发展战略。2014年12月，科技部、财政部制定《关于深化中央财政科技计划（专项、基金等）管理改革的方案》，近百个科技计划和专项合并为五大类，成立科技创新咨询委员会，建立统一的科技计划和成果报告信息平台，并委托专业机构代替政府部门管理科技计划项目的具体实施。2015年3月，《中共中央国务院关于深化体制机制改革加快实施创新驱动发展战略的若干意见》对创新驱动发展战略做出顶层设计，从9个方面和30个领域，制定了一系列促进创新的制度安排、激励机制和政策措施。2016年5月，中共中央、国务院又发布了《国家创新驱动发展战略纲要》，提出通过“三步走”实现从科技大国走向创新强国。由此可见，近年来我国创新政策在目标设定上呈现出从“扶持创新主体，激励创新活动”向“营造创新环境、培育创新生态”的转变，在政策工具选择上呈现出从“特惠型政策”向“普惠型政策”的转变。

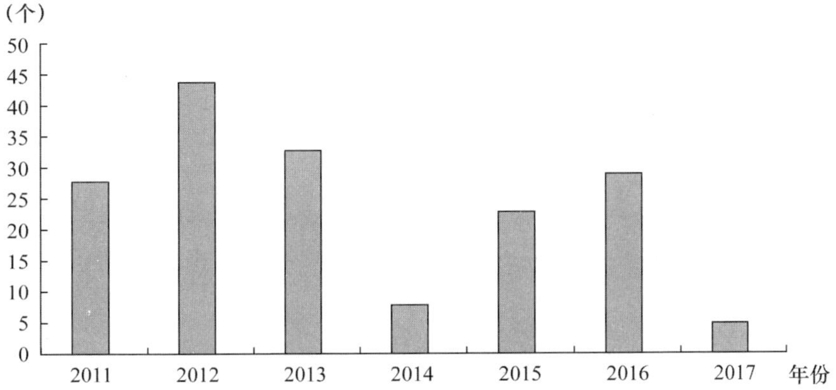

图3　近年来我国创新政策的数量及分布

资料来源：根据公开资料整理；国务院发展研究中心《创新中国》（2019）。

作为典型的后发追赶型经济体，我国已逐步成长为全球主要的创新大国，创新政策体系日益完善，创新相关制度改革日渐深入。数十年来，我国创新政策呈现出以下重要特点。

一是政策工具不断丰富。包括：研发资助、投资补贴（如技术改造）、减免税、政府采购、创新券等降低创新成本、增加技术供给和市场需求的财政税收手段；贷款贴息、担保、风险补偿、知识产权质押、创投引导基金等促进投融资的金融支持手段；质量、标准、环保等技术性监管手段；等等。

二是政策支持对象广。主要包括六类。第一，科技投入类政策。如基础研究、各类科技计划等。第二，创新主体类政策。如企业创新政策，高校和科研机构成果转让政策，创新服务中介机构政策，创新型人才培育、引进和鼓励政策，以及促进产学研结合和人才流动的政策。第三，产业创新政策。如高技术服务业、高端制造业等特定产业发展的政策。第四，区域创新政策。如国家高新区、自主创新示范区、创新型城市、全国科技创新中心、全面创新改革试验区等。第五，创新基础设施政策。如国家大科学中心、国家实验室、公共技术平台、科技共享平台、孵化器和众创空间、信息基础设施等。第六，创新环境政策。创新环境政策解决抑制创新的体制机制障碍问题，以及创新体系中各主体相互促进的体制机制问题。包括：激励创新、释放创新活力的市场环境政策；发展多层次资本市场，拓展企业直接融资渠道的金融政策；建设高效开放的国家创新体系的政策；政策配套协调机制等。

三是兼具供给侧与需求侧创新政策。回顾40多年的政策演进，总体看来供给侧政策较多、需求侧政策相对不足。供给侧和需求侧都是解决市场失灵问题的。供给侧针对创新能力，主要解决技术、人才、信息和管理等要素的供给不足问题；需求侧解决生产者与用户间的信息不对称、新产品市场信用不足、新技术的高转换成本和市场进入壁垒，以及技术路径依赖问题等。

四是市场机制在政策体系中的作用逐步凸显。我国早在1985年就提出要改革拨款制度，开拓技术市场，改变单纯依靠行政手段管理科学技术工作；注重运用经济杠杆和市场调节，激发微观主体的自我恢复能力和创新活力①。近年来，从2014年关于中央财政科技计划（专项、基金等）管理改革文件的推出，到2015年《关于深化体制机制改革加快实施创新驱动发展战略的若干意见》的正式发布以及《国家创新驱动发展战略纲要》（2016）的形成，政府部门直接配置资源、管理具体项目和机构的权限不断缩窄，市场对技术研发、路线选择和各类创新资源配置的作用大幅度增强，创新决策、组织模式和政策普惠性都持续改善。

---

① 《中共中央关于科学技术体制改革的决定》（1985）。

三、我国创新政策面临的新形势与新挑战

世界面临百年未有之大变局，我国的创新政策制定与实施正迎来一系列复杂、深刻的新形势、新挑战和新要求。

（一）新一轮全球高科技竞赛加速，主要发达国家纷纷加大创新投入、加快创新体系转型

全球新一轮高科技竞赛加速，主要发达国家加大创新投入，重点布局新兴前沿技术领域。以新兴数字技术的大规模应用和渗透融合为代表，许多颠覆性技术、新经济形态和新生产组织方式涌现，正在重塑国际经济与创新格局，引发新一轮大国兴衰更替。为抢占前沿技术的制高点、把握全球创新优势竞争的主动权，主要发达国家近年来不仅保持了对研发和创新活动的高投入，同时也普遍加大了政府研发预算规模。一方面，主要发达国家的研发投入强度普遍在2.5%以上，OECD国家均值也超过2.4%。我国经多年快速增长，2019年达到2.2%，但距离上述先进水平仍有一定差距（见图4）。另一方面，2018年OECD国家的政府研发预算平均增幅达5.6%，美国、日本增幅高达13.5%、7.8%（见图5）。主要发达国家优先选择在人工智能和机器人、新一代通信网络、数据分析和高性能计算、量子科学、生命健康科学、先进材料等前沿领域加大投入。美国已明确提出在2021年非国防研发预算中将人工智能和量子信息领域的支出增加约30%，还宣布联邦机构和私营部门伙伴将在未来5年内投资超过10亿美元，专门支持12个专注于这两大领域的新设研

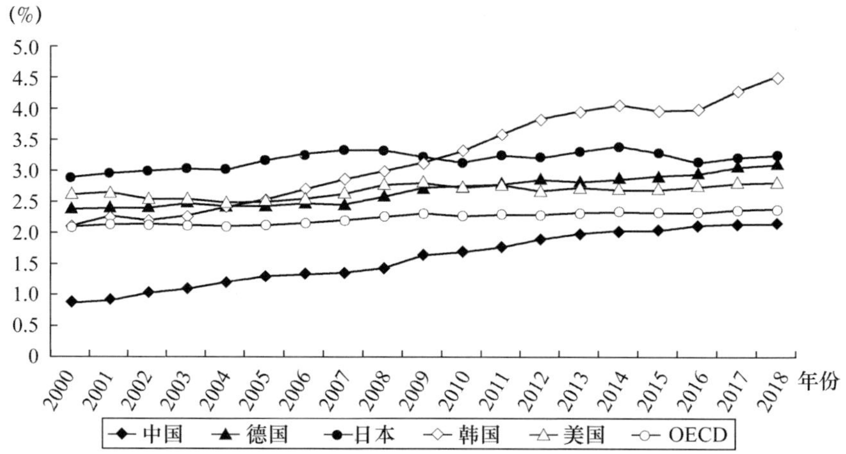

图 4　我国与主要发达国家的研发（R&D）投入强度比较（2000—2018 年）

资料来源：课题组根据 OECD 数据测算。

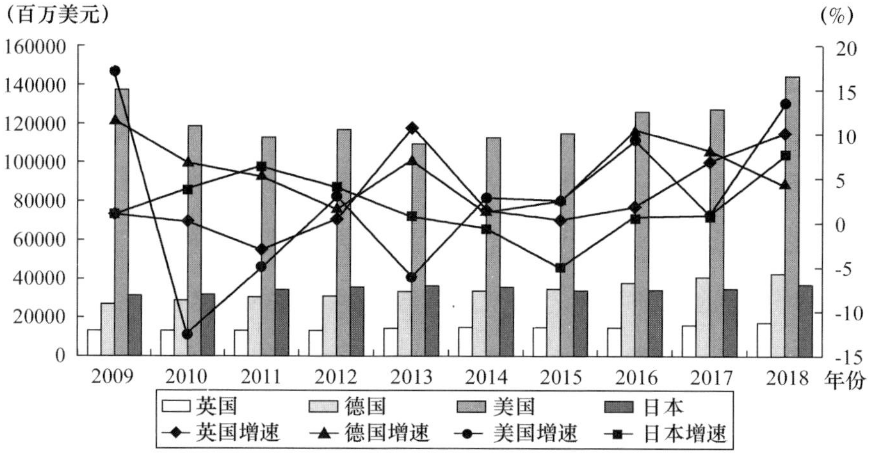

图 5　主要国家政府研发预算水平（2009—2018 年）

注：按美元不变价（PPP）计算。

资料来源：课题组根据 OECD 数据测算。

究机构[①]。

与此同时，在经济社会转型加速、结构性改革深化和新一轮科技

---

① 来自 2020 年 8 月 26 日美国白宫科技政策办公室的官方消息。这 12 个新机构包括：美国国家科学基金会（NSF）在未来 5 年内投入 1.4 亿美元建立 7 个人工智能研究中心以及设立 3 亿美元以上的人工智能研究所奖项，美国能源部（DOE）在未来 5 年内投入 6.25 亿美元建立 5 个量子科技研究中心，另外还有来自私营部门伙伴约 3 亿美元的资金投入。

革命与产业变革综合叠加的背景下，主要发达经济体的创新政策都处于加速转型和体系重构中。很多国家出台新的国家战略，将创新置于经济社会发展与国家竞争力提升的核心地位，强调科学、技术与创新融合，并普遍通过选择优先领域，制定发展规划与路线图，出台强有力措施来保证战略的有效实施。总体来看，各国对促进创新政策高效转型所必需的制度框架与创新环境给予了高度重视。OECD 2015 年发布的最新创新政策研究报告中，明确提出一个“良好的创新政策体系”应涵盖五个方面内容：一是有效的技能人才战略以及优化的技能资源配置；二是健全、开放、公平竞争的商业环境；三是对于有效的知识创造与扩散体系的持续性公共投入；四是对于数字经济更多的参与和使用；五是成熟的治理和实施体系①。

（二）深度融入全球化、在开放创新与技术竞争中维护国家安全的战略需求

全球化正转入一个利益关系更复杂、更具挑战性的新阶段。传统国际经贸规则和国际治理机制应对全球化新问题的调整滞后，加上近年来在经济金融、公共卫生及安全等领域中一些“黑天鹅”事件频发，引发越来越多的全球化逆流、国际经贸摩擦及地缘之争，国际竞争新秩序和规则体系面临重塑，这些都将直接影响新的国际政治经济格局。长期来看，全球化从“2.0 时代”向“3.0 时代”转型仍是历史发展的大趋势，但中短期内出现重大倒退的风险并不小。第一，一些发达国家由于丧失成本优势导致产业加快向发展中国家转移，但未产生足够多的新就业机会，导致部分劳动群体收入下降，失业率提高，

① OECD，“The Innovation Imperative：Contributing to Productivity，Growth and Well-Being”，Directorate for Science，Technology and Innovation Policy Note，2015 - 10.

社会分化加重，形成“去全球化”的民粹主义基础。2017 年，二十国集团（G20）成员的经济规模占全球 GDP 的 85% 以上，而其他国家和经济体总的经济比重不到 15%。第二，一些国家越发不满于现行国际经济秩序和经贸规则的代表性和公平性不足、受益不均、执行效力不佳等问题，现行全球治理体系的有效性面临严峻挑战。第三，当前全球蔓延的新冠肺炎疫情正在加速世界秩序的重构，“去全球化”再次抬头。全球产业链、供应链以及人员往来短期内面临巨大冲击，很可能加速各国调整经济开放模式，甚至加剧地缘竞争和加大意识形态裂痕，由此产生的深层次影响将是长期的。

科技创新的全球化面临一系列严峻挑战，科技创新政策受国际规则影响更深。第一，创新全球化在曲折中持续发展。知识和信息的全球传播，人才、技术及资本的跨国流动与协作，仍是大科学时代的主基调。创新方式和形态也更加多元、开放。但技术竞争在加剧，主要发达国家间“高科技竞赛”不断升级，全球科技创新中心的转移与更替加速。第二，来自国家安全、非关税壁垒以及大国博弈等方面的现实挑战正在加剧。部分国家以国家安全为由实施高技术出口管制或技术禁运，技术性贸易壁垒加剧，要素跨境流动受到限制。大国博弈、意识形态裂痕引发地缘竞争抬头，导致全球创新网络面临“割裂化”风险。第三，科技创新政策受国际规则的影响也在加深。全球化利益再平衡加速，以及共同应对重大公共卫生事件、能源环境可持续、新技术伦理等全球挑战，使得公平竞争、协调发展成为全球创新治理的主要方向。同时，全球治理体系正寻求更加公平的规则，多边、诸边体系并存将成为过渡状态。特别是近年来“南北差距”的快速缩小使原有的“中心”“外围”格局及其含义发生变化。增强创新政策对国际规则的适应性和话语权，成为新兴经济体进一步深度融入全球创新网络并发挥更大作用的必然选择。

维护国家安全面临诸多新变化、新诉求，非传统安全的竞争日渐增强。全球传染病、网络安全、数字安全、生物伦理、恐怖主义等非传统安全的重要性日益凸显，给国家安全形势带来了新的变化。当前新冠肺炎疫情的全球蔓延在冲击了各国公共卫生安全的同时，也迫使各国重新认识流行病、瘟疫以及生物安全等在一国安全体系中的重要地位。网络和新兴数字技术发展也带来了网络攻击、隐私泄露、情报窃取等新的国家安全问题。欧洲议会《全球趋势2035》报告预测，到2035年，将会有越来越多的个人、国家或组织掌握先进的网络入侵技术，新型网络威胁将层出不穷，网络防护的任务将不限于防止敌人窃取机密资料，反颠覆、反破坏也将成为重点。数字经济发展落后的国家将在情报搜集、信息安全、隐私保护、数字货币等方面处于劣势，“数字主权”将成为继边防、海防、空防之后一个全新的大国博弈空间。此外，随着克隆、合成生物医学、基因编辑、神经技术等新兴生物技术的发展和应用，在给人类带来益处的同时，也存在被滥用的风险，其引发的伦理和安全问题将受到越来越多的关注。总体而言，非传统安全竞争加剧了维护国家安全的复杂性，着力于维护本国安全的新地缘政治竞争不断加强，应对非传统安全挑战的能力将成为一国领导力和国际地位的象征。

（三）美国对中国高科技遏制常态化，中美战略博弈加剧

近年来，美国遏制中国高科技发展的意图越来越明显，贸易和技术保护主义倾向越来越严重。在特朗普政府2017年12月发布的第一份《国家安全战略报告》中，我国被其定位为所谓的“战略竞争对手”。美方主要有四点担心。一是担心美国在全球的科技领先地位受

到挑战。认为中国持续加大研发投入、推进产业升级，在多个新兴领域与美国形成竞争态势。美国智库哈德逊研究所进一步指出了中美间的五大“高科技战场”，包括超级计算机、芯片、人工智能领域、5G网络建设、大型量子计算机等。二是担心美国供应链安全和国防工业基础受到削弱。美国国防部《评估和强化制造与国防工业基础及供应链弹性》报告提出，中国在全球供应链中的深度参与损害了美国对国防工业基础的自主控制和熟练技能人才的培养，削弱了美国工业能力，对国防安全造成重大威胁。三是担心网络信息安全，包括关键信息基础设施安全。四是担心和反对所谓“中国以窃取知识产权和强制技术转让的方式伤害美国竞争力”。可见，美国形成了这样一种战略焦虑：美国在全球的科技领先地位和供应链安全是维护美国国家安全的基石，而这一基石正受到中国的挑战。

正是基于这样的认识，美国针对我国科技活动和高技术产业采取了一系列遏制措施，且力度和范围都在增大。不同于贸易争端中的加征关税等经济手段，美国国家安全战略对科技和经济活动的干预是以法律形式贯彻实施的。相关法律包括《经济间谍法案》《出口管制改革法案》《外国投资风险评估现代化法案》等。同时，出口和外国投资审查管控范围扩大、管控方式更加多样、执法针对性更强，以及加强国际联手都是对华科技遏制措施的重要特征。例如，《2019 财年国防授权法案》禁止美国联邦政府机构使用华为和中兴提供的技术，而且还游说西方国家排除中国 5G 设备。2019 年 5 月，美国商务部将华为及 70 个附属公司增列入出口管制的“实体清单”。在人员方面，美方对接受中国人才计划资助的研究人员实施限制，对华人科学家作为技术间谍嫌疑人进行调查，而且收紧了中国科技人员赴美签证。

历史经验表明，新兴大国快速逼近守成大国世界领导地位的“过渡”时期，将是两国利益冲突多发、新旧国际秩序接续波动的时期。守成大国担心新兴大国危及国家利益和国家安全，有很强动力对新兴大国实施战略遏制。中美当前已经从竞争合作关系转向战略竞争关系，高投入、高烈度、多领域、多形态的全面长期战略博弈势头越来越明显。

（四）迈向创新前沿国家、科技强国建设和高质量发展的要求提升

中国的科技创新发展已进入新阶段，经济社会的深刻转型与发展升级对创新提出了新要求。经过多年追赶，中国已成为科技大国，创新进入相对活跃期，创新能力处于由量变向质变的转换进程中。世界知识产权组织（WIPO）发布的2019年全球创新指数显示：在纳入评价的全球141个国家中，我国的综合排名继2016年首次进入前25名之后快速跃升至2019年的第14位，已跻身全球创新型国家行列，特别是在商业成熟度、知识与技术产出等方面排名位居前列。中国的许多科技和创新指标已经显现出整体上的规模优势，部分领域甚至达到了世界领先水平。目前，我国研发经费（R&D）支出总量稳居世界第二，占GDP的比重达到2.18%，超过了经合组织（OECD）国家的平均水平，研发人员总数居世界第一。自2011年起，中国专利部门受理的专利申请量已连续多年位居世界第一；国际科技论文发表量连续多年位居世界第二，接近美国。

不过，相较于主要发达国家，我国的创新质量和整体运行效率仍有不小的差距。尽管在论文、专利等成果数量指标上逐步领先，但在知识产权收入、高被引科学家、创新领军企业、高技术产业增加值等质量和效果指标上仍有不小差距，在全球创新合作网络中仍处于次要

或边缘位置。例如，我国的专利申请总量已多年位居世界第一，但数量优势并未改善我国知识产权贸易快速扩张的巨额逆差（见图6）。同时，基础研究投入占研发总支出的比例较低，与主要发达国家有很大差距。科技产出质量仍需进一步提升，论文引用率、专利质量等指标与数量相比存在明显劣势。成果转化效率与欧洲国家大体上处于相近的水平，但是与美国相比还有非常大的改善空间。在多数前沿科技领域仍处于发展的初级阶段，仅在极少数领域实现了真正意义上的“领跑”。此外，与创新质量领先的国家相比，我国在制度环境、人力资本、基础设施、创意产出水平等方面仍有较大差距。

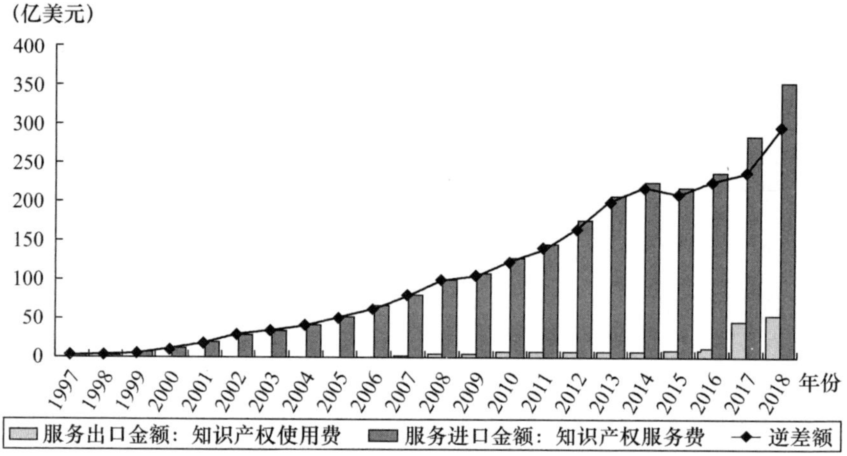

图6　我国知识产权使用费收支及差额变化（1997—2018年）

资料来源：课题组根据商务部数据计算。

随着我国经济从高速增长阶段转向高质量发展阶段，从根本上加快转变发展方式、优化经济结构，实现增长动力的转换，都对科技创新提出了更高要求。在经济增速换挡期，资源环境约束加大，依赖传统大规模要素投入的增长方式难以为继，技术追赶空间逐步缩小，上一轮改革带来的资源配置红利效应逐渐减弱。因此，要以创新来培育新动能和改造提升传统动能，促进经济结构优化和产业升级，实现经济社会可持续发展。大量发达的创新国家实践经验表明，创新不仅带来了新思想和新技术，创新的过程本身也极大地推动了出口增长以及商业机会的创造，实现了经济增长、结构优化和就业改善。当前，中国经济持续面临较大下行压力，稳增长成为今后一个时期的重要任务。从表面来看，导致经济下行的因素是产能严重过剩，企业效益下降；而深层次原因在于供给结构不合理和质量偏低，难以充分满足多样化需求增长的要求。原来的持续大规模要素投入难以维持，技术追赶的空间逐步缩小，前期改革开放带来的资源配置红利效应逐渐减弱。更重要的是，在国际技术竞争加剧、逆全球化抬头背景下，全球产业链、供应链面临重构，关键核心技术受制于人的问题将更加迫切。从发展阶段来判断，我国科技发展已跨越了引进设备、技术改造、产品模仿等阶段，专利研发、工程技术能力全球领先，进入了需要进一步夯实基础研究、增强原始创新能力、建立完善产学研深度融合的技术创新体系以及营造良好创新生态的新阶段。无论外部环境如何变化，我们都需要持续增强科技实力、提升创新质量，实现跨越中等收入陷阱、进入创新型国家前列的长期目标。为此，要以更具魄力的深化改革放开更多的市场领域和投资机会，依靠推动“大众创业、万众创新”来激发全社会的创新潜力，持续培育新的经济增长点，加快突破关键共性技术、前沿引领技术以及颠覆性技术创新。因此，在新形势下，我国既迎来了前所未有的历史机遇，也面临着差距拉大的严峻挑战，只有加快提升创新能力才能赢得主动权。

（五）适应快速变化、高度不确定、交叉融合的技术变革趋势

新兴数字技术主导的新一轮技术革命正在加速推动生产方式和产业变革，颠覆性技术创新不断涌现。云计算、大数据、物联网、人工

智能、区块链等新技术相继取得重大突破，并向经济社会各个领域扩散应用。此轮技术革命的兴起与上一轮以互联网为代表的信息技术革命的扩展同时进行，互联网、通信等信息技术进步为大数据、物联网、人工智能等新兴数字技术突破提供了基础和支撑。生物技术、先进材料技术等也取得了一系列突破，在较大范围内促进了社会技术进步，成为新一轮技术革命的次主导技术。此外，可持续发展需求则推动了绿色低碳技术的快速进步，绿色经济、低碳产业等新兴产业蓬勃兴起。

学科交叉、领域融合和技术群体跃进趋势也在加速，推动了全社会技术创新加速发展，对经济增长影响日益广泛。一方面，新一代信息通信技术通过数字化、智能化促进了各行业、领域的交叉融合，推动产业快速变革。人工智能、虚拟现实和增强现实、人机界面、传感器及信息物理系统等新兴领域迅猛发展，促进了网络空间与物质世界相互渗透和深度融合。新一代智能技术与制造、能源、交通、农业等技术结合，带动了智能制造、智能电网、智慧城市、智能交通、智能农业的迅速增长，正在深刻改变人们的生产和生活方式。另一方面，信息通信技术促进了知识传播和创新交流，并为科研提供了重要手段，带动了新兴学科创新和技术群体跃进，变革突破的能量正在不断积蓄。例如，脑科学与数理、信息等学科领域的结合，正在催生脑—机交互技术，将极大带动人工智能、复杂网络技术发展，促进精神疾病和神经退行性疾病防治；个性化定制的骨骼、心脏外膜等应用相继出现；新材料领域不断与信息技术、先进制造技术融合，金属材料、半导体材料、先进储能材料、生物医用材料等不断创新，有力支撑相关应用领域发展甚至带动新的应用领域出现。

新技术革命还将重塑国际经济格局，从而引发新一轮的国家兴衰更替。面对新一轮科技产业革命的机遇，世界主要国家纷纷出台创新战略和政策，抢占未来经济科技发展的先机。美国在2009年出台《美国创新战略》后于2011年和2015年进行了两次修订，对美国政府通过科技创新促进长远经济增长和竞争力做出重大部署，强调要投资于创新的基础要素，营造有利于创业的经济和政策环境，促进关键领域取得重大突破。日本发布《第五期科技基本计划（2016—2020）》确立了5年科技创新发展的路线图，提出要把日本建设成为“世界上最适宜创新的国家”，强调要打造“超智能”社会。欧盟提出《欧洲2020》战略及《创新型联盟》计划，坚持智慧型、可持续和包容性增长理念，注重科技创新，致力于在10年内将欧盟建成创新型联盟。总体而言，新兴数字技术的持续突破和大规模应用将从根本上改变传统经济的技术基础、组织模式和商业形态，最终促进全球经济结构和发展方式的深刻变革，并形成新的国际格局。抓住新技术革命及产业变革机遇的国家将占据世界科技创新领先地位和经济主导地位，而未能抓住机遇的国家将在新一轮国际竞争中逐渐衰落。

（六）回应高频度、多样化、多元化、分散化的市场主体创新需求

技术进步、体系重构推动全球范围内的开放式创新深入发展，主体多元、市场导向、自下而上趋势逐渐增强。数字技术进步推动了世界更大范围、更深程度的“连接”，提升了创新资源的流动性和可用性，使得创新要素和资源更易于获取。创新参与门槛大大降低，创新主体范围得以扩大，产业组织和社会分工进一步深化。创新模式从传统以技术发展为导向、以科研人员为主体、以实验室为载体的科技创新活动，向以用户为中心、多元主体参与、更大范围合作为特点的开放式创新转变，产生了众包、平台创新、协同创新、参与式创新等创新模式。自下而上的创新比重将增加，研发活动的公私合作也将不断

加强。

创新生态构建成为集聚整合创新资源、提高创新效率的关键，数据驱动的平台化生态将会成为新的组织模式。数字经济时代，企业选择创新要素的范围扩大，要素的流动性也大大增强，因此，只有构建良好的产业创新生态，才能凝聚各方资源，形成有效的分工合作。同时，由于网络技术的发展符合梅特卡夫定律，即网络的有用性（价值）与用户数量的平方成正比，网络用户越多，价值越大。因此，数字技术的快速发展使得基于网络的平台经济的影响力快速提升。数字创新型企业通过利益相关者共建平台，共享资源，共同创造并分享新价值和利润，形成了良好的创新生态系统，在短时间内快速成长为新兴企业。一大批新兴的数字化平台蓬勃发展，它们的功能已从单纯提供匹配或连接（即去中介化）升级到了对资源的直接调度和配置，甚至是重构价值链。当前，电子商务生态、社交网络生态、工业互联网生态、智能网联生态等新兴产业生态正加速孕育和扩展，而产业创新生态构建完善程度成为影响产业发展的关键因素。

（七）加快深化改革，解决长期存在的体制机制性障碍和政策制约

政府职能转变不够，理念和手段相对落后。过去在技术赶超阶段，由于技术和产业发展路线比较确定，一些部门通过选定产业、技术路线，制定发展规划重点扶持少数企业，并采取土地、补贴等支持方式推动产业发展和技术进步，取得一些成效。但是，进入前沿创新阶段后，技术进步和产业发展的不确定性加大，需要更多发挥市场机制配置资源的作用。但一些部门仍习惯于直接选企业或定路线、考核评比等方式，使企业围着政府的指挥棒转，而不是根据市场需求来决策。在发展新兴产业时，“一哄而上”“高端产业低端化”等问题仍然突出，亟待建立公平竞争的营商环境，切实发挥市场机制的作用。

政策公平性不足，存在所有制歧视，资源配置不合理影响了企业创新动力。一是低效率、高利润行业的存在提高了企业创新的机会成本，对创新活动产生了逆向激励。例如，中国房地产业、煤炭工业、石油化工工业2015年的利润率分别为15%、9.6%和7.5%，上市银行的净利润率基本都在30%左右，而高技术产业利润率只有6.4%。这些利润率较高的行业或多或少存在政府干预和竞争不充分的现象，对企业从事长期的、风险较高的创新活动产生了很大的人为扰动，削弱了企业的创新动力。二是企业要素生产率进一步提升受限。Brandt等（2013）考察了中国1985～2007年非农部门不同地区和企业间由于要素错配导致的生产率损失，结果表明要素错配导致了20%的效率损失。

政策制定的科学性、适应性，以及相关的监管体制仍需进一步改革完善。市场准入方面，存在产品和技术标准不完善、市场准入标准滞后和监管方式不适应、创新融资市场发展迟缓等现象，导致新技术、新模式和新兴业态难以规模发展。例如，我国节能环保、安全、质量等标准大都滞后、更新升级缓慢，特别是对新技术和产品标准的制定滞后于实际需要，导致新产品难以及时进入市场，“新动能”难以有效地替代“旧动能”。行业规制方面，重审批、轻监管，监管能力未能及时提升，政府常常以控制企业规模和数量设置准入门槛，导致后来者无法参与竞争，一定程度上阻碍了创新。市场环境营造方面，企业创新融资难，支持中小企业创新的多层次资本市场发展缓慢，远不能满足创新企业融资需要。在维护公平竞争的市场秩序上，存在知识产权保护不力，环境、质量和安全等标准执法不严，垄断规制不到位等问题。

政策与国际规则接轨程度需要进一步提高。近年来，国际专利制度、政府采购、产业补贴等国际规则变化较快，受关注度也越来越高，全球创新治理体系重塑也进一步加深了对各国科技创新政策的影响。有研究表明①，自 2001 年加入世贸组织以来，中国科技创新政策的被诉案件已有 12 起，占我国全部被诉案件（合计 33 起）的比例超过 1/3，并在近年显示出更加频繁被诉的趋势。其中，绝大多数案件是由美国发起的（共有 10 起），占比约 83%。

政策实施机制仍需进一步完善，政策配套性、协调性不足，影响政策落实效果。政策脱节、缺失与重复并存，甚至个别政策互相冲突。例如，《促进科技成果转化法》鼓励科研人员转移转化科研成果，并予以股权激励，但在实际操作中，一些担任科研管理职务的研究人员不能持有企业股权，国有资产管理制度也对科研成果转化收益入股办企业形成了一定制约。

四、从我国追赶实践看影响创新政策的若干关键因素

我国科学技术和工业发展的过程是一个技术学习和追赶的过程。新中国成立之初，我国科学技术和工业基础相当薄弱，技术和产业领域严重缺乏。经过 70 年的发展，我国科学技术水平进入“跟跑”和“并跑”并存的阶段，创新能力和制造能力进步明显。从技术发展角度看，我国产业技术快速进步的途径主要有两个。

第一，长期持续的科技投入提高了科技基础和技术学习能力。科技水平和创新能力的提高，离不开对科学技术的长期投入。尤其在经

---

① 黄宁、陈宝明、丁明磊：“我国科技创新政策在 WTO 中被诉的现状及原因分析”，中国科学技术发展战略研究院《调研报告》，2019 年第 43 期（总第 2068 期）。

济起飞阶段，政府科技投入对国家科技基础的形成尤为重要。在财政资金十分有限的条件下，通过制定科技计划对科技发展方向和投入重点予以规划，并根据经济社会发展需要进行调整。作为技术追赶国家，我国的研发经费投入在很长时期内以政府投入为主，直到21世纪初，企业才超越政府成为科技投入的主要力量。反观墨西哥等拉美国家，研发强度在过去数十年中始终在1%左右徘徊，科技投入严重不足导致技术能力发展缓慢，是一些拉美国家陷入中等收入陷阱的重要因素。

第二，对外开放提供了大量的技术学习机会和渠道，以引进消化吸收为核心的技术学习方式推动了工业技术和装备的发展。改革开放之初，国家认识到“管理水平和技术水平问题可能拖我们后腿”，提出对内建立科研管理体系，对外实行技术引进。邓小平提出“我们把吸收外国先进技术作为实现四个现代化的起点”。因此，“引进、消化吸收、再创新”成为很长时期内我国科技战略和政策的一个主基调，国外技术成为启动和推动我国经济发展和工业化的重要技术源泉。自2000年以来，我国规模以上工业引进国外技术经费一直稳定在400亿元左右（见图7），而引进国外生产设备则保持较快增长①。

实现国外先进技术和装备自主化，是新中国成立以来技术和工业发展的重要因素和政策目标。其技术学习方式就是引进、消化吸收、再创新，即通过技术授权和转让、合作合资、反向工程等多种方式，学习和掌握国外技术原理、生产知识和方法等，并对其进行适应性改造和创新。通过基于引进、消化吸收的技术学习，我国本土技术能力和制造能力得到快速提升，形成了具有国际竞争力的产品和工业基础，客观上也形成了对进口产品和设备的部分或全部替代。可以说，

① 马名杰、张鑫：“科技体制改革：历程、经验与展望”，国务院发展研究中心《调查研究报告》，2019年第33期。

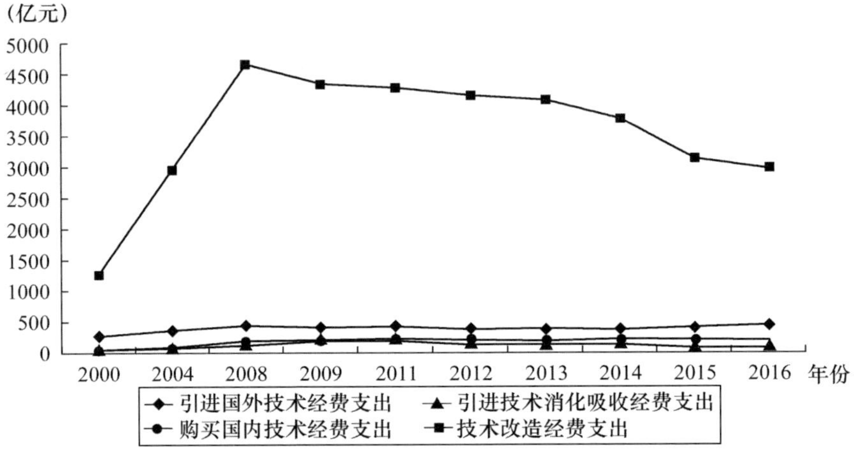

图 7　规模以上工业企业技术获取和技术改造情况（2000—2016 年）

资料来源：历年《中国科技统计年鉴》。

在过去 70 年的技术和工业发展过程中，我国以引进、消化吸收、再创新为主的技术追赶模式总体上是成功的，但不同产业技术追赶的效果有较明显的差异。一般认为，技术追赶较为成功的产业包括核电、三峡输变电、高铁、航天发动机等以国家重大工程为依托的产业，以及家电、工程机械和通信设备制造业等竞争型产业。但以芯片和工业软件为代表的产业，国产技术和产品与国外先进水平差距有所拉大，国产替代步伐进展较缓。

（一）技术升级从以系统集成创新为主向以关键零部件等中间产品创新为主转变

我国产业技术经过几十年的发展，多数产业已经形成了较强的系统集成能力。当前产业发展面临的主要问题是，从价值链中低端向高端升级过程中，相当一批基于长期技术积累的基础材料、元器件和零部件的产业，难以提供高质量和高可靠性的产品。因此，基础材料和零部件等产业向高端升级和竞争力提升，是我国产业技术升级要解决的核心问题。

与基于整机或系统的技术升级相比，基于零部件的中间品技术升级有诸多不同特点。综合来看，关键零部件等中间品升级的科技要求更高，市场环境更复杂，升级和创新的难度更大。零部件产品专业化程度高，产品研发和技术发展往往基于对基本科学原理的理解，技术诀窍等隐性知识多，企业竞争优势在于长期的技术和经验积累，短期内实现技术突破难度很大。即使通过反向工程获取了一些关于结构、材料、工艺等显性的产品知识，但由于不掌握基本原理，产品可靠性和质量难以达到满足高端需求的水平。由于零部件往往决定整机产品系统的可靠性和质量，越是高端的整机产品就越是采用性能稳定、质量可靠的零部件。因此，在市场开放和供应链全球化的背景下，国产零部件在技术起步和发展过程中只能满足中低端整机产品的市场需求。这与整机产品可以通过全球采购进入高端市场的特点有很大差异。如表 3 所示。

表 3　系统集成产品和零部件自主创新比较

主要特征	系统集成创新	零部件创新
产品特征	最终产品（整机）	中间产品（零部件）
技术特征	根据市场需求和产品定位开放采购和生产	决定整机产品的稳定性和可靠性
知识和创新类型	显性知识。基于对技术和经验的理解和运用，技术和经验创新	隐性知识。基于对基本原理的理解和运用，知识型创新
产业特征	中间产品全球采购	国外竞争产品处于技术和价值链高端
市场特征	取决于最终用户需求；基于大工程（政府需求）	取决于下游用户（集成商）需求
技术获取方式	反向工程、自主研发、跨国研发	自主研发、并购、合作、跨国研发
自主化依赖的条件	零部件水平和工业基础	科学技术基础
案例	高铁、核电、大飞机	芯片、工业软件

总的来看，零部件产品的产业技术和市场特征决定了产品技术突破有赖于国家基础科学和基础技术的进步，以及上游产业链的技术和制造能力提升；高端市场竞争力的形成除了技术竞争力外，还需要逐步建立起稳定可靠的市场信用。

（二）新形势下安全因素改变了部分关键核心产品的供求

成功追赶国家和我国追赶实践都表明，一个国家实现产业技术升级和国产替代的主要动力是经济因素，即本国企业在价值链升级过程中可以获取更多利润。也就是说，市场激励是企业技术升级和创新的根本动力。在缺乏市场激励的条件下，政府倡导和政策激励的自主化或国产替代在竞争性产业中的成效并不理想。从过去 70 年历程看，几次大的国际政治环境变化都对我国技术发展路径产生了较大影响。一是新中国成立初期，欧美等国对我国实行技术封锁，我国在苏联技术援助下初步建立起自己的科技体系和工业基础。二是在 20 世纪 50 年代苏联中断技术援助，促使我国下决心走上独立自主的技术发展道路。三是改革开放后的 20 世纪 80 年代，我国将技术引进作为重要的技术发展路径。尽管 20 世纪 80 年代末到 90 年代初的一段时间，西方国家通过《瓦森纳协定》等对我国获取先进技术予以限制的力度有所加大，但由于我国技术发展水平较低等因素，其实质性的限制影响并不大。综合来看，虽然“突破关键技术”自新中国成立以来就一直是科技政策和产业政策的重要目标，但真正“卡脖子”的现实威胁仅局限在发动机和航天技术等少数涉及国家安全的领域。“卡脖子”问题并未真正形成激励企业采取应对措施的动力，产业技术发展总体上沿着开放和全球化的方向前进。

推进自主技术创新的力量可以来自市场，也可以来自政府。基于国家安全视角的自主创新反映了政府对国家安全的考量。政府市场为自主创新产品提供了最初需求和试错机会，政府可以利用财税政策刺激市场对自主创新技术和产品的需求。实际上，安全因素要真正对市场供求关系产生影响，就必须真正改变企业的市场行为，从而改变特定产品市场的供求关系（见图8）。在高铁和核电等较为成功的自主化经验中，其特殊性在于政府是这些市场的主要需求方。但在分散的、竞争驱动的市场，由于缺乏竞争机制和用户激励，政府驱动的“自主创新”往往难以改变市场对质量、可靠性和技术性能更高的国外产品的需求。依赖政府扶持的企业往往创新动力不足，一些自主创新产品技术虽然获得突破但没有市场竞争力。一些政策希望在技术攻关中，供应链企业能使用上游企业的攻关产品，但长期以来效果并不明显。

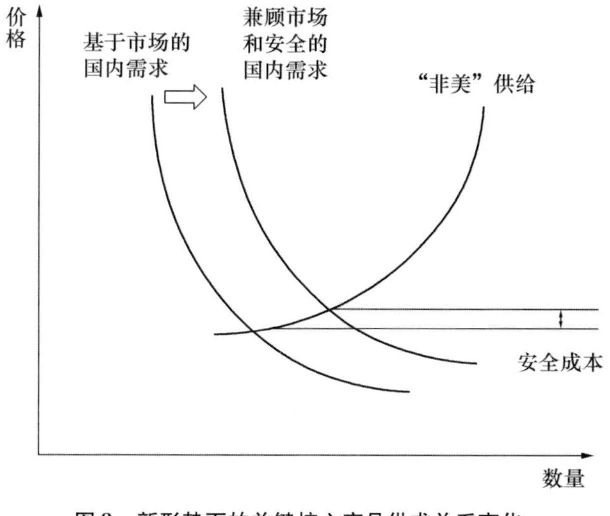

图8　新形势下的关键核心产品供求关系变化

近年来，不少中国企业认识到必须解除上游供应链中可能被“卡脖子”的风险，从而寻求“备胎”。所谓“备胎”，核心是企业寻求供应链在新形势下的多元和稳定供给。“备胎”需求反映了企业对全球供应链受到非经济因素冲击的预防性策略，是需求侧的明显变化。

"备胎"需求增长反映了企业的安全需求增长，以及企业将安全成本内部化的过程。安全成本的分担取决于供需双方议价能力，以及技术的市场成熟度等因素。

（三）从技术追赶视角看影响自主创新的主要因素

国内外的技术追赶实践表明，特定产业的技术追赶能否成功不是简单依靠倾斜投入和保护性政策，而是取决于产业、市场和技术等诸多因素。从诸多复杂因素中识别出关键影响因素，不仅有助于加快关键核心技术突破和产业化，也有助于认识政策的局限性。基于我国产业技术追赶和装备自主创新的经验教训，我们认为，在开放竞争的社会主义市场经济条件下，影响价值链高端技术和产品自主创新成功与否的主要因素有：技术动态差距、产业生态复杂度、资本密集度和市场需求复杂度等（见图9）。值得说明的是，这些因素是国产替代能否成功的必要条件而不是充分条件。换言之，成功的自主创新案例往往具有其中若干条件，如果缺乏其中某个条件，技术追赶成功就难以实现。但即使具备所有条件，也未必能够保证自主创新必然成功，因为还要受到其他各种复杂因素的影响。

1. 技术动态差距

技术动态差距决定了技术自主创新以及转化为产品的技术可行性。技术动态差距是指技术追赶国家与领先国家的技术差距的动态变化。国内外技术差距不仅受到某产业在技术起点上的差距影响，也受到国内外在技术发展过程中差距变化的影响。影响技术差距变化的主要因素包括以下几个方面。

（1）科技投入水平。一国在该领域的科技基础，主要由科技经费和人员等资源的累计投入水平决定。对追赶国家来说，一方面，科技

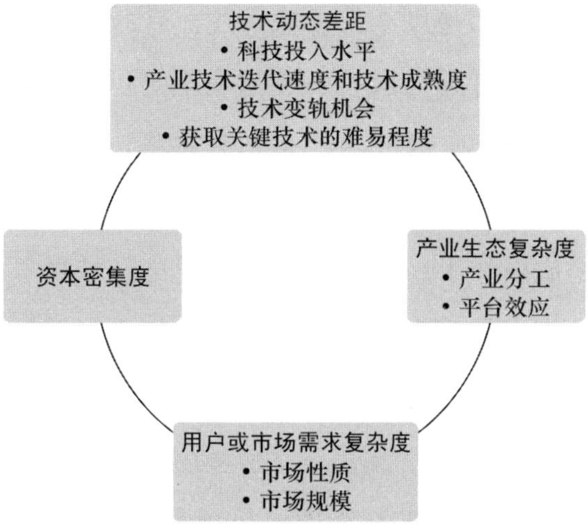

图 9　影响自主创新的主要因素

基础决定了技术学习能力和消化吸收再创新的能力。相关技术领域缺乏知识和人才积累，技术学习和进步的速度就会受到很大阻碍。我国在关键材料和关键零部件等基础领域的落后，一个重要原因是在材料科学技术等领域长期投入不足。另一方面，科技基础也决定了向前沿技术领域迈进的速度。科学技术知识具有累积效应，科学技术的跨越式发展很难实现，前沿技术的突破必须有扎实的基础科学支撑。在开放条件下，一国科技水平的提升既可以从国内加大科技投入和人才培养获得，也可以从世界范围内通过各种合作获取科学技术和人才资源。但科学技术的累积效应决定了，无论采取何种技术获取方式，支撑技术学习和发展能力仍然有赖于长期的科技投入。由此也带来政府科技资源配置的两难选择：一方面，技术水平的提升有赖于长期投入更多的资源；另一方面，有限的资源和预算难以覆盖所有领域的科技投入，“撒胡椒面”式的科技投入只能维持该领域低水平的技术发展而不是技术领先。政府对重点领域进行选择和投入是必然的，国内外经验都证明了这一点，关键是如何进行有效选择。

（2）产业技术迭代速度和技术成熟度。在技术进步放缓、已进入成熟期的技术领域，追赶国家缩小技术差距的可能性较大。例如，我国在传统产业领域追赶较为成功，在高速铁路技术和输变电设备技术等成熟的高技术产业领域追赶也较为成功，一个重要原因就是这些技术在国外已经是成熟技术。而在技术更新速度较快的领域，追赶国家缩小技术差距的难度就很大。例如，我国在集成电路技术等技术更新速度快的领域，与国外先进技术的差距不仅没有缩小，甚至有加大的趋势。

（3）获取关键技术的难易程度。也可称为技术学习机会的多少，包括从正式和非正式途径获取国外关键技术，特别是技术诀窍等隐性知识。尤其对追赶国家而言，获取外部关键技术是技术学习和技术发展的重要渠道。对技术领先国家而言，从外部获取技术和知识仍然是必要的和重要的。但越是技术落后的国家，技术学习的重要性越高。另外，由于技术中存在大量在技术图纸和专利之外的经验、诀窍、技术秘密等隐性知识，能否获得这些隐性知识就在很大程度上决定了“消化吸收”和技术追赶的速度和水平。我国能在较短时间取得大量的重大技术突破，都在早期阶段从外部获得了部分或主要的关键技术知识，包括从苏联获得技术援助的“两弹一星”。而在集成电路等领域，就很少有机会获得这种技术学习的机会。在新形势下，关键技术获取渠道大大减少，意味着这种技术学习机会的减少，需要我们开辟更多的符合国际惯例的技术获取渠道。

（4）技术变轨机会。追赶国家能否抓住新技术或新技术路径出现带来的技术变轨机遇实现技术赶超，也受到该领域科技和人才基础的重要影响。在科技和人才基础不足的情况下，技术变轨不仅不会成为赶超的机会，还会进一步拉大与领先国家的技术差距。

2. 资本密集度

资本密集度决定了自主创新技术和产品由谁来投以及投入的商业可行性问题。研发投入大、资本密集度高且投资周期长的行业，技术追赶难度大。因经济欠发达而导致资金短缺是追赶国家普遍面临的问题，无论是企业还是政府都难以进行初始投资，持续投资难度更大。一方面，受资金有限性的约束，政府科技投入水平决定了支持范围和力度十分有限；另一方面，财政资金的有限性决定了政府投入的机会成本。

一是技术风险导致的机会成本。科学技术发展存在风险和不确定性，从技术领域到技术路线，技术选择范围越小，风险和不确定性越大。颠覆性技术的出现会导致技术变轨，机会成本更大。二是市场风险导致的机会成本。技术成功不等于产品成功，产品成功也不等于企业成功。成功的技术与失败的产品，或者成功的产品与失败的企业是市场竞争的常态。对追赶国家而言，即使具有一定的投资能力，巨大的投资风险和市场风险也使政府难下投资决心。从微观层面看，企业竞争胜出是由多种因素决定的，创新是企业成功的必要条件而不是充分条件。政府投入面临较大的机会成本（不仅是政府职能和不干预市场的需要），决定了政府不得不投入到更为基础性和共性的科研活动，避免陷入具体的技术路线选择中，在新兴技术领域更是如此。

3. 产业生态复杂度

产业生态复杂度反映在产业分工和平台效应两个方面。一方面，产业链越长、专业分工越细的产业，实现全产业链自主创新的难度就越大。例如，集成电路产业，从关键材料到最终的封装测试的全产业链。从技术角度看，产业链长和专业分工细意味着以科学知识、专有技术、技术诀窍等多种形式存在的关键技术高度分散在产业链各个环节。一个国家如掌握全产业链，就要求科技体系不仅要全面，而且都要有很高的科技水平，实际上只有极个别国家拥有这种能力，更多的情况是任何一国都难以实现。因此，这类产业往往是高度全球化的，各国根据动态比较优势在某些环节具有竞争力。另一方面，生态的影响还表现为某些产业的平台效应，典型的是操作系统和工业软件等软件产品。

4. 用户或市场需求复杂度

产品市场的性质、规模和需求复杂程度对技术自主化后能否成功实现产品自主创新具有重要影响。

（1）市场性质。市场性质影响自主创新产品进入市场难度和盈利水平。从我国实践看，是单一买方的政府市场，还是多样化和碎片化的产品市场，对自主创新产品进入市场的影响差异大。政府市场具有强制性采购、竞争程度较低、价格和质量不敏感、需求单一且同质等特点，自主创新产品相对易于进入和成功。如高铁市场、三峡输变电工程等国家重大工程。因此，以国家重大工程实现技术自主化就更为可行。产品市场则具有竞争程度高、需求多样化、价格和质量敏感度高等特点，自主创新产品进入门槛较高，如工业软件、集成电路等。

（2）市场规模。市场规模解决的是自主创新产品能否盈利的问题。即使是较易进入的政府市场，如果市场规模不足以支撑产品和企业盈利，自主创新产品和企业便难以实现可持续发展，更不用说市场竞争力。一些得到国家科技计划大力支持的重型装备获得了技术上的成功，但由于市场过于狭小，产品难以盈利，企业反而背上了沉重的财务包袱。

（四）影响自主创新的综合因素

由以上分析可见，自主创新成功与否往往受到以上多个因素的共同影响。政府要有效发挥作用，就必须认识到政策的局限性和主要着力点。我们可以看到，在一些市场和技术条件具备的情况下，自主创新更容易成功；而在另一些条件下，自主创新进展缓慢的可能性更大。综合来看，至少有以下两种情况。

第一，一些产业实现技术追赶的技术和市场条件较好。如高铁和输变电设备等产业，国内外技术差距并不悬殊，国内有较好的技术基础，高铁和输变电设备在国外已属成熟技术；资本密集度相对不高，科技投入和产业投资规模可承受；虽然技术和国际市场被几家跨国公司垄断，但产业生态复杂度不高。此外，产业化的成功得益于其市场属于单一买方市场，政府是唯一买家，市场规模也足够大。

第二，一些产业实现技术追赶的技术和市场条件不佳。相对第一种情况而言，一些产业要想实现技术追赶，难度就比较大，属于“先天不足”。如芯片和工业软件。这些产业的共同特点是，由于国内科技投入不足、技术迭代速度快等因素，导致国内外技术差距有所加大；全球分工与产业生态复杂，各环节专业化程度高且技术复杂；属于全球竞争市场，且高端市场需求严苛。

总体而言，新形势下我国产业技术创新面临的主要挑战是在全球分工背景下如何形成价值链高端竞争力，“补短板”策略需要克服诸多挑战（见表4）。

表4　技术追赶的外部环境明显变化及其影响

	机遇	挑战
技术差距	新技术革命的技术变轨机遇	部分关键领域科技基础薄弱，差距被拉大； 更高的政策合规性要求限制传统的技术获取方式与政策
产业生态	数字经济的商业模式和业态创新； 制造业数字化转型	路径依赖、规模效应凸显，全球分工与复杂度更高，产业链上下游协同难度加大

续表

	机遇	挑战
资本密集度	数字经济降低了部分领域的资本门槛	发达国家优势领域资本密集度提升
用户和市场需求	“安全需求”增长	政府采购协定等国际规则限制政策空间

五、新时期我国创新政策转型的方向和重点

面对新的国内外发展形势，我国创新政策必须转型，以适应新要求、新任务。战略上，要从努力实现“技术追赶”向努力形成“技术优势”转变（见表5）。战术上，要充分发挥政府组织基础研究、前沿技术、关键核心技术研发的作用，营造普惠性、竞争中性、包容性的政策环境，鼓励竞争，促进合作。在科技计划和组织、知识产权保护、产学研合作和成果转化、政府采购、人才等重点政策领域，探索形成更加适合新时期创新特点和创新需求的政策措施。

表5　　我国创新政策转型的战略方向

内　容	目　标
科技发展战略转变	从技术追赶战略到技术优势战略； 从主要注重“补短板”到同时注重“锻长板”
政策理念转变	从竞争到竞合，从数量到质量，从经济发展到经济和社会发展
政策目标转变	从引进消化吸收再创新为主转向更多依靠原始创新和引领性创新； 竞争中性，竞争导向的政策资源要基于市场绩效和竞争绩效配置
政策类型转变	从选择性转向更多使用普惠性、功能性、包容性
政府作用转变	更多提供基础性、平台性、制度性服务
政策流程转变	自上而下与自下而上相结合，更注重发挥市场创新主体作用
实施机制转变	基础研究、前沿技术研究、关键共性技术研究等国家科技计划的组织实施机制（关键技术选择机制、组织攻关机制）

（一）科技发展思路实现从“技术追赶战略”向“技术优势战略”转变

面向未来，我国科技发展总体思路应从“技术追赶战略”向“技术优势战略”转变。技术优势战略的核心是，国家战略性科技投入应以“着眼长远，坚实基础，发挥优势，开放融合”为原则，着重于塑造未来科技领先优势，立足国家科学技术长远发展确定重点领域、重点方向和重点项目，战略性配置科技资源。

国家科技发展应着眼长远。当今世界，主要国家间的科技竞争是塑造未来科技领先优势的竞争，国家科技投入重点很大程度上决定了未来优势科技领域。从科技发展规律看，在技术路径未发生重大改变情况下，一个国家在某个科技领域的领先优势一旦形成，就难以被别国超越。跟随别国技术发展路径，以“国外技术替代”为目标的技术追赶战略，只能解决技术学习和积累问题。在技术优势战略下，主动选择优势领域重点投入，才有望形成局部领先优势。

形成局部技术优势的领域必然要有坚实的基础研究和应用研究作为支撑。也就是说，优势领域必然是理论基础研究、应用基础研究和应用研究一体化发展。这就要求科技计划和经费管理政策适应一体化发展需要，予以从理论源头到应用研究的全链条支持。在理论基础和技术基础方面，优势领域可能与关键技术短板形成交叉，这表明相关基础知识和技术必须“补课”。从这个意义上讲，形成局部技术优势与补短板的交集是补基础。在此基础上，局部技术优势战略注重在新技术方向形成相对优势，而补短板则注重在已有技术路线上逼近或追平领先技术。总之，局部技术优势战略要求重点在优势领域上加大基础性投入。

在若干领域形成局部技术优势是技术优势战略的目标。与美国全面科技领先战略不同，我国经济和科技水平决定了只能形成局部优势而不是全面优势。局部技术优势成为未来较长时期我国科技发展的战略目标。形成局部技术优势的领域应是有较好科技基础、符合未来科技发展方向、具有较强战略价值的战略性前沿技术。

形成局部技术优势需要开放与融合。开放，体现在面向世界一流科学家开放基础研究和前沿技术研究计划，集聚全球知识和智慧促进中国科技进步；体现在以更大力度向社会开放科技资源，积极吸引大中小企业参与国家科技计划。融合，体现在更大力度支持交叉学科跨界突破；体现在从科技计划源头推进军民两用技术研究。

（二）创新政策转型的主要方向

面向未来，创新政策要更加突出普惠性、竞争中性和包容性，充分发挥制度性创新政策的基础性作用。

提高普惠性创新政策的有效性和受益面。扩大普惠性政策范围，避免简单以企业规模、盈利状况、专利数量等设置政策门槛，防止出现对不同企业的政策歧视，提高政策公平性。对企业呼声较高、效果较好的政策，进一步降低政策门槛，加大政策实施力度。如扩大研发费用加计扣除政策的抵扣项目和抵扣力度，研究将研发人员工资和“五险一金”等纳入加计扣除范围。

重视发挥包容性创新政策作用。增加针对中小微企业、欠发达地区企业、残疾人企业等弱势群体的创新创业活动的鼓励政策，推动创新创业机会均等化，以创新促进社会发展。通过专项研发投入、技术推广、政府采购、补贴和税收优惠、金融支持、提供培训和技术援助等措施，对弱势群体的创新创业活动予以支持。

发挥制度性创新政策的基础性作用。构建公平竞争、创新友好的基础制度环境，让创新者通过市场获益。加强知识产权保护，让创新者可以通过知识产权获得收益创新。优化人才政策，建立符合创新规律的人才培养、引进、激励制度，促进人才流动。完善标准、认证认可制度，促进优胜劣汰的市场机制发挥正面作用，形成优质高价的正向反馈。

（三）优化基础研究、前沿技术与关键核心技术攻关的组织方式

优化基础研究支出结构，增加针对国家重大战略需求的基础研究支出，增强基础研究对重大科技专项和工程的支撑作用。对战略需求导向的基础研究采取自上而下的研究计划，以基础研究、应用研究、实验开发和示范工程一体化的“研究、开发与设计”RD&D计划来实施。基础研究资助计划要克服“撒胡椒面”的倾向，实行面上项目与支持重点团队相结合，增加支持重点团队的比例。依托国家科学中心建设，完善国家实验室运行机制，提高长期稳定资金支持比例，对基础研究人员的评价从数量转向质量，考核期适度延长。通过税收等优惠政策鼓励有能力的企业加大基础研究投入、鼓励社会捐助基础研究，促进基础研究投入多元化。鼓励企业承担和参与需求导向的基础研究计划。

我国离技术前沿越来越近，已具备条件且需要加强前沿技术创新。前沿技术创新面对的是“无人区”，需要新的组织实施机制，建立各方参与的科学决策机制，共同围绕国家长期战略需求科学制定前沿技术研发计划。政府主要发挥目标引导、协调和支持作用，牵头部门应协调相关部门实施计划，凝聚目标，减少重复和交叉。充分发挥科学家和企业家在研发方向、技术路线选择等方面的作用，减少政府部门对具体研发项目的微观干预。推动行业骨干企业、优势科研院所

和高校围绕国家目标进行集聚，打造分工协作、成果共享、风险共担的利益共同体。建立前沿技术研发计划实施的独立评估机制，推动项目不断调整完善。建立项目实施的动态调整机制，提高前沿技术创新效率。

（四）加快落实知识产权保护政策

我国已处于跨越发展台阶的关键时期，对知识产权制度提出了更为迫切的需求。要充分发挥知识产权制度促进创新的作用，就要让创新活动能够通过知识产权制度在市场上获得应得的利益。因此，知识产权制度要更加注重有效保护和准确确权，更加注重改善知识产权应用环境。

以提高惩罚力度为重点促进知识产权有效保护。尽快完成《专利法》《著作权法》修改，提高法定赔偿额上限，建立惩罚性赔偿制度，丰富执法手段，从法律层面提高保护力度。全面实施协助取证措施，推广《商标法》第63条规定减轻原告的举证压力，改善取证难现状。加大判决执行力度，建立健全多部门联合惩戒制度。推进由败诉方承担诉讼费用，形成正向激励。加快知识产权法院和知识产权法庭建设，适当扩大知识产权法院管辖的案件范围，研究建立异地诉讼机制。强化市场监管综合执法队伍、文化市场综合执法队伍的知识产权执法职能，通过培训、外聘等机制，提高执法队伍的专业能力。

在授权环节、权利维持环节提高知识产权的质量和价值。大量低价值知识产权挤占管理、执法资源，需要慎重对待的知识产权就得不到足够的资源保障，法官在法定赔偿限额内会倾向于轻判。由于商标需要在使用中不断提高价值，而版权不强制注册，因此谨慎授权主要针对专利而言，授予专利权要坚持新颖性、创造性和实用性标准。适当提高知识产权维持年费，并将知识产权维持年费调整为前期低、后期高的结构，促使为了数量而申请、实施价值不大的知识产权尽早放弃，节约管理与执法资源。

营造良好的知识产权应用环境，促进知识产权回归市场。知识产权实现市场价值的直接方式包括自我实施、许可他人实施、卖予他人实施等，间接方式包括市场防御、抵押融资、交叉许可等，不应通过评职称、评奖、评人才称号等各类评审活动，或通过获取优惠政策等途径获利。建议逐步减少知识产权的非市场激励，强化知识产权的市场价值属性。同时，要促进知识产权政策与政府采购政策、招投标政策等相关政策实质性协调，建立知识产权备案、申报、申明制度和快速维权机制。

（五）加强产学研合作和促进科技成果转化

明确产学研各方在创新链中的功能定位，进一步优化利益分配机制。高校主要从事基础研究；政府科研机构主要从事共性技术和应用集成研究，为企业创新提供有力支撑。研究制定科技成果类国有无形资产管理办法，围绕科技成果权属改革、成果转化新型组织、应用场景建设等探索先行先试政策。深化科研评价考核体系和激励机制改革，发挥市场对技术研发方向、路线选择、创新要素配置的导向作用。加大新经济制度研究，推动《创新创业法》的研究与出台。

大力发展面向市场的新型研发机构，提升大企业在需求导向产学研合作中的作用。建立完善政府引导、企业主导、市场化运作的新研发枢纽平台，打破线性研发流程，形成系统性创新模式。支持高校、科研院所、企业和政府等多方主体联合建立新型研发机构；支持处于行业领先地位的大企业建设企业研究院；支持龙头企业通过供应链关联协作，吸引上下游配套企业和社会化资源协同推进研发创新，实现产品共创。

以评估和奖励等方式加强高校和科研院所的专业化技术转移队伍建设，鼓励引进包括外籍人士在内的专业化人才。合理分配成果转移转化收入，适度降低科研人员所得比例，调动院系和技术转移机构等各方参与成果转化的积极性。培育壮大专业化和市场化的技术转移中介网络，促进科研成果和市场的对接。对公立高校院所科技成果转化涉及的国有资产，采取例外方式，单独制定管理办法。

加强财税金融类政策对产学研合作和成果转化的支持。加快政府天使投资引导基金建设，布局政府产业投资基金。积极开展股权众筹融资、跨境并购融资等融资模式试点。进一步完善企业上市的便捷性通道，支持企业充分利用中小企业板、创业板、科创板等资本市场融资。建立知识产权质押融资市场化风险补偿机制，探索科技保险奖补机制。

（六）持续改进政府采购政策

自 2011 年财政部废止《自主创新产品政府采购预算管理办法》《自主创新产品政府采购评审办法》《自主创新产品政府采购合同管理办法》以来，在国家层面，我国已经没有政府采购支持自主创新产品的政策。2007 年 12 月，我国向世贸组织（WTO）秘书处提交了加入《政府采购协议》（GPA）的申请和初步出价，目前谈判仍在进行。即便加入 GPA 后对成员的产品应视同本国（地区）产品，但仍可通过例外条款支持创新；对非 GPA 成员，通过政府采购实现鼓励创新、支持特定产业等政策目标没有障碍。因此，有必要重新制定政府采购鼓励创新的基础性政策。

完善《政府采购法》，体现鼓励创新的原则。我国《政府采购法》第9条明确了要实现保护环境、支持不发达地区和少数民族地区、促进中小企业发展等政策目标，不包括创新；其实施条例第6条明确由财政部会同相关部门制定具体措施。建议《政府采购法》明确将支持自主创新列入政策目标，为创新产品创造的早期市场空间，弥补创新产品市场化早期的需求不足，降低创新风险。

以开放思维确定本国产品的标准。欧美等国的政府采购相关法律都明确在特定领域要求采购本国产品和服务的比例，并在一定价格差范围内优先采购。我国《政府采购法》第10条规定了应当采购本国货物、工程和服务，但没有具体措施和标准；其实施条例也没有相关规定。从国际经验来看，欧美等国在政府采购中以本地制造的比例来界定本国产品，达到一定本地化比例才算作本国产品，而不是按照本国资本、品牌和所有制来划界。建议借鉴国外经验完善《政府采购法》及其实施条例。

充分利用GPA例外条款，在GPA规则下鼓励创新。2012版GPA第3条规定了例外情形，如对用于国家安全与国防、环保、健康、残疾人等领域的创新产品，可以受到保护性采购。第13条规定了使用限制性招标方式的范围，如采购实体可以对按其实验、探索或原始开发合同而开发的原型产品、首件产品或服务实行限制性招标。许多创新产品应用于国家安全与国防、环保、健康、残疾人等领域，对这些产品的保护性采购，可有效鼓励创新。建议尽早研究制定具体的例外范围、认定标准、保护措施等实施细则。

（七）建立完善创新型人才政策体系

创新型人才的培养、激励、流动是实施创新驱动发展战略的关键。

创新型人才要能“培养出，引进来，用得好”，关键是构建一个良好的人才发展生态。

建立有创造力和创新精神的高等教育制度。高等教育对培养学生创新意识和精神、批判性思维和创新能力具有重要作用。高等教育阶段实现培养创新型人才的目标，需要在教育方式、教育理念和高校自主权三个方面综合配套实施。

建立有利于科研人员潜心科研的制度环境。在高校和科研机构的制度设计中，法人制度是根本，机构自主权是法人制度的核心，考核评价和薪酬制度是激励机制的主要内容。我国公立高校和科研机构目前实行传统事业单位制，要尽早结束“摸着石头过河”的改革方式，尽快建立符合科研规律的现代法人制度，扩大和落实高校和科研机构在考核评价、编制管理、职称评审等方面的自主权，完善以市场化为方向的薪酬制度。

建立与创新发展相适应的人才计划和政策。精简人才计划和政策，加强顶层设计和统筹。从政策扶持向制度环境建设转变，从“前置性”奖励向基于工作绩效的“后奖励”转变，从注重人才身份向注重人才能力和实绩转变。

建立有利于人才横向和纵向流动的机制。改革束缚人才流动的户籍制度、身份制度、档案管理制度等，完善社会保障制度，促进人才在政府、事业单位、企业之间流动。改进人才引进机制，增加用人单位话语权，积极发挥市场选人、市场评价的作用。建立和完善技术移民制度，重点引进高层次和紧缺人才。

（八）深化科技体制改革，助推创新政策转型

全面完善科技创新制度是确保新形势下创新政策转型的根本保

障。加快助推激发创新活力、聚焦问题导向、整体有序推进、开放高效协同、抓紧落实落地的科技体制改革。进一步分类、分步推动科研机构改革，既要保障核心机构并配置适当自主权、更大力度放开非核心机构，也要以国家实验室等增量改革为出发点和突破口，探索形成新型国家科研机构治理机制。进一步抓实抓细“三评”制度改革，推行全流程公开透明和痕迹管理，健全中长期绩效评价制度，强化科研诚信体系建设和良好学术生态营造。进一步深化国际科技交流合作、鼓励创新要素跨境流动的体制机制改革。

执笔人：马名杰　沈恒超　熊鸿儒

专题报告一

加强基础研究需注意解决的几个问题

党的十八大以来，党中央、国务院对加强基础研究做出了一系列战略部署。《国家创新驱动发展战略纲要》（以下简称“战略纲要”）提出，强化原始创新，增强源头供给，加强基础研究前瞻布局。党的十九大提出加快创新型国家建设，“要瞄准世界科技前沿，强化基础研究，实现前瞻性基础研究、引领性原创成果重大突破。加强应用基础研究，拓展实施国家重大科技项目，突出关键共性技术、前沿引领技术、现代工程技术、颠覆性技术创新，支撑科技强国建设”。2018年，国务院印发《关于全面加强基础科学研究的若干意见》（简称“若干意见”），对基础研究工作做出全面部署。如何加大基础研究投入，优化支出结构，提高基础研究效率，增强原始创新能力，成为亟待解决的问题。

一、加强对基础研究重要性和规律的认识

目前，我国经济发展进入转型期，转型发展的核心是实现发展动力的转换。其主要特征包括：一是支撑发展的条件发生变化，劳动力

和各种生产要素的成本大幅上升，依靠资源消耗和规模扩张的粗放型发展模式不能持续，必须转向依靠技术进步、劳动力素质提高和创新的集约型发展模式，发展动力必须从要素驱动转向创新驱动，以创新驱动转型升级；二是我国产业技术创新进入换挡期。在新的形势下，我国产业技术能力处于从跟踪模仿为主转向跟跑、并跑和领跑并存的阶段，部分领域处于技术应用前沿。一些行业排头兵开始与跨国公司同台竞争，引进技术的难度加大，技术上"搭便车"的空间缩小。因此，技术创新模式也处于转型升级阶段，从以引进技术消化吸收为主的模仿创新，转向自主研发为主的同步创新和前沿技术创新。根据国际经验，一个国家在技术追赶达到一定程度时，其基础研究将有较大幅度的提升，然后达到相对稳定的阶段。与世界上的一些科技大国相比，我国的基础研究强度处于较低水平，不能适应产业转型升级和实施创新驱动发展的需要，必须加强基础研究。

创新需要基础研究的支撑，基础研究的投入产出水平是一国综合科技实力的重要体现。基础研究是应用研究和技术开发的支撑平台。实践证明，以科学发现为导向的基础研究是重大的、经济效益最高的技术创新不可或缺的基础①。目前，世界上主要科技大国，如美国、英国、德国、法国、俄罗斯、日本、韩国等，为了在未来科技进步中保持和提升竞争优势，均在基础研究领域投入大量资源。基础研究的特点和规律主要有以下几个方面。

（一）基础研究成果具有公共品性质

基础研究是人类为认识自然现象、揭示自然规律而进行的实验性

---

① 美国总统科技顾问委员会（2012），《转型和机遇：美国科学研究事业的未来》。网址：http：//www. whitehouse. gov/sites/default/files/microsites/ostp/pcast_ future_ research_ enterprise_ 20121130. pdf。

和理论性研究工作。基础研究并不直接提供新产品、新工艺和解决技术问题的具体方案，而是以产出知识为目的，向社会提供新知识、新原理、新方法，任何人都可以从基础研究成果中获益。1945 年，美国著名科学家和工程师范内瓦·布什（Vannevar Bush）在《科学：无尽的边疆》（*Science*：*The Endless Frontier*）中，首次定义了基础研究："基础研究产出的是总体知识，能增进我们对自然及其法则的理解。尽管基础研究成果并未对解决实际问题提供完整和具体的方案，但为解决大量重要的实际问题提供了思路和手段。"① 经济合作与发展组织（OECD）对基础研究作出明确定义：基础研究是科学家从事的实验性或理论性的工作，旨在分析事物的性质、结构和关系，建立和测试假说、理论和法则。科学家在从事基础研究时，并没有抱着特定的应用和使用目的，其首要目的是获取新知识，这些新知识是解释自然现象和可观测事实的基础②。

（二）基础研究是重大技术创新的源头

基础研究是创新链条上的重要环节，重大创新的源泉。从理论上来说，完整的创新链条是从基础研究、应用研究到技术开发和产业化应用的全过程。基础科学研究（包括基础研究和应用研究）对技术创新发挥着越来越重要的作用，成为技术创新的源泉。据美国科学基金（简称 NSF）公布的信息，当今世界上 60 个最具影响力的技术发明，早期都曾接受过 NSF 的资助，其中包括互联网、3D 打印、现代药物、

① 范内瓦·布什（1945），《科学：无尽的边疆》，网址：http：//www. nsf. gov/about/history/vbush1945. htm。

② OECD（2002），《弗拉斯卡蒂手册》，第 77 页。网址：http：//www. uis. unesco. org/Library/Documents/OECDFrascatiManual02_ en. pdf。

量子计算机、移动通信、气象卫星、全球定位系统、数码相机和人类基因组知识等[①]。基础研究所带来的效益不仅仅限于某一领域的应用研究和产品开发，其更重要的价值在于能以不可预知的方式催生出一些完整的创新生态系统。例如，最初量子力学、原子结构和数学领域的基础研究是科学家出于纯理论兴趣而进行的研究，但这些研究成果为后来微电子和计算机产业的形成奠定了基础；纯数学和计算机科学领域的基础研究则催生出互联网和一些大规模的科技公司[②]。由此可见，基础研究是重大原始创新的重要基础，基础研究所创造的最大效益是通过突破性的新科学发现，并经过长期的演进，形成新产业，革命性地改变世界。

（三）从基础研究到创新需要长期过程

由于基础科学研究及其成果的应用发展方向具有不确定性，因此从基础研究成果到商业化应用还需要大量的研究和投入。根据 NSF 的统计，从提出基础研究到实现商业化，往往要经过 20 ~ 30 年。例如，人工智能的概念于 20 世纪 50 年代提出，美国的人工智能技术研究开始于 20 世纪 70 年代早期，直到 1997 年才研制出能够成功识别持续性语音的个人电脑；三维图像的基础性系统研究从 20 世纪 60 年代开始，到 20 世纪 90 年代才形成消费产品[③]。

基础研究成果的应用主要有几种途径。

一是知识扩散。通过发表科研论文和公开成果，供社会借鉴、深化研究和开发。世界知名的知识产权咨询公司——CHI 研究公司的研

①②③　美国总统科技顾问委员会（2012），《转型和机遇：美国科学研究事业的未来》。网址：http：//www. whitehouse. gov/sites/default/files/microsites/ostp/pcast_ future_ research_ enterprise_ 20121130. pdf。

究人员对专利文献引用科学论文进行计量分析，解释了科学研究对技术创新的贡献。例如，1987～1988 年美国授权的发明专利共引用了 40000 篇次发表于 1975～1981 年间的 SCI 论文；1993～1994 年授权的美国发明专利共引用了 104000 篇次发表于 1981～1991 年的 SCI 论文。这 144000 篇论文占全部专利引用的 SCI 论文的 80%①。

二是科研机构继续进行应用研究开发。例如，美国联邦卫生研究院（简称 NIH）将其研究成果的转化分为应用转化研究和技术转让两部分。对于共性技术等外部性较强的成果，采取应用转化研究的方式，推进基础研究的应用。

三是由科研人员和企业家对科学研究成果进行商业化应用。例如，当今美国的许多领先高技术产品和产业都应用了政府资助的基础研究成果。以苹果公司的产品为例，第一代 iPad（2001）和 iPhone（2007）、iPad（2010）均应用了诸多美国联邦机构资助的科研成果。

（四）政府支持基础研究是对创新源头的支持

由于创新链条各环节的公共性不同，因此政府的作用也不尽相同。从基础研究到产业化应用的过程中，公共品的属性逐步减弱，市场化应用的风险也逐渐降低，市场竞争性增强（见图 1）。因此，在创新价值链各环节，政府和各创新主体的作用不同。由于基础研究的公共品属性较强，市场化应用的风险大，社会效益明显，因此通常以政府资助为主，研究主体以大学和科研机构为主。应用研究主要提供竞争前的共性技术，政府资助和企业资助相结合，研究主体是大学、科研机构和企业合作。试验开发以具体市场为目标，以企业投入为主，政府主要以研发支出的税收抵扣等普惠性政策鼓励企业增加技术开发

① 刘立、王耀德："从专利引文看公共科学技术对技术创新的重要作用"，《科学学研究》2003 年第 21 卷第 4 期。

投入，政府仅对少数影响国家安全的战略产业的产品技术开发给予一定资助，或以国有形式支持其发展①。

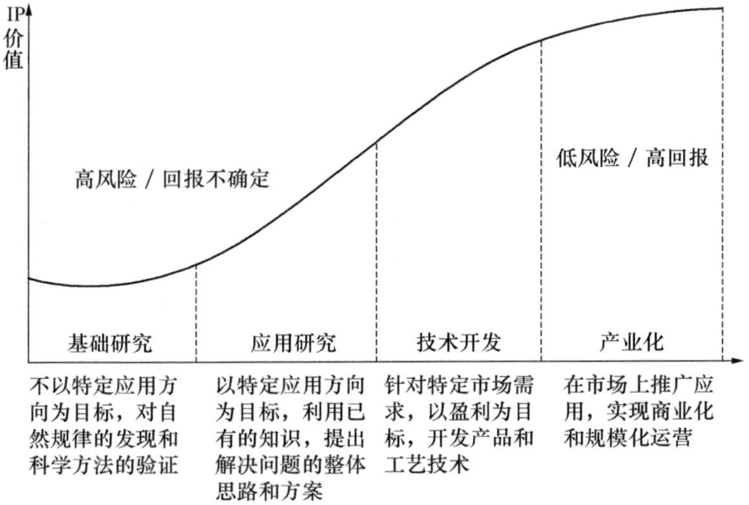

图 1　创新价值链各环节的特征

因此，要超前部署基础研究，催生新兴产业。根据我国的具体情况，加强基础研究需要解决经费来源问题，优化投入结构和构建符合科学规律的评价体系。

二、多措并举，促进基础研究来源多元化

（一）基础研究是重大技术创新的源头，其投入产出水平是国家综合科技实力的重要体现

主要创新型国家都重视基础研究投入。2008 年金融危机以来，欧美、日本、韩国等基础研究支出强度（基础研究支出/GDP）总体呈上升趋势，近些年保持在 0.4% 以上，韩国达 0.7% 左右（见图 2）。

---

① 吕薇等：《政府在产业技术研究开发中的作用》，中国财政经济出版社 2002 年版。

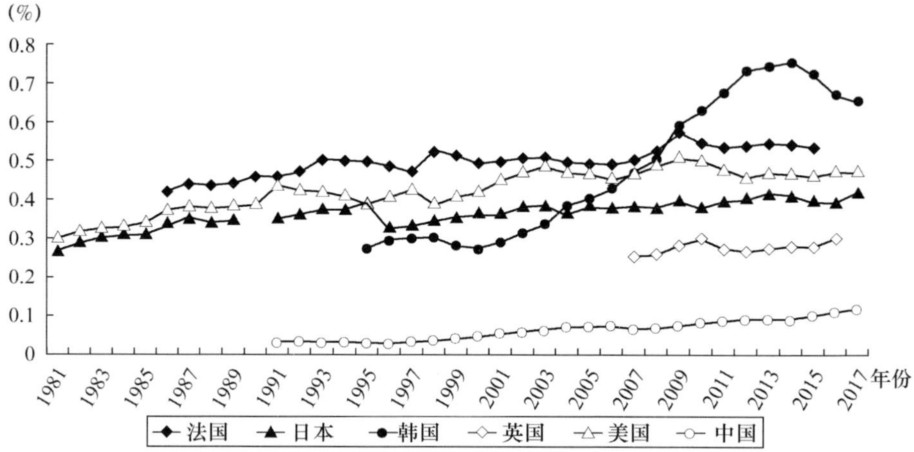

图 2　有关国家基础研究支出强度

资料来源：OECD 网站。

基础研究支出强度与国家发展阶段有关。根据国际上基础研究的变化趋势，影响基础研究投入增长的主要因素有以下几方面。一是与国家经济实力成正比。国家的实力越强，基础研究投入强度越高；在经济下行期，往往基础研究的支出减少。二是与国家的技术基础正相关。技术能力越强的国家，基础研究投入强度越高，特别是一些技术水平处于国际前沿的国家，基础研究投入强度较高。三是与国际技术竞争态势正相关。技术进步加快时期，基础研究的投入增加较快。通常，当国家产业竞争力受到挑战时，基础研究的投入强度增加。例如，20 世纪 80 年代，美国的产业面临日本的竞争，政府和企业都增加了基础研究投入强度。

我国基础研究投入短板较为明显。实施《国家科学和技术中长期发展规划纲要（2016—2020）》以来，我国研究开发（R&D）支出快速增长，总量位居全球第二，R&D 支出强度（R&D 支出/GDP）超过欧盟国家平均水平。但基础研究投入是短板，2018 年我国基础研究投入强度仅为 0.12%，远低于主要创新国家的水平。

（二）我国基础研究投入强度过低的主要原因是来源单一，主要靠中央政府

基础研究以产出知识为主，具有公共品性质，以政府投入为主。主要创新型国家均形成以政府为主导，企业、高校、非营利机构为补充的多元化基础研究投入格局。在欧美等前沿技术创新国家，联邦政府的基础研究支出平均占比为40%以上；企业是第二大投资者，平均占比超过20%。例如，2015年美国的基础研究支出中，联邦政府占44%、企业占28.2%、大学占12.3%、其他非营利组织占12.7%、州政府占2.8%。2013年英国全社会基础研究支出中，政府约占43%，企业占23%，慈善机构捐赠及海外基金占34%①。日、韩的基础研究支出中企业占比较高，韩国企业基础研究支出占比接近60%；日本企业占比为30%～40%，近些年接近50%，如图3所示。

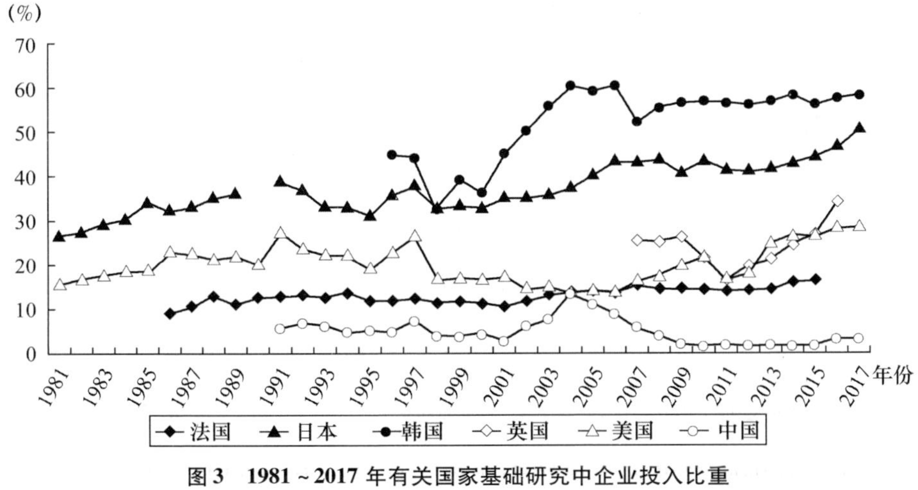

图3　1981～2017年有关国家基础研究中企业投入比重

资料来源：OECD网站。

我国基础研究投入以政府为主，中央政府占比最大。目前，我国

① 邓衢文、刘敏等："我国及世界科技强国的基础研究经费投入特点与启示"，《创新研究》2019年。

R&D 支出以企业为主，2018 年企业 R&D 支出占全社会的 77%。基础研究支出中，各级财政支出占比 65%～70%，企业支出占比不到 3%。因社会捐助机制不健全，社会捐助占比微乎其微。如图 4 所示，在全国一般公共预算的基础研究支出中，中央财政超过 85%，地方不到 15%。近些年地方政府基础研究支出占比略有提高，北京、上海、广东、江苏等经济发达地区的政府开始重视基础研究投入。

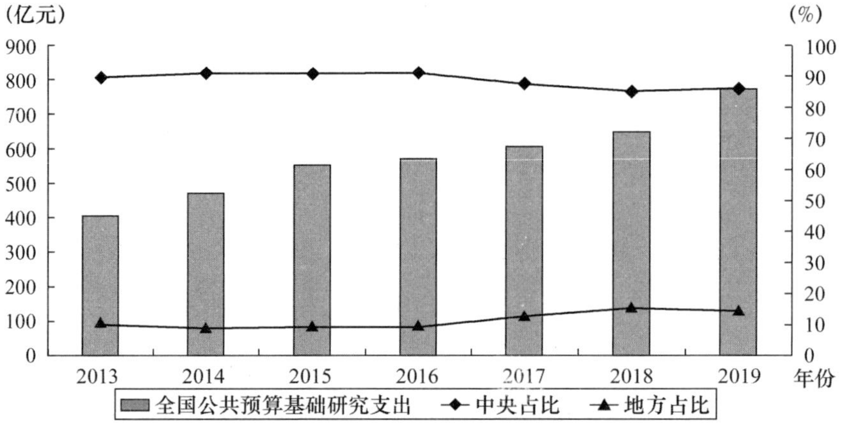

图 4　财政预算基础研究支出来源结构

资料来源：根据各年财政预算报告测算。

（三）多渠道增加基础研究投入

我国的创新能力处于提质升级的阶段，迫切需要增加基础性研究投入，提升原创创新能力。要鼓励社会各界增加基础研究支出。

1. 调整财政科技支出结构，增加政府对基础研究的投入

目前，我国中央财政 R&D 预算中，基础研究超过 27%；地方财政 R&D 预算中，基础研究仅占 4.4%。因此，要适度增加财政 R&D 支出中的基础研究比例，特别要鼓励地方政府增加基础研究支出。

2. 有效发挥企业在基础研究中的作用

目前，我国部分企业进入行业技术前沿，开展前沿技术创新迫切需要基础研究支撑，正逐步增加基础研究支出。如国家重点实验室企业的基础研究投入明显高于全国平均水平。一是明确企业在基础研究中的定位，充分发挥产学研的各自优势。从国内外实践看，基础研究的主体是大学和科研院所，企业是科技成果转化为生产力的主体。企业在基础研究中的主要作用是提出需求、增加投入、组织研究、主导应用转化，具体的基础研究工作可以充分发挥大学和科研机构的作用。二是采取针对性措施，鼓励和引导有能力的企业增加投入。一方面，应提高企业基础研究支出的所得税加计扣除比例，鼓励企业增加基础研究支出；对企业购买大型科研和试验设备实行进项税抵扣增值税，减免科研仪器设备进口环节税等。另一方面，支持企业参与国家重大科研计划，加强产学研合作。三是进一步扩大企业联合基础研究基金规模。近几年，国家自然科学基金会与一些有需求和能力的企业建立联合基金，企业出资比重大，由企业自主提出需要解决的科学问题，吸引更多大学、科研机构参与产业需要的基础研究项目。四是进一步向企业开放国家实验室和大型仪器设备，促进企业与大学和研究机构间的人员、知识交流，节约企业研发成本。如美国 SPACEX 公司在研制商用可回收火箭的过程中，许多实验和测试都是在国家航天实验室进行的。

3. 完善科技捐赠的税收机制，调动社会各界增加基础研究投入的积极性

参照慈善捐款的税收减免政策，鼓励个人、机构等社会力量直接捐助或成立基金支持大学、科研机构的基础研究。

4. 进一步完善 R&D 支出统计体系，全面、准确、真实反映我国基础研究支出

我国的 R&D 统计是按照国际标准进行的，但因为缺少 R&D 会计标准，在实际执行中基础研究经费支出统计与国际的统计有一定差别。根据国际上统计标准，基础研究的人员费用和机构运行管理费应计入基础研究活动经费的统计。由于实际执行中，一些事业单位性质的大学、科研机构的人员费通常不纳入基础研究支出，因此，应按照国际标准建立 R&D 会计制度，改进统计方法和定义，提高基础研究统计的准确性。

三、科学布局，优化支出结构，提高基础研究效率

联合国教科文组织将 R&D 分为基础研究、应用研究和试验开发三类。其中基础研究不以特定应用方向为目标，主要探索自然规律和科学方法；应用研究以实现特定用途为目标，利用已有知识，提出解决问题的思路和方案；试验开发是为满足特定市场需求，运用基础研究和应用研究的知识，开发新材料、新产品、新设计、新工艺和新方法，或重大改进。基础研究与应用研究两者又统称基础科学研究。

（一）R&D 支出结构与国家发展阶段和创新能力相关

通常，在技术追赶阶段，R&D 支出中试验开发比例较高；以原始创新和前沿技术创新为主的国家，基础研究支出占比较高。主要创新型国家的基础研究支出占 R&D 支出的比例在 15% 以上，应用研究支出占比超过 30%。例如，2015 年，日本 R&D 支出中应用研究份额为 32%，美国为 37%，英法超过 60%；基础研究与应用研究支出的比例平均为 1∶1.6，美国为 1∶1.2，日本和法国为 1∶1.6，英国为 1∶2.5[①]。

① 根据大连理工大学管理与经济学部《中国研发经费报告》的数据测算。

与主要创新型国家相比，我国 R&D 支出中应用研究份额偏低，基础研究更低。如图 5 所示，我国基础研究份额长期稳定在 5% 左右；应用研究份额下降较快，从 2005 年的超过 17% 降至 2018 年的 11%。2018 年应用研究份额不到 17%，基础研究与应用研究应用之比 1∶2。与美日相比，我国 R&D 支出中基础研究和应用研究份额分别不到美国的 1/3 和 1/2，接近日本的 1/2。

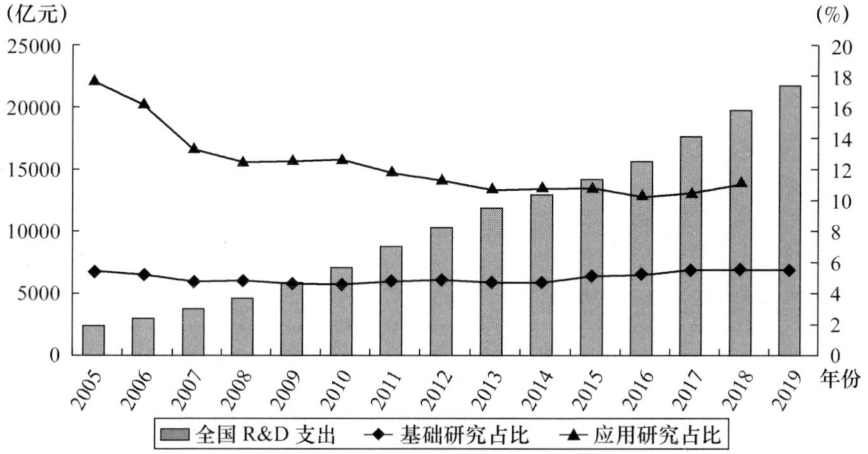

图 5　2005～2019 年我国 R&D 支出结构

资料来源：各年中国统计年鉴。

随着跨学科跨领域的重大科学突破不断涌现，科学与技术的融合加深，基础研究与应用研究的界线越来越模糊，国际上将基础研究分为自由探索的基础研究和需求导向的基础研究。需求导向的基础研究是为了解决特定问题而进行的基础性研究，青蒿素的发现就是典型的需求导向基础研究。

为了提高基础研究对创新的直接贡献，欧美等国增加需求导向的基础研究投入。例如，美国 NSF 提高了需求导向基础研究的项目比例；欧美等国政府的基础研究计划中，增加了以国家战略目标为导向的跨领域、跨阶段的项目。有统计表明，21 世纪以来，诺贝尔奖也倾向于应用科学，2000～2014年，诺贝尔奖中理论基础研究与需求导向的成果比为3∶7，50%以上的诺贝尔奖获得者拥有以科学发现为基础的发明专利①。英国创新研究中心2009年对22000名科研人员的调查表明，在数学、物理学、化学、生物学等领域，基础研究占主导地位，自由探索的基础研究和需求导向的基础研究占比接近；在工程、材料和卫生科学等方面，需求导向基础研究占比较高。

（二）优化基础研究支出结构，统筹自由探索基础研究与需求导向基础研究

1. 增加需求导向基础研究投入

目前，我国创新能力处于“三跑”并存阶段，但跟跑多，领跑少，一些战略性产业面临许多“卡脖子”环节，迫切需要加强需求导向的基础研究，以解决“知其然不知其所以然”的科学问题，攻破技术难关。因此，应在稳定自由探索基础研究投入的基础上，增设需求导向基础研究计划。例如，自然科学基金可设一些学科交叉的需求导向研究项目，国家重大科技专项和重点研发计划应根据攻关需要，凝练科学问题，在前期设置需求导向的基础研究项目。总体来看，需求导向基础研究份额可为自由探索基础研究的2倍以上。

2. 自由探索和需求导向的基础研究分类管理

首先，项目形成机制不同。自由探索基础研究要发挥科学家和研究人员的创造力，为自下而上的决策机制，由科研人员自主申报，择优录取。需求导向基础研究则要解决特定问题，其决策机制实行自下而上与自上而下相结合。一方面，吸引行业前沿技术企业参与项目指

① 刘则渊：“技术科学与创新驱动发展战略”，钱学森科学思想与新时代中国特色社会主义建设学术研讨会，上海交通大学钱学森图书馆，2017。

南编制，凝练产业发展需要解决的科学问题。另一方面，国家战略需求导向的基础研究大都是自上而下的研究计划。为避免计划制约研究人员的能动性，应根据需求凝练功能性目标，促进多种技术路线的竞争，发挥科研人员的探索和创造精神。

其次，资助和组织模式不同。自由探索的基础研究按学科划分，研究主体是大学和科研机构，主要靠政府科学基金资助。资助对象以科学家和小团队为主，需要长期稳定支持。日本近 20 年来几乎每年都有诺贝尔奖获得者，其经验之一就是选准科研声誉好的科学家和研究方向，持续稳定支持。因此，对自由探索的项目要坚持选准题、找对人、给足钱、长期做、少干预的原则，提高资金利用效率。

需求导向的基础研究通常按应用领域划分，研究工作往往需要跨学科团队作战。研究主体是大学、科研机构和企业合作，实行政府资助和企业资助相结合的机制。特别是一些国家战略需求导向的基础研究，大都需要采取从基础研究、应用研究到技术开发和示范工程统筹协调的科技计划，要加大对前期基础研究的持续支持，既要超前部署相关基础科学研究，实行稳定经费支持，又要根据目标的实现和不同技术路线的比较，动态调整。

最后，分类评价。自由探索的基础研究成果以论文为主，实行科学家同行评议，重点评价研究成果是否在科学前沿有新发现和新突破，评价人才培养和合作研究的效果等。对需求导向的基础研究，则重点评估设定目标的实现程度，需企业和工程人员参与，实行动态评价。

3. 多措并举，促进基础研究转化为原始创新能力

基础研究成果转化为应用，需要经过长期过程和大量投入，因此，应采取相应的政策和措施，促进其应用转化。一是加强各类科技计划

的衔接，促进基础研究成果的进一步开发利用。一方面，国家重大科技专项和重点研发计划中的基础研究要超前部署，明确科学研究、技术创新、产业化的定位，分段组织实施；另一方面，可以建立针对基础研究的科学转化计划，促进产学研合作，对有应用前景的成果再开发。二是建立有效的市场发现机制，发挥企业在基础研究成果转化中的作用；如设置小企业创新引导基金，发挥创新创业对转移转化科研成果的作用。进一步开放大学和科研机构的国家实验室，加强研究机构与企业的研究合作和人员交流等。

四、构建科学的评价体系，提高基础研究质量

从基础研究到应用要经历一个长期过程，需要大量投入，会经历多次失败。如何评价科学研究产出，一直是社会各界试图解决的难题。

（一）基础研究评价要符合规律

基础研究有以下特点。一是基础研究以提供知识为主，没有直接经济收益。各国支持基础研究的一个重要目的是提供有用知识和培养人才。二是基础研究需要长期研究，厚积薄发。一项科学发现和理论的提出，需要经过长期积累才能出成果。例如，爱因斯坦提出相对论，前后思考和论证了16年；居里夫人做了5000多次结晶实验，从8吨铀矿石中提炼出0.1毫克镭元素[①]。三是真理往往掌握在少数人手中。新思想、新发现和新理论，往往最初并不被人们认可，甚至持怀疑态度，需要经过相当长时间才会被社会认可和用于指导实践。因此，评价基础研究成果不能过度强调成果数量和应用转化，否则将会迫使科

① “陈佳洱谈基础科学研究的重要意义”，人民网，《科技视点》，2006年5月24日。

学家更多关注短期结果而难以进行突破性创新。例如，美国 NSF 对基础研究提出三方面评价标准：发布论文的数量和质量、培养学生的数量及获得的学位、用户的满足程度。对需求导向的基础研究，还会看专利申请和获得数量①。我国科研成果评价往往重论文数量轻质量，评价成果过度与利益挂钩，导致研究人员急功近利，跟踪研究多，原创研究少，甚至存在弄虚作假。

为保障评议结果公正客观，国际上建立了一套严谨规范透明的评议人遴选、管理、监督和处罚制度，其中包括储备和培训评议人，从多个渠道严格挑选评议人，科学合理匹配项目与评议人；对评议人进行利益冲突审查；适时公示评议人名单，定期总结同行评议；引入外部监督，建立评议人激励和处罚机制，设置正直和保密两条底线，对越过两条底线的评议人实行严惩②。目前，我国评议专家体制中存在的主要问题是：因回避制度导致低层级专家评价高等级成果；过度依靠专家投票，一些稀有创意思路被评审否决；人情文化导致评审中相互照顾和利益输送等。

（二）建立以质量为导向的基础研究成果评价体系

1. 建立综合评价指标体系，实行定量考核与定性分析结合，直接产出与间接效益结合，短期与中长期效果结合，研究项目与能力建设结合

从国际经验来看，基础研究成果的评价标准包括以下几个方面。一是强调原创性。研究成果是否有新发现或提出别人没有提出的问题

---

① 根据 NSF 驻京办公室的介绍，2015 年 3 月 4 日。

② 罗涛：“国外科学基金评议人制度及启示”，国务院发展研究中心《调查研究报告》，2015 年第 145 期。

和解决了尚未能解决的问题，以及对科学发展或社会长远需求是否具有重要意义和潜在价值，从而减少跟踪研究。二是加强人才培养。大多数政府支持基础研究的一个重要目的是培养科学人才，只有吸引源源不断的年轻人全身心投入科学研究，科学技术才具有持续发展的生命力。因此，应评价研究人才培养的数量和质量，以及就业情况。三是促进合作交流。高水平的研究需要与优势单位开放合作和交流[①]，因此，要评价研究中与国内外优势团队的合作情况。美国 NSF 对基础研究提出四方面评价标准：发表论文的数量和质量，培养学生的数量及获得的学位；用户的满足程度。对需求导向的基础研究，则要看专利申请和获得数量[②]，还要进行长期效果跟踪，包括论文被引用情况和成果的产业化应用情况等。如 NSF 通过总结 60 年来资助过的研究成果所产生的重要社会影响，来说明计划执行效果。

2. 建立规范严谨的项目评议人制度，提高基础研究评议质量

重点从几方面改进我国的专家评议制度。一是在专家选择上，做好专家匹配工作，既要防止外行评价内行，又要防止搞小圈子。对跨界课题要吸收相关领域专家参与；对于前沿科学的评议，应选择国际知名专家参加评议。二是坚持公开透明。评审专家抽选，应事先保密、事后公开，加强社会监督，促进参评专家对评价结果认真负责。三是对从无到有和非共识的研究项目，不能简单以专家投票结果为标准，应建立复议机制或由知名学者举荐。四是设置学术和道德底线，建立评议人黑名单。定期评估专家审议结果，对不符合标准的专家，取消资格，对违法者要严格处罚。

---

① 陈佳洱："论文评选及基础研究评价标准：不能只简单看研究成果"，科学时报，2006 年 7 月 26 日。

② 根据 NSF 驻京办公室的介绍，2015 年 3 月 4 日。

3. 加强科研诚信体系建设

利用大数据、区块链等数字技术完善科学数据证据链和追溯体系，防止科研造假；倡导负责任的研究与创新，加强重点领域科研伦理制度规范和审查机制，禁止从事违反法律规定、危害国家安全、损害社会公共利益、危害人体健康、违背伦理道德的科技研发活动；严格惩处学术不端行为，营造风清气正的学术环境，培养一批具有国际水平的科学家。

执笔人：吕　薇

参考文献

［1］李静海．抓住机遇推进基础研究高质量发展．全国人大网，2019－04－26
［2］吕薇主编．从基础研究到原始创新．北京：中国发展出版社，2019

专题报告二

面向前沿技术的创新组织机制及政府作用

前沿技术指高技术领域中具有前瞻性、先导性和探索性的重大技术，是未来高技术更新换代和新兴产业发展的重要基础。经过改革开放40年来的技术引进、消化吸收和再创新，我国总体上已经接近世界技术前沿，需要逐步从技术追赶和跟踪向前沿技术创新转变。党的十九大报告提出，要瞄准世界科技前沿，强化基础研究，实现前瞻性基础研究、引领性原创成果重大突破；加强应用基础研究，拓展实施国家重大科技项目，突出关键共性技术、前沿引领技术、现代工程技术、颠覆性技术创新，为建设科技强国等提供有力支撑。尽管一直以来我国都针对当时的世界前沿技术进行研究，但主要是对“人有我无”的技术进行跟踪和突破，当前我国面临的是在“人无我无”的技术领域开展创新。与以往技术引进消化吸收再创新不同，前沿技术创新需要新的创新战略和组织实施机制。

一、前沿技术创新需要新的组织实施机制

前沿技术创新不像普通的技术追赶和跟踪有章可循，面对的是

“无人区”，因此，其组织实施方式也有所不同。前沿技术创新具有如下特点。

（一）前沿技术源于基础科学理论的突破，需要基础研究的支撑

已有前沿技术发展的经验表明，前沿技术主要来自基础科学理论的突破，在此基础上开发形成前沿技术。一个国家需要长期对基础科学和创新人才进行投入，积累到一定程度后才有可能源源不断地形成科学理论创新甚至突破。通常，高校和研究院所在基础理论研究方面取得突破后，企业在此基础上进行技术开发形成前沿技术。华为公司总裁任正非在 2018 年全国科技创新大会上提出，华为已前进在迷航中，重大创新是“无人区”的生存法则，没有理论突破，没有技术突破，没有大量的技术积累，是不可能产生爆发性创新的。例如，华为的 5G 标准源于土耳其阿勒坎教授 2008 年发表的一篇数学论文，华为在论文提出的技术方案基础上开发出 5G 通信技术。

（二）前沿技术创新空间广泛但不确定性也大，需要分散试错和集中支持相结合

由于前沿技术是一种新兴技术，因此从前沿技术开发到市场应用的各环节存在很多不确定性。前沿技术探索过程中，开拓新前沿需要分散试错。而当前沿技术展示出应用潜力后，新技术在应用初期通常会面临着技术转化、可接受成本、标准、产业基础设施、市场开拓等方面的挑战，这些需要相关创新制度和政策保障，才能推进前沿技术走向应用，不断向前演进发展。一般来说，靠近前沿技术创新前端以市场分散试错为主，靠近后端则需要采取集中支持方式以克服技术应用障碍。

（三）前沿技术创新具有颠覆性，机遇和挑战并存

一方面，前沿技术提供了跨越式发展的机会。一般的技术变革是渐进的，扩散和应用也较为缓慢。但前沿技术对经济社会发展的影响重大，受到全社会的广泛关注，许多前沿技术带来的结构和行为变化往往是迅速和广泛的。特别是在数字经济时代，技术颠覆随时会发生，这也带来了技术方面“换道超车”的极大可能性。另一方面，前沿技术创新也会对经济社会发展带来新的挑战，需要新的规制。技术具有双重性，前沿技术创新在给经济社会带来福利的同时，也会对经济社会发展带来一些挑战，需要对其进行规制，从而减小其负面影响。

二、典型发达国家开展前沿技术创新的做法和经验

发达国家无疑处于技术创新的前沿，其科技创新体系经过多年演化，比较适应前沿技术创新的规律和特点。近些年来，美国、日本等国家针对纳米技术、生物技术、信息技术等科技前沿开展了大量研究并取得了一系列成果。这些国家支持前沿技术创新的典型做法和经验如下。

（一）加大基础研究投入，鼓励前沿科学探索

基础研究是前沿技术产生的源头，各国通过加大基础研究支持以获取更多的前沿技术。典型国家通过不断加大基础研究投入强度来提高国家创新能力，基础研究经费与 GDP 的比值普遍高于 0.4%，基础研究经费占研发经费比重为 10% ~15%。20 世纪 50 年代以来，美国联邦政府对基础研究投入不断加大，基础研究经费占 GDP 比重从

0.1%提高至0.5%，基础研究强度（基础研究经费占研发经费的比例）从10%左右提高至15%～19%。据可获得的数据，联邦德国在20世纪80年代基础研究经费占GDP比重和研发经费比重分别保持在0.45%和20%左右。20世纪80年代以来，日本基础研究经费占GDP比重从0.28%上升至0.4%左右，占研发经费比重保持在11%～14%。20世纪90年代以来，韩国基础研究经费占GDP比重从0.3%左右提高至超过0.7%，占研发经费比重从12%左右上升至18%。

除了目标导向的应用基础研究外，各国还特别注重好奇心驱动的基础研究。好奇心驱动的基础研究是从个人兴趣和好奇心出发，并不针对某一特定应用的基础研究，但具有潜在的应用价值。为推动这类源头性的创新，各国设立专门基金予以统一支持。在美国，好奇心驱动的基础研究主要由国家科学基金会（NSF）资助。美国NSF网站上明确写着："NSF负责所有科学和工程领域的研究。相比之下，其他联邦机构支持的研究集中于特定的任务，如健康或防御。"在日本，好奇心驱动的基础研究主要由日本学术振兴会（Japan Society for the Promotion of Science，以下简称JSPS）负责管理的"科学研究费补助金"（Grants in Aid for Scientific Research）资助。JSPS是政府管理的独立行政法人，充当着日本国家科学基金会的角色。科学研究费补助金主要资助学者自由构想和独创研究的"bottom up"型研究项目，资助范围包括自然科学与人文社会科学全部领域的自由探索和独创性研究。JSPS网站写着："科学研究费补助金是日本最为广泛的研究资助体系，不仅体现在总量和授予数量上，而且体现在研究领域的覆盖上，涵盖所有领域的创意和开拓性的研究，包括自然科学与人文社会学科范畴内的基础研究和应用研究领域。科学研究费补助金资助系统专为种子期的好奇心驱动的研究设计，通过培育使其萌芽和开花。"

（二）针对初期基础研究展示出重大应用价值但风险较高的领域，政府设立前沿技术研发计划引导各方推进

当某些领域的基础研究展示出重大的应用前景，但研究仍具有很大不确定性、社会投入积极性不足时，各国便设立重大前沿技术研发计划予以推动。具体来说，选择设立前沿技术研发计划主要从以下几方面出发。

一是聚焦近期取得巨大研究进展的领域。在具体的扶持与研究领域的选择方面，美国的前沿技术研究计划均有针对性地选择了计划提出前几十年，尤其是十年内取得巨大研究进展的领域。例如，美国2000年提出国家纳米计划（以下简称NNI）的前几十年间，纳米技术的发展取得了大幅进步，纳米科学和纳米技术成为学术界的前沿领域和研究热点。1985年以来，以扫描隧道显微镜、具有新性能的纳米结构物质的合成等为代表的纳米及其相关技术得到了飞速发展。在奥巴马政府2013年推出为期10年的国家“推进创新神经技术脑研究计划（BRAIN）”之前的十年间，神经科学、脑科学及相关领域取得了一系列具有里程碑意义的成果，包括人类基因组测序、绘制神经元连接图谱的新工具的发展、成像技术分辨率的提高以及纳米科学的爆炸式发展等，这些发现为脑科学及神经科学等领域的整合带来了前所未有的机遇。

二是资助技术拥有巨大的研究需求与现实需求。美国的前沿创新计划所选定的研究领域及重点研究对象均面临着巨大的科学研究与社会现实需求，并且背后蕴含着巨大的收益。NNI计划提出时，全球范围内的纳米科学研究竞争激烈，纳米技术革命性发现的数量有望在未来十年加速增长。前期调研表明，纳米科学与技术领域的重大发现将深刻地影响几乎所有工业部门和应用领域中现有的以及正在萌芽的技术。与此同时，许多国家的政府和产业界对纳米科技相关产业所具有的巨大发展潜力和经济利益持有十分积极的态度和预期，纳米科学开始吸引大量的公共财政和社会资金。在这样的背景下，建立国家层面的重点研发计划支持纳米技术的发展具有积极的意义和促进作用。BRAIN 计划的提出同样基于科学研究和社会需求。一方面，截至计划提出时，利用计算科学与工程技术等各种学科的进步来改进优化该领域的研究十分匮乏，各个科学领域之间的协同研究对于回答大脑功能相关的问题至关重要。另一方面，大多数神经与精神疾病的潜在原因在很大程度上仍待研究，了解大脑在健康和疾病方面的功能与表现有着巨大的社会需求。

日本为推动前沿技术创新，设立了“革命性研究开发推进项目”（Impulsing Paradigm Change through disruptive Technologies Program，简称 ImPACT），对创新管理体系进行根本性变革，以期打造一个可持续发展的科技创新体系，并为日本带来具有重大影响的科技创新成果。该项目设置五年发展基金，重点支持高风险和高影响力的研发活动以实现颠覆性创新。ImPACT 选择的都是能够推动产业和社会发生重大变革的、但可能会面临巨大风险的前沿技术。

三是研究领域需要长期稳定资助。美国前沿创新计划资助的研究领域具有的另一个共性表现是，这些研究往往具有很大的不确定性，其研究成果无法准确预期，造成社会，尤其是私人部门对这些领域提供稳定资金或提供足够资金的积极性不足。但同时，这些领域研究项目的成功率明显地受到其可得资助资金规模的限制，对其及早投资对于美国抢占技术的制高点具有关键性的作用。此外，前沿技术领域并非单一的科学领域，而是表现为跨学科的特点，相关科学研究、技术开发往往需耗时多年。因此，政府部门主导这些前沿技术领域的发展并对其进行长期稳定的资助就显得十分必要。由于纳米科学相关的研发具有跨学科的特点，纳米结构和纳米过程的许多发现尚未完全可测量、复制或理解，技术开发周期长，需要长期的资助支持。纳米技术从基础发现到市场应用的时间通常为 10～15 年[①]，然而，产业界只有在其产品时间框架（通常认为是 3～5 年）内有确定经济回报的前提下，才会对科学研究进行投资。因此，产业界没有为长期基础研究和开发的关键领域提供资金，或提供足够资金的动力严重不足，也无法建立实现纳米技术潜力所需的平衡纳米科学基础设施。这也要求联邦政府进行长期投资，政府和大学研究体系承担研究的主要任务，同时发挥产学研之间的协同作用。

当然，在前沿技术研发计划制定过程中，政府会吸收学界、产业界等各方意见。美国制定 BRAIN 计划时，白宫科技政策办公室（OSTP）找到基因组学、脑科学、合成生物学、纳米技术等方面的著名科学家，希望他们提出一个类似人类基因组计划那样的脑科学计划。经过一番酝酿，这些科学家提出了一个名为大脑活动图谱绘制（Brain Activity Mapping，简称 BAM）的计划，即通过记录各种脑活动中涉及的每一个神经元的每一个动作，绘制出第一幅囊括大脑所有活动的详图，其最终应用包括通过直接改变神经回路中的电活动来改变人脑功能和治疗脑疾病。在此基础上，奥巴马决定由美国国立卫生研究院（NIH）作为领导机构，组织协调 BRAIN 计划，吸收并平衡各方意见。NIH 院长弗朗西斯·柯林斯（Francis Collins）组织了美国能源部（DOE）、美国国家科学基金会（NSF）和美国国防部（DOD）等部门共同参与制定 BRAIN 计划。2013 年 4 月，奥巴马总统启动了“脑”

---

① 资料来源：“The Initiative and Its Implementation Plan”报告。

计划，即 The Brain Research through Advancing Innovative Neurotechnologies（BRAIN）Initiative 计划，以“加速新技术的开发和应用，使研究人员能够描绘大脑的动态图片，显示个体脑细胞和复杂神经回路如何以思维速度相互作用”。NIH 成立了咨询委员会工作组，以制定实现这一科学愿景的严格计划。2013 年 4 月至 2014 年 5 月，工作组制定了 BRAIN 计划；2013 年 9 月，工作组发布了中期报告，随后与科学界进行了长时间的充分讨论，于 2014 年 5 月发布“BRAIN 2025”报告。

（三）建立前沿技术研发计划的协调机制，协调各部门按职能分工和需求承担任务

重大的前沿技术突破会对整个经济社会产生影响，需要各部门分工协作，共同推进。为了实施跨部门的大型研发计划，各国一般会成立由相关部门牵头、参与部门共同组成的协调机构，负责确保计划的全面和平衡推进，包括规划、预算、项目实施、审查、日常协调工作等。NNI 是一个协调性管理计划，通过设定共同的目标、计划构成领域和战略建立一个全面的纳米技术研发计划框架。各参与部门或机构根据各自的任务、兴趣和需求，结合本部门的实际资源情况，在计划领域中选择重点投资领域。NNI 正式提出后，美国国家科学技术委员会（NSTC）的技术委员会下成立了纳米尺度科学、工程与技术（Nanoscale Science Engineering and Technology，以下简称 NSET）分委会专门负责 NNI 的实施与推进。NSET 分委会下设国家纳米技术协调办公室（NNCO），负责日常行政工作，并作为政府机构、科研院所、产业界、社会团体、国外机构，以及其他机构组织开展纳米科技活动的联络站。NSET 分委会还成立了 5 个工作组，负责处理跨机构的特殊问题。NSET 的成员来自联邦政府的各个部门，包括美国国家科学基

金会（NSF）、美国国立卫生研究院（NIH）、美国商务部（DOC）、美国国防部（DOD）、美国能源部（DOE）、美国财政部（DoTREAS）、美国交通部（DOT）、美国国家航空航天局（NASA）等，主席由白宫国家经济委员会（National Economic Council，NEC）和其上级部门技术委员会（Committee on Technology，CT）指定的一家参与NNI的联邦政府机构的代表共同担任。BRAIN计划同样成立了专门的工作组，成员来自联邦政府各部门和大学，包括NIH、NSF、美国国防高级研究计划局（DARPA）、美国食品药品管理局（FDA）、洛克菲勒大学、斯坦福大学、麻省理工学院、哈佛大学、布朗大学等。BRAIN计划工作组由NIH主任担任主席，对咨询委员会负责。由于大脑的复杂性，单个部门或组织无法实现计划制定的研究目标，因此，部门间合作的必要性十分突出。时任总统奥巴马宣布BRAIN计划时，就提出了要注重大脑研究的私人和公共组织之间的伙伴关系。

日本科学技术基本计划中列出的主要研究课题中，纳米技术材料、制造技术、能源、生命科学、信息通讯、环境、未开发领域、社会基础等都以研究联盟共同研究的形式进行。随着时间推移，共同研究主要集中于生命科学、纳米技术、信息通讯和环境等前沿技术领域①。相比美国以市场机制为主导的产学联盟模式而言，日本的产学联盟是在“官”主导下的“官产学研”联盟模式。“官”是指政府职能部门，如综合科技会议（Council for Science and Technology Policy，以下简称CSTP）组织各专业调查会议对产学联盟进行调查分析，组织

① 2011年日本文部省对共同研究的项目数统计显示，生命科学占29.3%，其次是纳米材料（占16.9%）、信息通讯（占9%）、环境（占6.7%），其他占38%。资料来源：2012年日本学术政策局报告。（郑成功：“日本国家创新体系（NIS）经验与绩效研究”，沈阳：辽宁大学，2013年）。

产学官合作峰会和每年6月在京都召开的产学官合作推进会议，制定科学技术基本计划。在CSTP的部署下，日本经济产业省领导的“产”与文部科学省领导的“学”合作意识增强，各期科学技术基本计划也得到了各省厅部门的有效协调和配合，相关法律法规，如《知识产权基本法》《国立大学法人法》《控制特别共同试验研究费总额税收制度》，以及创设新联盟支援制度等得到了顺利制定和实施。

（四）各部门根据前沿技术研发计划申请科技经费预算，单独或合作组织实施研发项目

前沿技术研发计划主要是指导和影响参与该计划的政府各部门或机构的预算和规划，各部门根据研发计划框架申请科技经费预算，然后单独或合作组织研发项目，支持相关领域的科学研究、人员培训、基础设施建设等。

在美国，NNI作为一个国家计划，本身并没有经费支持科研，它通过成员机构来实施联邦财政预算资助的科技研发活动。每个参与NNI的联邦政府部门或机构在NNI规划（目标与计划构成领域）和自身任务指导下，通过与白宫管理和预算办公室、科学技术政策办公室及国会协调，独立决定其纳米技术研发预算。每个财年来自政府的拨款都根据各机构资助领域的需求，下拨到13个有纳米技术研发预算的联邦部门或机构。然后各机构再根据各自的预算在相应的领域内以资助项目的形式支配所得到的经费。2000～2018年，NNI累计投入资金超过250亿美元，大大促进了人类对纳米尺度上物质的基本理解和控制能力，并促进了大量纳米技术成果的产业转化。

BRAIN计划年度投资大约为4亿～6亿美元，为期10年。在BRAIN计划中，联邦政府各部门都有其特有的兴趣领域，对于属于这

些领域的研究机构及其项目，各部门派出专门的调查员进行项目调查，若符合其预期，则对项目进行资助。美国前总统奥巴马要求在BRAIN计划的第一年即2014财年，对于该计划的资助额要达到约1亿美元（实际超过了1亿美元），其中，NIH注资4000万美元作为计划的启动资金，DARPA注资5000万美元、NSF注资2000万美元①。随后，在计划的第一阶段，即2016～2020财年，每年的资助达到4亿美元；在计划的第二阶段，即2021～2025财年，资助金额将达到5亿美元。此外，NIH已经有年度超过40亿美元预算的脑疾病防控导向战略性投资。私人部门在BRAIN计划中扮演了重要的角色，其中主要代表为艾伦脑科学研究所（Allen Institute for Brain Science，AIBS）、霍华德休斯医学研究所（Howard Hughes Medical Institute，HHMI）、卡夫利基金会（Kavli Foundation，KF）和索尔克生物研究所（Salk Institute for Biological Studies，SIBS）等。这些机构向脑科学领域提供资助，AIBS每年提供6000万美元，HHMI每年提供3000万美元，KF在未来10年内每年约投入400万美元，SIBS投入超过2800万美元。

在研发项目资助过程中，各国一般通过招标的方式选择项目承担方，并给予相应比例补助。技术研发项目通常采用招标方式确定研发项目承担单位，评标过程中，项目管理部门会对项目进行技术性和经济性两方面的评审，选择技术先进并能够取得广泛经济社会效益的项目。另外，在技术应用前景尚不明朗时，项目管理部门不会事先对项目技术路线进行评判取舍，会资助多种技术路线同时开展研究。例如，日本资助新能源技术开发时，每种替代能源可能有多种技术路线来实现，日本新能源产业技术综合开发机构（NEDO）并不自己取舍技术

① 阮梅花、王小理、王慧媛等：“中美脑科学领域比较分析”，《生命科学》2014年第26卷第6期，第665～673页。

方案，而是支持各种方案的研发和试验验证，最终由市场进行选择。技术研发项目涉及从基础研究至试验开发多个阶段，保持各阶段的衔接和持续性才能促使一项新技术最终研发成功。各国一般按技术成熟程度给予研发资金补助。在项目最初的可行性研究阶段，美国政府一般给予100%的资金补助；在基础研究和工业性试验阶段，由于所需资金数量较大，产品的市场前景不明朗，资金补助的比例维持在50%～80%的高水平；在生产工艺研究和产品定型阶段，为有效降低技术研发投资的风险，补助比例一般也不低于50%。这种做法有效保证了技术研发活动的持续性，形成了较为充足的新技术和新产品的储备。

（五）明确计划战略目标，对计划实施进行定期评估和调整

前沿技术研发计划周期长、不确定性高，一般设立战略目标并对计划实施进行定期评估和调整。NNI 战略规划每 3 年更新一次，始终坚持以下四个战略目标：①推进世界一流的纳米技术研发计划；②促进新技术向商业和公益领域转化；③开发和维持教育资源、熟练的生产力以及推动纳米技术的动态基础设施和配套工具建设；④支持负责任的纳米技术发展。美国 BRAIH 计划设立了对神经元和神经胶质细胞类型进行全面、系统普查，并开发工具来记录、标记和操纵这些神经元，改进各种技术，绘制从突触到整个大脑、分辨率不同的各个层次的神经环路图等七个目标。

为了完善计划实施，前沿技术研发计划实施过程中会由外部组织进行独立评估。例如，NNI 建立了两种外部咨询团体评估机制，分别进行独立评估，为规划制定提供支持，每次评估都会提供具体改进建议，使美国国家纳米技术计划持续实施与完善。一种是总统设立国家

纳米技术咨询团（NNAP）向总统和国家科学技术委员会就NNI相关事项提供咨询建议，NNAP至少每两年对纳米技术研发计划评估一次。总统科技咨询委员会（PCAST）被任命为NNAP。其成员都是来自企业、学术研究机构的资深代表，在管理大型科技组织方面具有丰富的经验。PCAST在评估时会组建一个工作组，其中约1/5的成员来自PCAST，其余4/5是纳米技术专家，属于非政府人员，在工作组评估期间负责就科技问题提供输入和反馈。另一种机制是国家科学院研究理事会每三年对NNI进行一次评估。国家科学院研究理事会评估小组由广泛的、具有纳米技术专门知识的跨部门技术专家构成。美国国家研究委员会（NRC）是美国国家科学院组成部分，代表美国国家科学院和国家工程院向联邦机构和国会提供独立的科学、技术和健康政策建议。2008年是《21世纪纳米技术研究与发展法案》授权投资的最后一年，国会需要重新评审NNI的投资授权。国会研究服务部将PCAST与NRC的评估与推荐，以及NNI对此采纳情况向国会议员进行汇报，以促进NNI持续实施。

（六）建立新技术产业化配套政策体系，促进技术扩散应用

为了推动前沿技术最终实现应用，各国还出台相关配套政策措施予以支持。技术相对成熟后，政府主要通过政府采购、税收优惠、产品补贴、提高产品标准、限制落后技术、投资基础设施等方式，引导市场发展。如美国为推动BRAIN计划研究成果——植入设备的应用，为各种疾病的早期临床试验提供资金，以扩大开发出的技术和设备的应用覆盖面。日本政府在支持新能源技术发展的过程中，采取了研发与示范（RD&D）三位一体的研发、示范和推广体系，除了资助技术研发外，还开展了大量的应用示范，并为用户提供高额补贴，系统性

地推动新能源技术走向商业化应用。如日本中央政府在 1992～1993 年通过法令设立了“净电量计量”（用户自发的多余电力可以以电力零售价格卖给电网）规则扫除分布式电力发展障碍后，于 1994 年实施了“居民光伏系统监测计划”（1997 年重命名为“居民光伏系统推广计划”），对每户居民住宅用光伏系统提供总造价（含施工费）一半的补助；1997 年给使用新能源和可再生能源发电的地方政府（2005 年，非营利组织也能够获得支持）提供补贴，容量在 10 千瓦及以上的光伏系统能够获得至少一半的安装成本或者 40 万日元/千瓦的补贴（在地方政府支持的情况下，为 1/3 的安装成本或 25 万日元/千瓦）；1998 年给安装 50 千瓦以上光伏系统（在安装多个新能源的情况下，10 千瓦以上的光伏系统）的企业补贴约 1/3 的安装成本，并提供 90% 的债务担保。

三、我国支持前沿技术创新的状况

我国最早主要是通过 863 计划追赶世界先进水平，也就是开展前沿技术创新。863 计划于 1987 年 3 月正式开始组织实施，着重于解决事关国家长远发展和国家安全的战略性、前沿性和前瞻性高技术问题，引领未来新兴产业发展。具体实施中，计划管理部门选择若干高技术领域（生物技术、航天技术、信息技术、激光技术、自动化技术、能源技术、新材料、海洋技术领域）作为发展重点，领域内设置专题和项目，采取分类管理的方式。专题以前沿技术研究为导向，以提高原始性创新能力和获取自主知识产权为目标；项目以国家战略需求为导向，以提高集成创新能力和形成战略产品原型或技术系统为目标。863 计划的实施取得了显著成效，推动我国在众多高技术领域达到国际先进水平，部分领域取得了一些国际领先的技术成果。

2006年，我国制定了《国家中长期科学和技术发展规划纲要(2006—2020)》（以下简称《规划纲要》）并设置了若干重大专项，包括前沿技术研发。《规划纲要》确定了大型飞机等16个重大专项，这些重大专项是我国到2020年科技发展的重中之重，涉及信息、生物等战略产业领域，能源资源环境和人民健康等重大紧迫问题，以及军民两用技术和国防技术。其中，核心电子器件、高端通用芯片及基础软件，极大规模集成电路制造技术及成套工艺，新一代宽带无线移动通信，高档数控机床与基础制造技术，大型先进压水堆及高温气冷堆核电站，转基因生物新品种培育，高分辨率对地观测系统等重大专项属于前沿技术研发计划。2016年以来，按照《国家创新驱动发展战略纲要》和国家“十三五”规划纲要部署，我国面向2030年部署了一批与国家战略长远发展和人民生活紧密相关的科技创新重大项目，统称为“科技创新2030—重大项目”。它与2006年开始实施的国家科技重大专项，形成一个远近结合、梯次接续的系统布局。科技创新2030—重大项目包括16个项目，其中涉及高新领域的分别为：航空发动机及燃气轮机、国家网络安全空间、深空探测及空间飞行器在轨服务与维护系统、煤炭清洁高效利用、智能电网、天地一体化信息网络、大数据、智能制造和机器人、重点新材料研发及应用，以及新一代人工智能。

2014年，中央对科技计划进行改革，将中央各部门管理的科技计划（专项、基金等）整合形成五类科技计划（专项、基金等），863计划被整合进国家重点研发计划。2014年12月，国务院印发了《关于深化中央财政科技计划（专项、基金等）管理改革的方案》（以下简称《改革方案》），将科技部管理的国家重点基础研究发展计划、国家高技术研究发展计划、国家科技支撑计划、国际科技合作与交流专项，发展改革委及工业和信息化部管理的产业技术研究与开发资金，有关部门管理的公益性行业科研专项等，进行整合归并，形成一个国家重点研发计划。该计划根据国民经济和社会发展重大需求及科技发展优先领域，凝练形成若干目标明确、边界清晰的重点专项，从基础前沿、重大共性关键技术到应用示范进行全链条创新设计，一体化组织实施。

在相关科技计划支持下，我国前沿技术创新取得了一定成效，在5G、基因技术、蛋白质科学、量子通信等前沿技术领域取得突破。习近平总书记2018年5月在两院院士大会上指出，一些前沿方向开始进入并行、领跑阶段。

四、我国前沿技术创新存在的问题

我国在支持前沿技术创新方面仍处于初级阶段，存在的主要问题如下。

（一）科技计划管理中未区分前沿技术跟踪和未知的前沿技术探索，对前沿技术创新的不确定性考虑不够

长期以来，我国主要采取的是技术追赶的科技战略，对前沿技术研发也以跟踪国际先进水平为主。技术追赶和跟踪大大减少了技术创新过程中的不确定性，科技计划管理主要采取自上而下、政府主导的方式来组织实施，很多时候政府还会选定技术路线。在转向开展引领性的前沿技术探索时，不确定性大大增加，传统政府主导、自上而下的实施方式不再适应。但目前在科技计划制定和实施过程

中，相关部门尚未区分前沿技术跟踪和未知的前沿技术探索，采取传统统一的方式进行管理，这难以鼓励科研人员开展真正的前沿技术探索和创新。

（二）基础研究与应用互动不足，对前沿技术创新的支撑不够

由于基础研究定位不明确、成果转化机制不健全等原因，基础研究转化为原始创新的能力不强。基础研究需求导向不够，科学研究决策投入方向倾向于世界排名、显示度，对产业和经济发展支撑不足。在一些重大的科学研究投入上，存在投入方向与经济社会发展需求结合不够紧密的现象。我国专利申请主体以高校和科研机构为主，技术创新更关注于理论基础和科学研究，与产业脱节严重，基础研究成果难以被应用到实践中。作为创新的追赶者，采取差异化策略和非对称路径与领先者竞争无疑是正确的选择，但我国在实践中应用这一策略时存在偏差，一些创新脱离了经济社会需求，在“前沿”的选择上一味追求“新”“奇”，导致“走偏”。

（三）缺乏有效的科学决策机制，利益相关方参与不够

尽管我国也建立了科技决策咨询制度，重点研发计划、重大专项等涉及前沿技术研发的科技计划在制定和实施过程中，相关管理部门也会组织学界、产业界专家进行讨论并听取意见，但由于政府从宏观到微观都起主导作用，一些科研项目在立项、实施时仍存在“领导拍脑袋、专家看眼色”等现象。目前的咨询决策机制难以保障所有利益相关方参与，行政干预学术的行为时有发生，一些参与方也难以公开、公正讨论并最终形成合理的意见和建议。

（四）面向前沿的重大科技计划统筹协调机制不完善，部门间分工协作不够

与发达国家的前沿技术研发计划相似，我国也建立了国家科技重大专项等支持创新全链条研发的科技计划。但是在实施过程中，国家科技重大专项牵头部门大多是“兼职”，部门统筹协调机制未完全落地，各部门难以形成合力，中央部门和地方政府联动机制仍不健全，在专项方向确定、统筹管理、资源集成方面不尽如人意。一些专项“条块分割”现象较为突出，缺少统一的对接和协调机制，地方政府参与度较低，对区域内研发单位承担和参与专项整体情况掌握得既不及时，也不全面，在一定程度上影响了专项实施效率和地方与牵头部门、研发单位合力的形成。

（五）前沿技术研发计划以内部自评估为主，评估方式亟待改进

我国对科技计划的评估以组织实施部门内部自评估为主，缺乏客观公正性。以重大专项评估为例，主要是科技部委托国家科技评估中心对民用领域10个重大专项实施绩效进行年度监督评估以及中期评估。尽管评估过程中也会邀请各领域专家参加，但由项目管理部门主导，对科技计划评估活动的开放程度较低，评估结果也不公开。由于是内部自评估，评估的客观性受到限制。

五、推进我国前沿技术创新的建议

我国离技术前沿越来越近，已具备条件且需要加强前沿技术创新。我国企业技术水平总体上已经接近世界前沿，对前沿技术的需求越来越大。经过多年的技术追赶，我国许多产业与世界前沿已经没有技术代际差距，技术处于同步开发过程中。另外，我国的市场需求也

在逐步升级，在很多领域，我国的需求已经比发达国家更进一步，尤其是在互联网和数字技术这一部分。企业也越来越多地从海外获取前沿技术。因此，我国未来的经济增长对前沿技术创新的依赖程度会越来越高。在向前沿技术创新转型的过程中，我国不能再依靠从国外引进技术，必须通过提高原始创新能力，参与前沿技术创新，才能实现这一历史性转变，成为创新型国家。应加快建立适合前沿技术创新所需要的体制机制，从而实现技术追赶跟踪向面向前沿的自主创新转型。

（一）加强基础研究投入，为前沿技术创新提供支撑

加大基础研究和前沿技术创新投入，提高创新发展的水平和层次。要进一步加大基础研究和共性基础研究投入，增强源头技术的供给，增加研发经费投向基础研究和应用基础研究的比例，以基础研究的突破引领原创成果、战略性技术产品的重大突破。优化科学研究的支出结构，增加面向需求的基础研究支出，提高基础研究对创新的支撑作用。改进政府科学研究资助计划和项目的管理，完善科学研究的评价考核机制，鼓励长期探索和积累，重视研究成果价值贡献和质量，使之符合原始创新的特点和规律。完善财政资助的科研项目研究成果公开服务体系，促进知识和技术信息广泛传播。加强基础研究与其他科技计划的衔接，对于尚不成熟的技术，资助研究机构或企业进行二次开发，使其符合市场应用需求，促进基础研究成果进一步开发和利用。鼓励企业承担和参与需求导向的基础研究计划，提高基础研究的国际合作水平。积极探索和发挥国家和地方在基础研究和前沿技术研究中的定位和作用。重大基础性、前沿类研究主要由中央负责，发挥中央宏观统筹协调的作用，集中各方力量予以突破。地方政府主要负责应用基础研究、技术市场培育、与特定地区产业发展方向相关的创新活动。

（二）建立各方参与的科学决策机制，共同围绕国家长期战略需求科学制定前沿技术研发计划

在前沿技术研发计划制定和实施过程中，政府主要发挥目标引导、协调和支持作用，牵头部门应协调相关部门实施计划，凝聚目标，减少重复和交叉，加强创新链条衔接管理。应充分发挥科学家和企业家在研发方向、技术路线选择等方面的作用，组织利益相关方广泛参与，减少政府部门对具体研发项目的微观干预。一方面，建立组织协调各方合作参与前沿技术计划制定和实施的科学决策机制，提高计划制定的参与度、透明度、开放度。另一方面，立足长远，从国家长期战略需求出发选择前沿技术研发领域，通过坚定、清晰的战略目标持续引导技术进步和创新。

（三）加强前沿技术研发的统筹协调，促进创新链条各环节协同推进

当前，我国已经加大了对科技经费统筹协调力度，下一步需要加强对研发计划各环节的统筹协调。通过创新链各环节的统筹协调，提高国家前沿技术研发计划的组织管理效率，落实目标导向的管理模式，注重集成性协同攻关。科技管理部门要加强部门间的统筹协调，明确重大专项的目标，解决分散和难转化的弊端。各计划牵头单位要抓住一些重大关键技术与装备研发长期跟踪、及时调整，并加强重大专项与其他各类科技计划的衔接协同。推动行业骨干企业、优势科研院所和高校围绕国家目标进行集聚，打造分工协作、成果共享、风险共担的利益共同体，吸引最优秀人才参与前沿技术研发计划实施。

（四）建立前沿技术研发计划实施的独立评估机制，推动项目不断调整完善

改变现有科技计划实施内部评估的做法，建立第三方独立评估机制。加强科技计划评估结果应用，提升科技计划评估的开放性。为推进前沿技术研发项目最终走向市场，需要围绕市场化目标对技术研发项目进行评估以促进其应用。一方面，需要对技术研发项目实施过程进行定期评估。由于技术研发存在较大的不确定性，项目实施中需进行定期评估并调整甚至终止。评估时根据技术研发项目的组织、技术和经济等方面的情况，分析项目的目标实现情况、商业优势、产业化计划可行性等，并根据新情况及时进行调整。另一方面，需要对开发出的技术应用进行成本效益评估，以决定是否推广应用。既需要对某一项目是否达到预期目标进行评估，也需要对不同的技术路线进行比较，选择经济社会效益大的技术进行推广应用。

（五）建立项目实施的动态调整机制，提高前沿技术创新效率

前沿技术创新具有较大的不确定性，为了减少不确定性带来的风险，美国在项目实施管理中采取了分阶段评估和资助的方式，及时停止没有取得进展的项目，以避免科研资金浪费。对于一些部门，科技项目初期方案选定和资助对象确定后，项目依旧是开放的，随时吸纳更新的技术方案和更有效的技术信息，确保科技项目以最快的方式推进。为提高前沿技术创新效率，宜摒弃将科技项目当工程项目管理的传统做法，逐步采取分阶段资助、动态调整的方式管理科技项目，定期评估并及时调整，甚至淘汰没有发展潜力的项目。另外，部分项目可考虑引入竞争机制，同一个项目选择资助两个研发团队，以降低项目选择风险、促进研究团队之间的竞争。

（六）提高前沿技术研发计划的系统性，完善技术市场化的配套政策支持体系

一项新技术最终的成功需要研发各环节的支持，同时新技术开发出来后，往往还需要需求政策的配合支持才能实现产业化应用。应重视技术创新的需求政策，根据不同技术特点及产业化推广应用的需求，通过试点示范、政府采购、节能环保标准、用户补贴等配套政策措施促进先进适用的新技术走向市场。

执笔人：戴建军

专题报告三

新形势下知识产权制度的调整与完善

过去较长一段时期内，以世界贸易组织（WTO）、联合国世界知识产权组织（WIPO）为代表的国际组织确立了知识产权保护的最低标准及义务，建立了有效的多边争端解决程序，形成了较为稳定的国际知识产权保护框架。随着全球价值链分工的演变，美国等发达国家对知识产权保护提出了诸多新要求，其中一些措施通过各种多边、双边机制已经在一定范围内实施，他们寻求在更大范围内施行。发展中国家则力争生存空间和发展空间。国际知识产权保护体系正在变革。

与此同时，我国实施创新驱动发展战略，经济从高速发展转向高质量发展，正在经历新旧动能转变，对知识产权制度的需求也发生了较大变化。新形势下，我国知识产权制度有待调整与完善。

一、国际知识产权制度现状及发展趋势

本轮国际知识产权制度变革中，发达国家和发展中国家分歧明显。发达国家采取的措施成效更大，国际知识产权保护总体呈加强趋势，对我国知识产权制度形成了较大的改革压力。

（一）国际知识产权制度体系变革的背景

世界贸易组织（WTO）的《与贸易有关的知识产权协议》（TRIPS 协议），以及世界知识产权组织（WIPO）管理的 3 组 26 项条约，形成了当前两大国际知识产权保护体系，双轨运行。

TRIPS 协议是 WTO 多边协议之一，是 WTO 为知识产权保护设立的国际准则，1995 年生效。TRIPS 协议确立了 WTO 框架下的知识产权保护及权益归属的系统性构架，适用 WTO《关于争端解决规则与程序的谅解》（DSU）。各成员方在发生知识产权纠纷时必须接受 WTO 争端解决机制，争端解决程序包括专家组报告和上诉机制，如果当事人对专家组的调查结论不服，可以在一定期限内向上诉机构提起上诉。上诉可以维持、修改或撤销专家组的调查结论。WTO 争端解决机制比 WIPO“提交国际法院仲裁”的约束力更强，这使得 TRIPS 协议的效力比 WIPO 管理的条约的效力更强。

TRIPS 协议包含序言和 7 大章节内容，共 73 个条款。序言说明了宗旨、原则和规则，同时承认公共利益目标，强调通过多边程序方式解决纠纷。第 1 章为总则和基本原则，包括成员方需要遵守的基本义务、最惠国待遇、有利于技术革新原则、防止知识产权滥用原则等。第 2 章为知识产权效力、范围和使用标准。第 3 章、第 4 章为知识产权的实施、取得、维持，明确了禁止侵权商品进入商业渠道等与贸易有关的知识产权保护措施，明确了行政、民事、刑事执法程序，以及边境与临时措施。第 5 章为争端防止及解决。第 6 章为过渡性安排，其中第 67 条规定，发达国家成员应发展中国家成员请求，按双方同意的条款，应提供有利于发展中国家成员的技术和资金合作，包括帮助制定相关法律法规，帮助组建相关机构、培训人员等。第 7 章为机构安排。自 TRIPS 协议生效以来，已经成为世界上参与方最多，保护最全面，同时也是最严密的知识产权国际协议。

WIPO在国际知识产权保护体系中扮演着另一个重要角色，目前管理着26个条约，包括：规定了知识产权保护基本标准的《巴黎公约》《专利法条约》《商标法条约》等15个条约，规定了全球保护体系的《马德里议定书》《专利合作条约》等6个条约，规定了分类制度的《尼斯协议》等4个条约，以及《世界知识产权组织公约》。这些条约与TRIPS协议既有共通之处，也存在一定的交叉和冲突。如WIPO管理的《巴黎公约》《伯尔尼公约》《罗马公约》的一些条款未被TRIPS协议引入。WIPO是一个自筹资金的联合国机构，根据《WIPO公约》于1967年建立，目前有192个成员方。WIPO下辖7个部门，部门下设司级机构，负责协助成员方制定并完善相关知识产权制度。如创新与技术部门的专利法司组建了专利法常设委员会（SCP），从第十六届会议至今，一直在围绕5个实质性议题进行讨论，分别为：专利权用尽，技术转让，专利质量包括异议制度，专利顾问及客户之间通信的保密性，专利与卫生。再如，全球问题部门的传统知识与全球挑战部负责为“知识产权与遗传资源、传统知识、民间文艺政府间委员会”（IGC）的谈判提供便利，在该委员会的讨论会上，发达国家与发展中国家争论是否要提高保护力度、是否要作出强制性披露要求等内容。

缔结TRIPS协议和WIPO管理的条约的背景是，国与国之间的知识产权纠纷随着全球化深入而不断增多，尤其是发展中国家与发达国家之间的知识产权争论日益激烈，严重影响国际贸易。知识产权纠纷主要表现为，交易各方争夺知识产权收益分配份额，以及发达国家投入资源创造知识产权后要求获取利益与发展中国家支付高额费用影响经济社会发展之间的矛盾。上述协议和条约解决了部分知识产权纠纷，提出了发达国家、发展中国家大体可以接受的知识产权保护规则和权益分配方案。一方面有利于发达国家在经贸合作中保护其知识产权利益；另一方面在发达国家利益受到一定程度保护的同时，强调发达国家在知识产权领域向发展中国家提供帮助，缩小发展中国家与发达国家的差距。

发达国家与发展中国家虽然通过妥协缓和了矛盾，但矛盾并未完全消除。发达国家主张加强知识产权保护，以期对后续研发产生积极作用，促进技术发展。其理由是研发活动需要大量投入，但失败率高，如果知识产权保护不力将对创新活动形成毁灭性打击。而发展中国家难以承受高昂的知识产权费用，认为现有协议和条约为发展中国家留下的发展空间不够，甚至无法满足公共健康、减贫等基本需求，从而对其经济社会发展带来负面影响。

为调和争端与冲突，发达国家成员与发展中国家成员进行了长时间磋商，但达成的成果很少。TRIPS 协议于 2001 年进行了第一次修改，形成了《TRIPS 与公共健康多哈宣言》(《多哈宣言》)，认可成员方在公共健康危机下对药品专利行使强制许可权，至今无其他成果。WIPO 管理的条约修订同样非常困难，除专利申请的新颖性宽限期等极少数领域取得了些许共识外，未有实质性进展。究其原因，主要是因为缔结这些条约的国家数量庞大，要达成一致意见非常困难。在修改已缔结协议和条约非常困难的背景下，各国纷纷寻求其他途径。

（二）国际知识产权制度总体呈加强保护趋势

处于不同发展阶段的国家对知识产权保护的诉求不同，国际知识产权保护体系变革是多股力量平衡的结果。发达国家影响力更大、推动变革的手段更多，总体上在向着发达国家所希望的方向发展。另外，新技术发展也是影响国际知识产权保护体系变革的重要因素。

1. 发达国家通过建立新的多边、双边机制和采取单边措施逐步提高知识产权保护水平

由发达国家主导，提高知识产权保护力度的方式从修改已生效的协议和条约，转移到建立新的合作机制并不断扩大影响范围，甚至采取单边措施。国际知识产权保护议题从过去强调制度建设，转换到强调制度执行。发达国家的做法取得了一定的效果。如《跨太平洋战略经济伙伴关系协议》（Trans – Pacific Partnership Agreement，TPP）、《区域全面经济伙伴关系》（Regional Comprehensive Economic Partnership，RCEP）、《反仿冒贸易协议》（Anti – Counterfeiting Trade Agreement，ACTA）的谈判和实施，在签约国范围内实质性提高了知识产权保护水平。发达国家还通过各种理由，要求发展中国家签署上述协议。这些双边、多边机制既有 WTO 框架下的自由贸易协议（Free Trade Agreement，FTA），也有 WIPO 框架下的条约，或者另起炉灶。

TPP 协议保护标准高于 TRIPS 协议，如扩大了可授予专利权的范围、对专利执法提出了严苛要求和详细规定。RCEP 协议是一个在 WTO 规则基础上的更高水平的区域自贸合作协议。日本、韩国等国正在努力提高 RCEP 协议框架下的知识产权保护力度，而不少东盟国家试图阻止知识产权保护力度提得过高。ACTA 协议旨在提高知识产权保护水平和执法标准，已经签署 ACTA 协议的成员国希望和期待有更多的国家，包括他们认为假冒和盗版比较严重的发展中国家加入，从而提高全球知识产权执法水平。加入 ACTA 协议的国家计划建立一个类似于 WTO 和 WIPO 的国际机构。

美国重新推行单边保护主义，为知识产权国际秩序带来不安定因素。WTO 和 WIPO 知识产权保护体系形成后，国际秩序主要通过多边机制来维持，美国基本不再采用单边保护措施。近年来，随着发展中国家话语权增强，美国在知识产权领域又重新开始采用单边保护模式。2012 年，美国贸易代表办公室（United States Trade Representative，USTR）开始对全球的电商平台和实体市场进行调查，发现侵犯知识产权行为即列入黑名单。2018 年美国公布的《特别 301 报告》审视了美国贸易伙伴的知识产权保护政策与执法措施，将 36 个国家标记为保护美国知识产权力度不足，采取了贸易限制措施并要求这些国家加强知识产权保护。另外，美国拒绝参与任命 WTO 上诉机构法官，导致该机构从 2018 年 1 月起仅剩下 3 位法官，WTO 纠纷解决机制接近“停摆”；2019 年 10 月，2 位法官任期届满，WTO 上诉机制正式“停摆”。

2. 发展中国家希望建立适合其发展水平的知识产权保护制度的努力有所成效但较少

发展中国家希望在健康、环保等领域能用上更低价格的知识产权，希望能够更有效地促进竞争，保留足够的发展空间。由于已经签署了 TRIPS 协议、《巴黎公约》、《罗马公约》等文件，在 WTO 框架下、WIPO 框架下调整知识产权保护制度必须修改已生效协议，难度很大，成果极少。

与发达国家一样，发展中国家同样试图通过建立新的多边、双边机制来维护权益，取得了一定进展，有了一定的话语权，但相比发达国家提高知识产权保护力度的成效来说，成效较少。如发展中国家通过努力，在联合国框架下达成了《生物多样性公约》《波恩准则》《名古屋协议》，得以以更实惠的方式获得相关领域知识产权。

发展中国家试图将遗传资源、传统知识和民间文艺等优势领域纳入国际知识产权保护体系的努力成效不大。目前，国际知识产权保护范围包括版权及邻接权、商标、地理标志、工业品外观设计、专利、集成电路布图设计、未披露信息等发达国家占优势的知识产权，不包括遗传资源、传统知识、民间文艺等种类。虽然一些国家的国内法已经在保护遗传资源、民间文艺和传统知识，也有一些地区开展了联合行动，但在相关国际谈判中，由于缺乏系统的体制机制设计，大体上仍停留在呼吁阶段。例如，在遗传资源的专利审查方面，中国和一些发展中国家呼吁强制性要求申请者披露遗传资源来源，以及对违反相关法规获取或利用遗传资源完成的发明创造不予授权，遭到了发达国家的反对，未能形成具体的保护规则。

3. 技术和商业模式创新为知识产权保护带来新的内容

电子商务、数据流动等前沿领域的知识产权保护体系正在探索之中。由于各类虚拟商品，如音乐、电影、电子书、服务类产品等，无须进行实体贸易与跨境运输，以边境控制作为关键措施的传统知识产权保护制度无法对其进行有效监控。针对电子商务、大数据、人工智能、机器人等前沿领域的知识产权保护问题，各国陆续出台了相应的国内保护办法，如美国、欧洲、日本等国家和地区已经出台了人工智能领域的知识产权保护办法，对可授予专利的客体、审查标准等问题作出了规定。TRIPS 协议等已有国际协议和条约需要加以调整，跟上技术变革。事实上，一些领域已经开启多边谈判，如 76 个 WTO 成员方于 2019 年 1 月签署了《关于电子商务的联合声明》，共同启动谈判工作。

因数据可能涉及姓名权、隐私权等人格权，个人数据、商业数据、政府数据等不同类型数据交织，数据资产与其他无形资产存在较大差异，界定难度大。在数据保护方面，美欧分歧明显。美国主张开放，力推产业数字化和数字产业化。欧洲更注重个人隐私保护，2018 年

《通用数据保护条例》在欧盟全体成员国正式生效。《通用数据保护条例》旨在规范商业机构合理使用用户个人隐私数据，并且严格禁止商业机构滥用数据，违反者会被处以最高占其全球营业额4%的巨额罚款。另外，在当前全球化进程出现波折的大背景下，科技交流也受到了一定的冲击，开源平台将发挥越来越重要的作用。开源平台的广泛应用对知识产权保护提出了新的课题，如基于开源平台开发的产品如果申请专利，该平台是否享有知识产权、是否允许跨平台使用资源、基于开源平台开发的产品能否直接商用等，亟待制度创新。

（三）发达国家的诉求对我国形成了一定压力

根据TRIPS协议、WIPO管理的条约相关的公开资料，TPP、RECP、ACTA、美日自贸协定、美韩自贸协定等多边、双边协议相关文本，中美第一阶段经贸协定文本，发达国家要求提高知识产权保护力度的诉求大体包括以下四方面内容。

一是提高知识产权保护力度。如对未在本国注册的驰名商标实施跨地域、跨类保护；将转运货物纳入海关知识产权保护范围；加强刑事保护，如将一定规模的故意进口，未经授权使用的相同或相似商标、包装等行为纳入刑事保护；赋予司法机关责令败诉方支付相关费用，责令侵权人向权利人或司法机关提供其持有或控制的相关信息的权力。

二是扩大部分知识产权的保护范围。如赋予表演者和录音制品制作者获酬权与广播权，保护版权邻接权；允许气味注册商标，保护气味商标权；将动物品种、植物品种纳入专利权保护；保护所有“未公开信息”，禁止任何与诚信竞争相悖的不正当竞争行为，包括造成混淆、失去信任、误导大众等行为，扩大商业秘密保护范围；加入《工业品外观设计国际注册海牙协定》，增加外观设计保护客体。

三是加强法律法规的执行力度。一些发达国家指责我国知识产权保护不力，法律框架有所改善但执法机制不完善。

四是调整部分知识产权管理程序。如延长版权保护期、药品保护期、工业品外观设计保护期等部分知识产权保护年限；扩大商标异议的提出主体范围；放宽专利申请的丧失新颖性例外条件，延长例外时限；加入《专利法条约》，调整获得专利权的形式和程序性条件；调整专利加速审查程序，确保申请人可能根据合理理由和程序提起加速审查申请。

上述发达国家要求加强知识产权保护的诉求总体上会对我国形成压力。尤其是中美爆发经贸摩擦以来，美国直接向我国提出了加强知识产权保护的诉求。根据 2020 年 1 月中美签订的第一阶段经贸协定，知识产权方面达成共识的内容包括：商业秘密保护、与药品相关的知识产权问题、有效专利期限的延长、打击电子商务平台上的盗版和假冒、地理标志、打击盗版和假冒产品的制造和出口、打击商标恶意注册、加大刑事保护力度、加强知识产权司法执行。

目前，我国知识产权保护水平总体上低于美国、欧洲、日本等国家和地区，高于大部分发展中国家，保护水平在不断提高。随着经济技术发展，发达国家的部分诉求也将成为我国自身发展之所需，保护水平应随着知识产权数量增长和质量提高而相应提高。

二、我国经济技术发展对知识产权制度的需求及现存问题

经过多年的努力和积累，我国经济技术发展到了新的历史阶段，已处于跨越台阶的关键时期，从而对知识产权制度充分发挥促进创新的作用提出了迫切需求。

（一）我国经济技术发展现状与发展趋势

我国 GDP 已经超越意大利、法国、英国、德国、日本，位列世界第二。2019 年，我国 GDP 达到 99.09 万亿元人民币，按照全年人民币与美元的平均汇率折算，约为 14.4 万亿美元，已是日本的 2.82 倍、美国的 67.3%。就经济总量而言，我国与美国之间的差距正在缩小，若能维持现有发展趋势，保持比美国更高的发展速度，若干年后将超过美国。如图 1、图 2 所示。

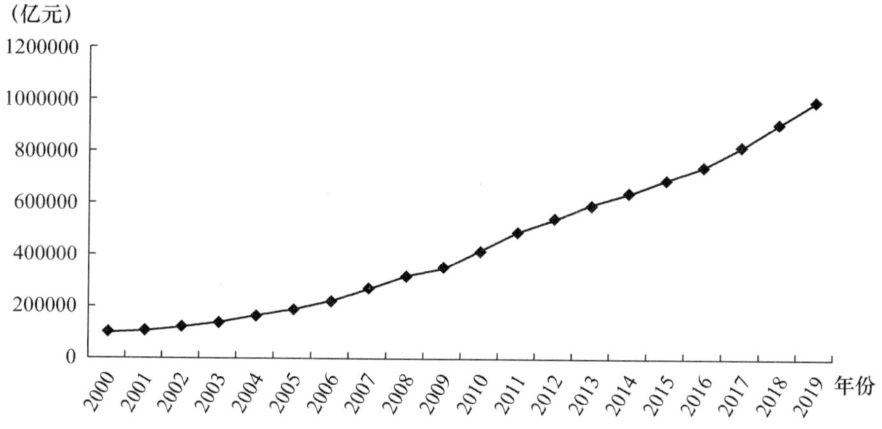

图 1　我国历年 GDP

资料来源：《中国统计年鉴》。

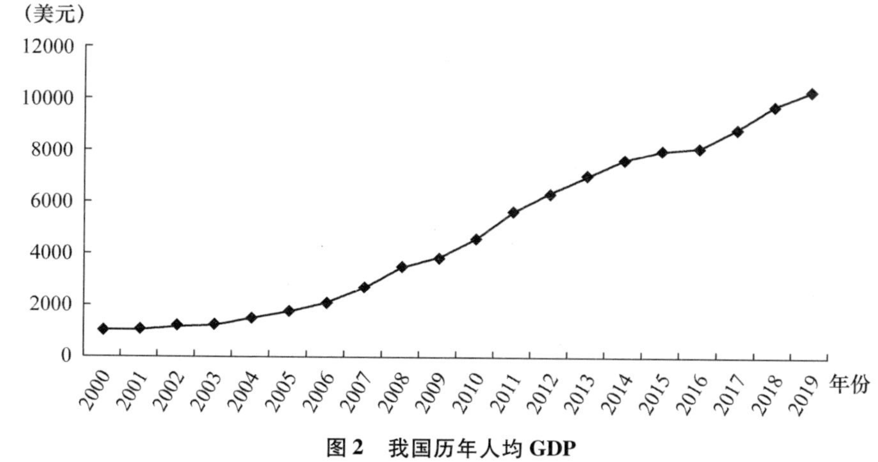

图 2　我国历年人均 GDP

资料来源：《中国统计年鉴》。

2019年我国人均GNI（国民总收入）为10410美元，按照世界银行2019年划分的高、中、低收入国家标准，中等偏上收入国家为人均GNI超过3995美元，高收入国家为人均GNI超过12375美元，我国已属于中等偏上收入国家，接近高收入国家。从这个意义上讲，我国当前正处于从中等偏上收入水平跨入高收入水平的关键时期。

经济发展为技术发展提供更多的投入，技术发展为经济发展提供更多的动力。随着我国GDP快速增长，R&D经费支出同步快速增长。自2013年超过日本以来，我国一直是继美国之后的世界第二R&D经费支出大国，2019年达到2.17万亿元人民币（见图3）。2019年，我国R&D经费投入强度为2.19%，超过2017年欧盟15国平均水平（2.13%），相当于2017年35个OECD成员国中的第12位，接近OECD平均水平（2.37%）（见图4）。

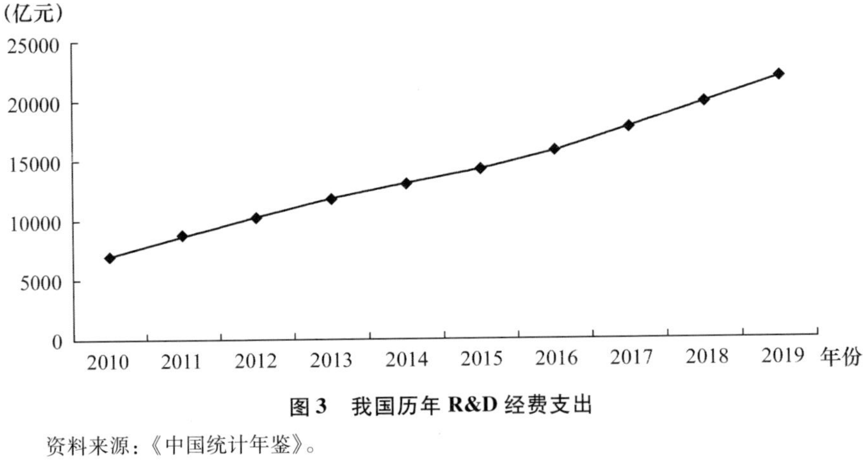

图3 我国历年R&D经费支出

资料来源：《中国统计年鉴》。

多年的R&D经费投入正在显现效果，科技产出大幅增加，我国科技水平已经从“跟跑”进入“跟跑、并跑、领跑三跑并存”阶段。至2018年，我国发明专利申请数量连续8年为全球最多，2018年当年达到154万件，占全球总量的46.4%，相当于排名第二位至第十一位国家的申请量之和；2019年我国发明专利申请数为140万件（见图5）。

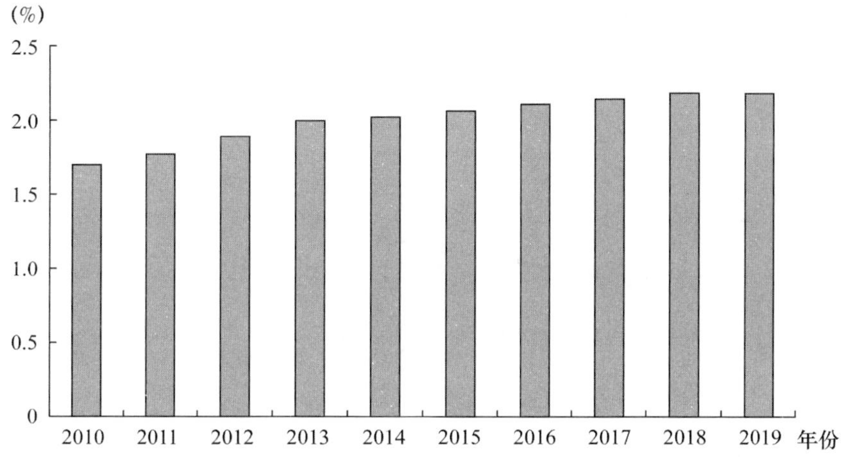

图 4　我国历年 R&D 经费投入强度

资料来源：《中国统计年鉴》。

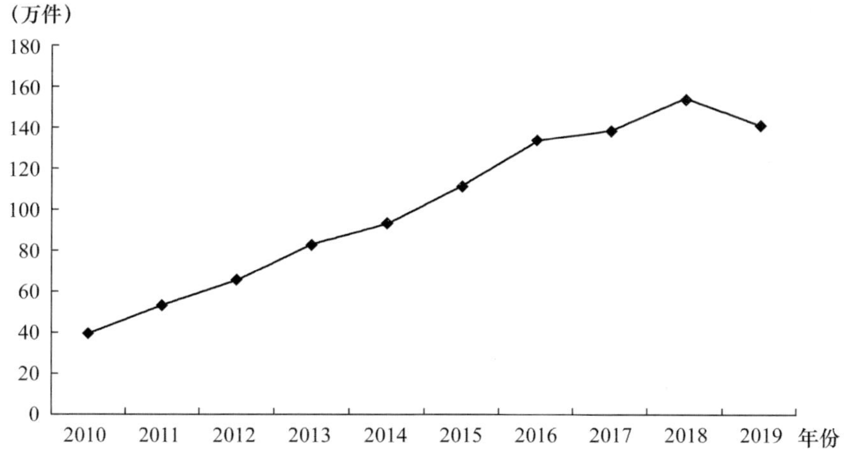

图 5　我国历年发明专利申请数

资料来源：《中国统计年鉴》，专利统计年报，世界知识产权组织公布数据。

每万人口发明专利拥有量从 2008 年的 0.8 件增至 2019 年的 13.3 件。PCT 国际专利申请受理量持续平稳增长，2019 年达到 5.899 万件，跃居世界第一，如图 6 所示。中国科学技术信息研究所发布的 2018 年中国科技论文统计结果显示，我国国际科技论文数量连续 9 年排在世界第二位，国际论文被引用次数排名继续保持世界第二位，图 7 为我国 2010～2018 年发表的科技论文数量图。

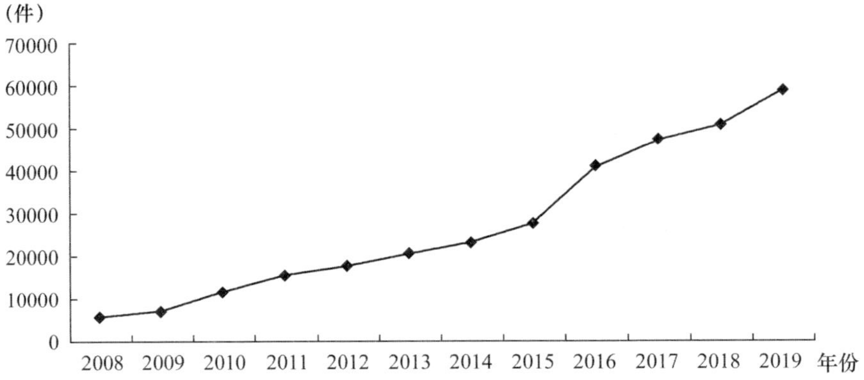

图6　我国 PCT 国际专利申请受理量

资料来源：《中国统计年鉴》，专利统计年报，世界知识产权组织公布数据。

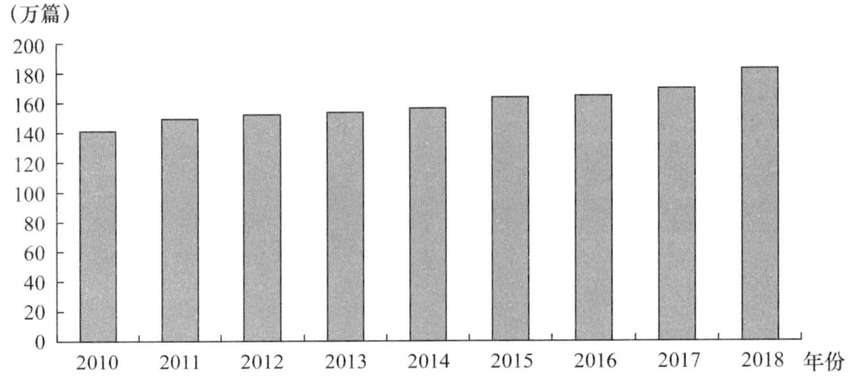

图7　我国历年发表科技论文数

资料来源：《中国统计年鉴》。

（二）跨越发展阶段需要完善知识产权制度

能够按预测顺利进入高收入国家行列的前提，是保持现有发展速度。但是，即便能够顺利跨越高收入国家门槛，与高收入国家中发达国家的平均发展水平距离还很大，与发达国家中前列国家的距离则十分遥远，还有不少发展阶段需要跨越，仍然需要较高的发展速度。目前全世界高收入国家超过 80 个，但公认的发达国家只有 20 多个，其人均 GDP 普遍超过 2 万美元，人均 GDP 最高的 10 个国家超过 6 万美元。2019 年我国人均 GDP 仅大约相当于美国 1978 年、德国 1979 年、法国 1979 年、日本 1983 年、英国 1986 年的水平，落后 30 ~ 40 年。

要保持较高的经济增长速度，不断跨越发展阶段，必须转换发展动力，完善制度环境。中国科学技术发展战略研究院的研究表明①，经济发展与创新水平有着较为显著的正相关关系，经济发展水平越高，创新所发挥的作用越显著。经济发展要跨越台阶，增长动力必须从主要依靠要素驱动、投资驱动转向主要依靠创新驱动。WIPO 发布的 2019 年创新指数显示，中国连续 4 年保持上升势头，排在全球第 14 位，与美国、英国等发达国家还有较大差距。国务院发展研究中心的研究表明②，后发追赶型国家在从低收入发展阶段到中等收入发展阶段期间，对制度的要求并不高，但从中等收入发展阶段到高收入发展阶段，则对制度要求非常高。低收入国家和中等收入国家中，有制度较为完善的国家，也有制度并不完善的国家。但高收入国家无一例外都是制度完善的国家。

改革开放 40 多年来，我国经济快速发展主要源于后发优势，并充分发挥了低成本优势。进入新的发展阶段，我国低成本优势逐渐消失，后发优势逐渐消退。与低成本优势相比，技术创新具有不易模仿、附加值高等突出特点，能够形成新的动能。未来发展主要靠创新驱动，而不是靠要素驱动和投资驱动。党的十八大报告指出，“科技创新是提高社会生产力和综合国力的战略支撑，必须摆在国家发展全局的核心位置”，要坚持走中国特色自主创新道路、实施创新驱动发展战略。党的十九大报告指出，我国经济已由高速增长阶段转向高质量发展阶段，正处在转变发展方式、优化经济结构、转换增长动力的攻关期，要“坚定实施科教兴国战略、人才强国战略、创新驱动发展战

---

① 中国科学技术发展战略研究院：《国家创新指数报告》，科学技术文献出版社 2018 年版。

② 刘世锦等：《陷阱还是高墙》，中信出版社 2011 年版。

略……”，“再奋斗15年……跻身创新型国家前列”。

实施创新驱动发展战略，实现高质量发展，是一项系统工程，需要完善各方面的制度，包括促进创新资源合理流动、优化创新资源配置、激励创新主体创新等制度，其中知识产权制度是核心制度之一。这是因为，知识产权制度在三个方面发挥着激励创新的作用。一是保障创新者利益。如果需要高额投入又承担着巨大风险的创新成果得不到保护，能够被人轻易模仿，从而不能从市场上获益，创新主体将不愿开展创新活动。知识产权制度通过保护创新者对其创新成果一定期限的独占收益权，能够极大地激励创新主体开展创新活动。二是技术扩散。知识产权制度保护创新者享有一定期限的独占所有权的同时，将技术成果向社会公开，有利于后来者在其基础上继续创新，加快技术进步的速度。三是促进开放式创新。进入21世纪以来，开放式创新的实践逐渐增多，并受到了社会各界的重视。开放式创新通过引入外部创新资源，或者将自己的技术成果在外部转化，有助于提高创新效率和成效。研究表明，创新主体无法只开展封闭式创新[①]，而开放式创新需要有效的知识产权保护，比封闭式创新的要求更高。

（三）让知识产权制度充分发挥促进创新的作用

知识产权制度是实施创新驱动发展战略、促进经济高质量发展的关键制度之一。知识产权制度要充分发挥促进创新的作用，就要让知识产权得到有效保护，有良好的知识产权应用环境，让创新活动能够通过知识产权制度在市场上获益。

---

① Chesbroug：Open Innovation：The New Imperative for Creating and Profiting from Technology. Cambridge：Harvard Business School Press，2003.

1. 知识产权能够得到有效保护，权利人权益不被侵犯

有效保护是知识产权制度发挥作用的根本。如果知识产权得不到有效保护，侵权行为得不到遏制，知识产权就会失去应有的价值，创新就不会有收益，从而打击创新者的积极性。无论是英美法系，还是大陆法系，有效保护都是知识产权制度的核心。要促进创新发展，实现发展动力转换，必须提高知识产权保护的有效性。有力的保护机制，最终要体现为侵权者败诉、受到超过侵权收益的惩罚，权利人胜诉、能够真正弥补损失。

我国已经建立了较为完备的知识产权法律法规和政策体系，保护范围和力度达到了 TRIPS 协议等已签署协议和条约的要求。同时，由于我国经济技术发展到了新的阶段，技术水平和创新能力显著增强，创新主体要求加强知识产权保护的呼声日益高涨，需要不断提高保护力度。无论是高新技术行业，还是传统行业，我国均涌现出一大批具有创新能力的优势企业，有的已经可以与国际巨头同台竞争。企业有创新意愿和创新能力，若不适时提高知识产权保护力度，将难以激励创新主体攻克核心技术、培育世界品牌。知识产权制度要起到优胜劣汰的作用，不能保护落后。适当提高知识产权保护力度已经成为发展的需要。

事实上，我国知识产权保护力度在不断提高，保护水平已经高于 TRIPS 协议等已签署协议和条约的标准。我国已与东盟 10 国、韩国、澳大利亚、新西兰、瑞士、新加坡等国家和地区签署了自由贸易协定；与美国、日本、欧洲等国家和地区建立了自由贸易关系，加入《工业品外观设计国际注册海牙协定》等谈判已经开启。

2. 知识产权能够通过市场应用获利，有良好的应用环境

知识产权的价值最终要在市场中实现，在市场中获得回报，这是创新驱动发展的必要条件。知识产权带来的其他“好处”，例如，通过知识产权获取资助，通过知识产权评上高新技术企业获得税收优惠等，可能会给企业带来一定的利益，但对创新活动本身的激励不足，不能充分调动创新者的积极性。让创新者在市场上运用知识产权获得合法收益，创新才会真正得到重视。

知识产权确权管理要与市场需求相适应。确权速度应根据具体行业的情况有一定灵活性。一些行业如互联网、食品、小家电等行业的产品生命周期很短，市场竞争激烈，企业需要很快得到授权才有意义，才能在技术更替前获得收益，需要有便捷的快速审查通道。一些行业如机械制造，产品相对成熟，速度可以慢一些，但需要认真审查、准确确权，使确权范围与创新程度相适应，达到保护权利人利益与保护后续创新者利益之间的平衡。授权范围过宽，申请人可以获得更大的权利，但会妨碍后续创新者创新。授权范围过窄，申请人将丧失本该得到的部分权利，导致收益下降，打击其创新积极性。

知识产权制度要发挥激励创新、扩散技术、促进开放式创新的作用，需要与金融政策、财税政策、贸易政策、采购政策、产业政策等相关政策实质性相协调。知识产权应用方式，包括自我实施、许可他人实施、卖予他人实施、折价入股、交叉许可、市场防御、抵押融资等，都需要有良好的制度环境。

（四）我国知识产权制度的主要问题

与需求相比，我国知识产权制度目前还存在诸多不足，主要问题是制度执行不到位，知识产权保护的实际效果与社会需求之间有差距，知识产权质量和效益总体不高，还不能满足经济技术发展的现实需要。

1. 知识产权保护力度不足，维权成本高、侵权成本低

知识产权保护力度不足主要表现为纠纷处理周期长、调查取证难、判决赔偿低、判决执行难，存在一定的地方保护。其中最主要的问题是惩罚力度低。根据国家知识产权局网站信息[①]，1995～2013 年美国专利侵权判赔平均数额约为 550 万美元，2013 年的平均数额约为 590 万美元。而根据北京知识产权法院公布的信息，该院 2015 年专利案件平均判赔额约为 45 万元，2016 年同比增长 207% 后也仅有 138 万元；北京市高级人民法院工作报告显示，2017 年北京知识产权专利侵权案件平均判赔额为 141 万元。广州知识产权法院 2018 年 1～11 月审结的 1999 件专利案件中，判赔额低于 100 万元的约占 94%。而在美国等发达国家，因为惩罚很严厉，出现纠纷时如果一方“心虚”，为避免惹怒对方而失去和解的机会，很多案件根本未走到司法判决那一步，而是庭外和解了，时间周期、调查取证、判决金额、判决执行、地方保护等问题将不再出现。

知识产权数量虚增，挤占了行政管理和执法资源。我国专利申请量和商标申请量均已连续多年位居世界第一，但是，无论是我国的技术实力，还是经济规模，都远远没有达到美国等经济技术强国的水平，知识产权数量与经济技术发展水平不匹配。原因既有需求方面的，也有供给方面的，即社会上存在除市场应用之外的如评职称、评奖、评高新技术企业等需求，而确权管理也不够严格。与知识产权数量庞大相比，行政管理和执法资源相对严重不足，这是造成我国知识产权保护的实际效果与社会需求之间存在较大差距的重要原因。北京知识产权法院公布数据显示，自 2014 年 11 月成立至 2018 年 8 月，共审结

① 资料来源：www. sipo. gov. cn/gwyzscqzlssgzbjlxkybgs/zlyj_ zlbgs/1062573. htm。

3.38 万件案件，年均结案 1 万件左右，但法官员额只有 50 名，工作量是北京市其他中院法官的 2～3 倍，“案多人少”问题突出。广州知识产权法院公布数据显示，法院人均结案数明显增加，2015 年为 261 件，2016 年为 207 件，2017 年为 289 件，2018 年为 328 件。美国没有专门的知识产权法院，有管辖权的联邦地区法院的法官既要审理专利案件，也要审理其他案件，知识产权案占比通常较小；一些联邦地区法院由于专利案件审判质量高，出现了案件集聚，如得州东区联邦地区法院。被英国《知识产权管理》杂志评为全球知识产权最具影响力的 50 位人物之一的得州东区联邦地区法院的沃德法官，1999～2006 年仅审理了 160 件专利案件。

2. 通过市场回报激励创新的正向反馈还有待加强

除市场应用之外，专利还存在大量其他需求，如评高新技术企业、评职称、评奖、评人才称号、项目结题等。尽管各种评审大多对专利质量作了要求，但由于质量很难判断，或者在其他条件相当的情况下，拥有专利能够加分，所以实质上数量起了很大的作用。例如，2016 年修订的《高新技术企业认定管理办法》要求，企业拥有对其主要产品（服务）在技术上发挥核心支持作用的专利，但要判断是否在技术上发挥核心支持作用比较困难，只要“沾边”就不好否决，所以评高新技术企业很重要的条件就是专利数量是否达标。企业为了评上高新技术企业获得税收减免优惠，就必须自己申请或者购买专利。非市场需求的存在，造成了大量低价值专利申请，不仅无法激励创新，反而会影响正常的制度运转。除挤占管理和执法资源外，还会加剧科研界的浮躁思想，扰乱科研秩序和科研风气。通过申请专利就可以更快地评上高级职称、拿下人才帽子、获得奖励资助，“激励”部分科研人员不再潜心科研而是想办法走“捷径”。

促进知识产权在市场中转化应用的制度环境还有待完善。在产业政策、金融政策、科技政策等相关政策中，大多明确提出促进知识产权应用，但没有具体措施，存在落实难问题。如知识产权抵押贷款政策已经实施多年，但由于没有有效的知识产权价值评估办法和知识产权交易体系，很难真正落实。调研中有企业反映，办理知识产权抵押贷款时，仍需要配套实物资产抵押。

知识产权优先审查制度便捷性不够，还不能满足产业发展需求。由于商标、版权的审查速度问题不突出，完善优先审查制度主要针对专利而言。2012 年 6 月，国家知识产权局颁布《发明专利申请优先审查管理办法》，对符合条件的发明专利设置了优先审查通道，但仅限特定申请人提出优先审查申请，提出优先申请需要出具由省、自治区、直辖市知识产权局审查并签署意见和加盖公章的《发明专利申请优先审查请求书》，而不像发达国家那样仅通过缴费就可以加快审查。2017 年，国家知识产权局调整了可以请求优先审查的范围，申请程序未变。而在美国等发达国家，专利快速审查的申请条件一般只有缴费一项。

三、完善我国知识产权制度及应对国际形势变化的建议

针对国际形势变化，以及我国经济技术发展需求，知识产权制度需要作出调整，同时对国际知识产权制度变革作出回应。

（一）主动完善我国知识产权制度

尽管在美国等发达国家已经开始讨论新技术发展背景下，知识产权保护强度是否需要调整尚不确定，但在我国，主要矛盾不是保护过强，而是相对经济技术发展水平来说保护水平偏低。以创新型企业的

需求为标准，逐步加强知识产权保护，是我国经济技术发展的需要。

1. 以提高惩罚力度为重点促进知识产权有效保护

提高法定赔偿限额，落实惩罚性赔偿制度。尽快完成《专利法》《著作权法》修改，提高法定赔偿额上限，建立惩罚性赔偿制度，丰富执法手段，从法律层面提高惩戒力度。研究设立没收违法所得、销毁侵权假冒商品和相关工具、材料等措施。推进由败诉方承担诉讼费用，形成正向激励。加大判决执行力度，建立健全多部门联合惩戒制度。

全面实施协助取证措施，改善取证难问题。目前，我国知识产权诉讼实行“谁诉讼、谁举证”原则。但是，侵权证据通常由侵权者掌握，很难获取。建议推广现行《商标法》第 63 条规定，在权利人已经尽力举证，而相关账簿、资料主要由侵权人掌握的情况下，人民法院可以责令侵权人提供相关账簿、资料，从而减轻原告的举证压力。探索建立侵权行为公证悬赏取证制度。

加强执法队伍建设，提高执法专业化水平。深入推进知识产权民事、刑事、行政案件“三合一”审判机制，完善知识产权案件上诉机制，统一审判标准。加快知识产权法院和知识产权法庭建设，适当扩大知识产权法院管辖的案件范围，研究建立异地诉讼机制，提高知识产权审理的专业性和一致性。强化市场监管综合执法队伍、文化市场综合执法大队的知识产权执法职能，通过培训、外聘等机制，提高执法队伍的专业能力。

加强对行政审批和许可中企业所提供信息的保护。各级政府在行政审查和许可中，客观上需要充分了解该事项相关的信息，这是正常的管理手段。同时，政府有责任保护企业向政府提供的信息不被泄露。目前，我国《行政许可法》《环境影响评估法》《网络安全法》等法规提出了防止企业提供信息泄露的要求，但执行效果还需要进一步提高。为加强保护，一方面，在保障公共安全的前提下，按照最小必要性原则，将需要企业披露的信息降至最低水平。另一方面，应提高行政审批和许可程序的透明性和规范性，实施利害关系人回避制度，加强对评估专家的保密要求，追究泄密和窃密者的法律责任，加强对企业提供信息的保密。

2. 在授权、维持环节提高知识产权质量，促进其应用

谨慎授权，提高知识产权质量。由于商标需要在使用中不断提高价值，而版权不强制注册，所以谨慎授权主要针对专利而言。授予专利权要坚持新颖性、创造性和实用性标准，授权既不过宽、也不过窄，既不过松、也不过严。

适当提高知识产权维持年费，并将知识产权维持年费调整为前期低、后期高的结构，促使为了数量而申请但实施价值不大的知识产权尽早放弃，节约管理与执法资源。由于版权只有注册费没有年费，所以提高年费标准主要针对专利、商标。由于版权不强制注册、商标可以无限期续展，所以调整年费结构主要针对专利而言。

完善专利快速审查通道，建立付费加快程序。愿意为加快审查而付费的创新成果通常市场价值较高，符合专利的“实用性”要求，应纳入优先审查范围。建议借鉴发达国家的经验，允许申请人仅通过缴费提出快速审查申请。同时简化申请手续，优化申请程序，提高工作效率。

营造有利于知识产权转化应用的良好制度环境。促进知识产权政策与政府采购政策、招投标政策等相关政策实质性协调。如《招标投标法》还没有保护知识产权的有效措施，企业参与竞标时无法对侵权产品进行维权，竞标结束后再通过常规途径则已过时效，建议在招投标环节建立知识产权备案、申报、申明制度和快速处理机制。

3. 促进知识产权回归市场，加强知识产权宣传教育

2020 年 2 月，教育部、国家知识产权局、科技部印发《关于提升高等学校专利质量促进转化运用的若干意见》（以下简称《意见》），提出在职称晋升、项目结题、人才评价等政策中，坚决杜绝简单以专利申请量、授权量为考核内容，加大专利转化运用绩效的权重；停止对专利申请的资助奖励，大幅减少并逐步取消对专利授权的奖励。该意见的原则和方向完全正确，应尽快落实，并推广到高校系统之外。另外，《意见》强调在职称晋升等政策中不再考核专利数量，改为考核转化运用绩效，建议进一步明确除科研成果转化应用直接相关的岗位、奖项外，停止专利相关考核并推广到其他政策，包括高新技术企业评定。

目前，我国公众对知识产权相关知识的了解、保护知识产权的意识仍有欠缺。建议综合运用学校教育、在职培训、社会宣传、媒体报道等形式，借助“知识产权宣传周”等主题活动，促进知识产权进机构、进社区、进学校、进网络，推广和普及知识产权知识，大力宣扬“保护知识产权光荣、侵犯知识产权可耻”理念，提高全社会尊重和保护知识产权的自觉性。

（二）积极回应国际知识产权制度变革

将我国致力于营造全社会尊重知识、崇尚创新的良好氛围，以及逐步提高知识产权保护水平的做法广为宣传，树立良好的国际形象。

在履行 TRIPS 协议等已签署协议的基础上，不断提高知识产权保护标准。我国高度重视知识产权保护工作，不断完善知识产权保护制度体系。2019 年 4 月，《商标法》在 2013 年修改基础上再次完成修改，法定赔偿额上限从 300 万元提高至 500 万元，将恶意侵犯商标专用权的赔偿额由 1 倍以上 3 倍以下提高到 1 倍以上 5 倍以下。《专利法》《著作权法》正在修订，提高保护力度是其重要修订内容。2018 年 12 月，全国人大常委会对《专利法修正案（草案）》进行了第一次审议，该草案规定了 1 倍到 5 倍的惩罚性赔偿，法定赔偿限额从现行 100 万元提高到 500 万元。2019 年 11 月，中共中央办公厅、国务院办公厅印发《关于强化知识产权保护的意见》，阐明了我国依法严格保护知识产权的坚定立场和鲜明态度，强调对国内外企业一视同仁、同等保护。

加强法律法规执行，不断提高实施效果。在完善制度体系的同时，我国在司法、执法层面不断强化知识产权保护，取得了明显成效。至 2019 年 5 月，我国在最高人民法院设立了知识产权法庭，在北京、上海、广州设立了专门的知识产权法院，在各地设立了 20 个知识产权法庭，有效提升了知识产权专业化审判水平。知识产权行政主管部门建成了统一的“12330”公益热线电话及网络举报投诉平台，采取积极主动的保护措施，开展“护航”行动、“剑网”行动等专项执法行动。截至 2019 年 8 月，我国共建成知识产权保护中心 24 家、快速维权中心 20 家。近年来，中国知识产权保护状况不断改善。根据 2019 年国家知识产权局发布的《2018 年知识产权保护社会满意度调查报告》，知识产权保护社会满意度达到 78. 86 分，此数值比 2017 年提高了 0. 19 分，满意度稳中有升。2018 年 2 月，美国商会全球知识产权中心（GIPC）发布《2018 年国际知识产权指数发展报告》，该报告分 40 个指标对全球范围内 50 个经济体的知识产权保护环境进行了评价，中国位居第 25 位，较 2017 年上升 2 位。

反对滥用国家安全名义限制技术出口和转让。TRIPS 协议第 7 条规定，知识产权的保护和执法应当有助于促进技术的革新以及技术的转让和传播；第 8 条规定，为了防止权利持有人滥用知识产权，或者采用不合理的限制贸易或不利于国际技术转让的做法，可以采取适当措施防止权利人滥用其权利。在中外企业合作中，我国政府不强制要求外商企业转让技术。中外企业的技术合作和其他经贸合作完全是基于自愿原则实施的契约行为，多年来双方企业都从中获得了巨大利益。

（三）慎重应对发达国家加强知识产权保护的诉求

知识产权保护水平应与国家发展阶段相适应。我国现有知识产权保护水平已经符合已签署国际条约的要求，提高与否我们有主动权。对于发达国家的诉求，尤其是已经签订经贸协定的相关措施，应认真评估我国经济、技术发展的需求，以及其对我国产业发展的影响。

审慎应对延长知识产权保护年限的诉求。保护年限不是越长越好，需要综合评估对鼓励创新、促进新技术应用、防止垄断和公众健康等因素的影响。

审慎应对提高扩大刑事保护范围的诉求。世界各国主要对知识产权实施民事保护，对恶性违法行为才实施刑事保护，过于严厉的保护反而会让创新者因畏惧“触雷”而不敢创新。

审慎应对扩大知识产权保护范围的诉求。是否扩大知识产权保护范围需要考虑该国当前的知识产权保护能力。过宽的保护范围将可能增大本已沉重的知识产权管理、执法负担，降低保护效率和水平。

审慎应对调整管理程序的诉求。知识产权管理程序与该国的管理体制有关，需要与其他管理程序相衔接，有整体性，也与该国的发展水平甚至文化、习惯相关。

执笔人：沈恒超

参考文献

[1] Chesbroug, 2003: Open innovation: the new imperative for creating and profiting from technology. Cambridge: Harvard Business School Press.

[2] 刘世锦等．陷阱还是高墙．北京：中信出版社，2011

[3] 中国科技发展战略研究院．国家创新指数报告．北京：科学技术文献出版社，2018

[4] 石岩．欧盟推动 WTO 改革：主张、路径及影响．国际问题研究，2019（2）

[5] 谢理．诸边贸易协定和 WTO 谈判的路径选择．国际经济法学刊，2019（2）

[6] 中华人民共和国商务部．中国关于世贸组织改革的立场文件，2018

[7] 中华人民共和国商务部．中国关于世贸组织改革的建议文件，2019

[8] European Commission, 2018: " WTO Modernization – Introduction to Future EU Proposals, Concept Paper", http://trade.ec.europa.eu/doclib/docs/2018/september/tradoc_157331.pdf.

[9] Office of the United States Trade Representative, 2019: " 2019 Trade Policy Agenda and 2018 Annual Report", https://ustr.gov/sites/default/files/2019_Trade_Policy_Agenda_and_2018_Annual_Report.pdf.

专题报告四

我国产学研合作的发展评价、问题剖析与转型对策

“产学研合作”一般指知识或技术跨部门流动、共享，不同主体协作配合，以促进知识资本形成和创新系统效率提升。国际上讨论的大学与产业合作、知识转移、学术创业等均与之相关。伴随技术进步和创新体系的演变，产学研合作无论从内涵、外延还是组织机制、效果评价等方面都发生了不少深刻变化，且与产业类型、区域或国家背景有很强的关联。近年来，针对我国产学研合作水平及发展方向的争议越来越多。究竟如何理解新形势下的产学研合作框架，如何客观评价我国产学研合作的发展水平，以及如何建立完善适应新形势的产学研协同创新机制及政策体系，都是摆在决策者面前亟须回答的重大问题。建设以企业为主体、市场为导向、产学研深度融合的技术创新体系已成为发展共识，也是新形势下深化科技体制改革、实施创新驱动发展的重要内容。

一、产学研合作的内涵与分析框架

（一）产学研合作的基本内涵

产学研合作（也称“产学结合”或“产研结合”，Industry - University Collaboration）在创新研究中是一个非常经典的概念；促进产学研合作（有时也称“产学研协同创新”）是一国创新政策体系中最具代表性也极为关键的政策子体系之一。传统意义上的产学研合作一般是指企业、大学和研究机构之间的创新合作，通常对应作为技术需求方的企业与作为技术供给方的大学或研究机构之间的合作。随着创新范式多样化和创新网络复杂化，现在讨论的“产学研合作”概念无论是内涵还是外延已大大丰富，涉及产学研三方之间知识流动、扩散或转移的一系列相关活动。这一系列促进知识转移和创新互动的行为对于一国创新效率、综合竞争力以及应对各类经济社会挑战的能力的重要性不断凸显（OECD，2019）。

产学研合作的最早典范可以追溯到“二战”期间美国政府实施的“曼哈顿”计划。20世纪中叶前后，以美国斯坦福大学“特曼式”产学研合作模式所造就的“硅谷奇迹”以及波士顿地区“128公路园区”为代表，奠定了产学研合作在一国（或一个地区）创新体系及创新政策中的重要地位。之后，自20世纪80年代起，美国出台“拜杜法案”鼓励高校以技术转移方式推动产学研合作；日本政府提出“官产学三位一体”政策促进产学研合作。20世纪90年代，“三螺旋”理论所代表的非线性产学研融合模式兴起，也涌现了以半导体、生物医药为代表的一大批产学研合作促进新兴产业发展的典型化实践。进入21世纪，几乎所有的主要发达国家及发展中国家都将加强产业界与学术界（包含研究机构）的创新联系，促进产学研合作的技术创新体系作为各国创新政策最主要的内容之一。在产学研合作的认可度越来越高的同时，越来越多的国家认识到政府作用以及包括金融、监管和“软环境”在内的一系列政策工具组合对于保障产学研合作质量的重要意义，相应的政策设计与创新研究开始兴起。

（二）产学研合作的主要形式

伴随技术进步和产业创新加速，产学研合作形式日趋多样化，包括从相对正式的合作研究（包括合同研发）、技术服务或咨询，知识产权交易，学术创业（Academic Spin - offs），到相对非正式的研究人员流动（Research Mobility）、毕业生（主要是研究生）就业进入产业部门（Labor Mobility）、产研部门间各类会议、业界和学术界人员交流网络（Networking）建设，以及科研或中试设施共享、职业教育及培训课程等。OECD（2019）[①] 从合作方式的性质类型角度，初步梳理了目前相对常见的产学研合作模式（见表1）。总体来看，产学研合作无论从内涵、外延还是组织机制、效果评价等方面，都发生了许多深刻变化，且与产业类型、区域或国家背景有很强的关联。

（三）产学研合作的内在机理及机制障碍

产学研合作方式的有效性、适应性和协调性对国家创新体系效率具有重要意义，决定合作效率和质量的关键有赖于一套激励相容的体制机制，主要涉及动力机制、利益分配机制、结构性联接机制（David & Metcalfe，2008；D. Foray &F. Lissoni，2017）。这些机制设计主要是

① OECD，University-industry collaboration：new evidence and policy options，OECD Publishing，Paris，2019.

市场驱动，但受政府政策影响很大（见图1）。

表1　知识转移视角下的产学研合作主要方式

程度	正式渠道（formal）	非正式渠道（informal）
由高到低	研究项目合作、合同研发等	合作发表论文
	专利合作（申请、许可或转让）、技术咨询及服务等	共同参加会议及建立交流网络（networking）
	研究人员相互流动	区域性集群发展
	学术创业（衍生企业）	共享研发设施或资源
	劳动力流动（如学生就业）	教育、培训交流（如联合培养）

资料来源：课题组基于OECD（2019）报告观点整理。

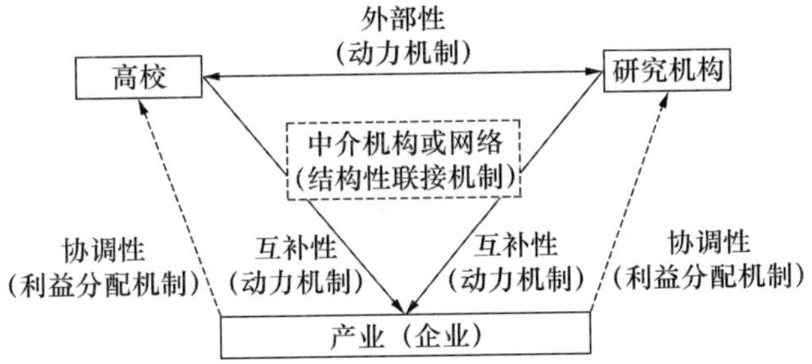

图1　产学研合作的机制分析

一是动力机制。合作的本质是解决高校、研究机构与产业部门之间的互补性问题，增进对合作各方的收益。至少包含三个层面：第一个层面是基础研究对应用研究提供了外部性；第二个层面是科研部门研究活动对企业研发能力、人力资本质量提升以及驱动技术和市场变革的外部性；第三个层面是企业技术需求及共性挑战对克服学术界保守主义、增加研究资助、减少应用研发风险以及为拓展新学科提供支持等（Rosenberg，2004）。因此，政策的主要关注点应是确保参与各方的功能定位互补，并得到妥善管理，使合作取得预期成效、增进各方之间的互补性。

二是利益协调及分配机制。一般而言，产学研各方对知识生产及转移的激励机制是有本质差异的，关于知识资本的“专属权”争议就是极为典型的。企业部门更强调新知识或新技术的专有权，以最大限度获得创新投资的收益；相比之下，学研部门更强调新知识或新发明的首创权，并予以广泛传播获得优先求偿权。由此可见，学研部门与产业部门“天生”在知识或技术归属和控制权上存在争议。因此，政策的主要关注点应是平衡各方的内在利益冲突，努力规避合作中可能出现的“制度崩溃”（即各方都没有积极性投入合作）。这也是美国在1980年出台的《拜杜法案》以及欧洲、日本在20世纪90年代出台的类似规定的主要动机（尽管实际效果存在争议）。类似地，还有评价机制差异问题需要利益协调：学研部门对成果评价更强调创新性（首创性），而产业部门更重视稳定性和效率、经济性等。

三是结构性联接机制。要最大限度激发各方参与合作的动力，并使一些内在矛盾冲突最小化，需要强化一些管理互补性的结构性机制。这其中，最重要的结构性联接机制，也可谓最重要的结构性因素，就是创立和健全联接产学研合作的各类中介机构（Intermediary）。这类机构的组织形式是非常多样化的，既有高校或研究机构内部的技术转让办公室、产业联络或成果孵化机构以及大学科技园等，也有致力于区域或产业发展的公共机构（如英国技术集团、法国国家科研成果推广委员会），或支持特定类型企业（主要是中小企业）的公共机构或实验室网络（如德国弗朗霍夫协会、史太白学院，或美国NIST负责的“制造业扩展伙伴计划”“先进技术法规计划”等）。上述各类中介机构的核心作用是提供学研部门与企业互通的双向渠道，既促进知识从学术部门向产业转移，也推动数据、研究工具和技术需求“回流”至学研部门。此外，随着企业、风险投资机构越来越多地创办各类商业孵化器、加速器以及各类创新资源共享平台，越来越多新的中介组织开始涌现（包括实体和虚拟的）。因此，政策的主要关注点应是确立和不断增进这些“中介机构”的合理性和专业性，并采取必要的财税金融政策给予正向激励，以及提供长期的制度保障。

（四）促进产学研合作的政策工具

从国际经验看，目前促进产学研合作的创新政策工具及其组合是非常多样化的（见表2）。包括：公共研发项目资助或补贴（subsidies or grants）、税收激励（tax incentives）、针对衍生企业的金融支持（如种子基金、公共风险投资等）、专利申请补贴（grants）、人才培养相关资助（如支持校企联合招收博士后的补贴）、政府优先采购、创新券（innovation vouchers）、公私合作（PPP）方式创建实验室等科研设施、基于绩效评价的专项公共补助（如技术转移扶持资金）、支持发展各类专业化中介机构（TTOs、科技园、孵化器）等。

表2　支持产学研合作的主要政策工具

序号	政策工具	工具类型	主要对象	支持的合作形式	政策作用面
1	研发与创新补贴	财税金融支持	研究人员，参与产学研合作的大学、科研机构及企业	合作研究	供给型
2	税收激励	财税金融支持	企业	合作研究、技术咨询及技术合同等	供给型
3	面向衍生企业的金融支持（种子基金、公共风险资本等）	财税金融支持	研究人员及学术创业者	大学及研究机构的衍生企业	供给型
4	专利申请补贴	财税金融支持	研究人员	专利许可或转让	供给型
5	招收博士及博士后的补贴	财税金融支持	企业	人员流动性	供给型

续表

序号	政策工具	工具类型	主要对象	支持的合作形式	政策作用面
6	招收兼职研发人员的补贴	财税金融支持	大学或研究机构	人员流动性	供给型
7	公共采购	财税金融支持	企业	合作研究、合同研发	需求型
8	创新券（给予中小企业购买研发服务的资助）	财税金融支持	企业（中小企业为主）	合同研发、技术咨询等	需求型
9	公私合作建立研发实验室	财税金融支持	产学研三方	合作研究	需求/供给型
10	产学研专项资助（根据绩效专门支持与业界的联系）	财税金融支持	大学或研究机构	合作发表、专利许可、衍生企业等	供给型
11	对科研设施和中介机构（技术转移办公室、加速器、孵化器、科技园等）的资助	财税金融支持	大学或研究机构	专利许可、衍生企业、合作研究；建立交流网络等	需求/供给型
12	知识产权制度（知识产权的归属和控制权）	管制政策	科研人员；大学或研究机构；企业	专利许可；学术创业	需求/供给型
13	学术创业的管理政策	管制政策	科研人员；大学或科研机构	学术创业	供给型
14	针对教师或科研人员的职业奖励	管制政策	科研人员	所有方式	供给型
15	学术休假及兼职政策	管制政策	科研人员；大学或研究机构	科研人员兼职服务，学术创业等	供给型
16	开放科学、开放数据共享	管制政策	科研人员；大学或研究机构	论文发表	供给型
17	信息发布及分享	软环境	大学或研究机构	所有方式	需求/供给型
18	培训项目	软环境	研究人员，技术转移经纪人	所有方式	供给型
19	建立交流网络	软环境	大学或研究机构；企业	知识网络	需求/供给型

续表

序号	政策工具	工具类型	主要对象	支持的合作形式	政策作用面
20	联合路线图及预测活动	软环境	大学或研究机构；企业	知识网络	需求/供给型
21	自愿准则、行业标准及准则等	软环境	大学或研究机构；企业	合作研发；专利许可	需求/供给型

资料来源：OECD，University-Industry Collaboration：New evidence and policy options，2019。

（五）衡量产学研合作水平的评价体系

准确衡量一国（或一个地区）的产学研合作质量和效率十分复杂，学术界尚未形成共识，但各国政府部门和业界高度关注。根据各国的监测与研究进展，目前主流的测量方法及常用指标包括以下几类。

一是基于专项调查的测度。该类指标综合性强，但数据获取成本高。主要包括：技术转移或成果转化专项调查；高校或科研院所创新调查（涉及部分产学研指标）；企业创新调查（CIS）中的“企业研发信息来源中高校及科研机构的占比”“产学研合作研发比重”；高校或科研院所的学术创业（spin-offs）情况调查。

二是基于研发相关投入数据的测度。高校或科研院所科研经费中来自企业资助的比重；企业委托 R&D 项目数量及经费；高校或科研院所及企业合作申请政府资助的研发经费规模。

三是基于专利、论文发表数据的测度。合作专利申请及授权量（特别是 PCT 专利）；合作发表论文数量及占比。

四是基于技术转移收入数据的测度。高校或科研院所的技术许可或转让收入；高校或科研院所的技术许可或转让收入占研发支出比重等。

五是基于人员流动数据的测度。科研人员兼职情况（包括提供技术咨询的教师数量占比）；科研人员离职创业数量占比；来自企业的合同研发人员；承接企业培训数量及占比；联合培养学生（特别是联合招收博士、博士后）以及毕业后进入业界的比重等。

六是一些其他参考指标。创新创业教育：课程、参与人数、校外导师及相关竞赛等；校企共建科研机构；校企共建实习实训基地等，能够反映产教融合水平的相关指标。

总体来看，准确衡量一个国家或地区的产学研合作水平十分复杂。国际上常用方法是开展专项调查，或选取重要指标进行分析。一些典型指标包括：一国研发经费执行结构、校企合作专利或论文、学术创业或衍生企业、人员流动（包括学生就业），以及企业创新合作等①。不过，目前国内对产学研合作总体水平的量化分析较少，尤其是采取国际可比指标的研究鲜见。

二、从国际比较看当前我国产学研合作的主要差距

本部分专门从综合排名、研发投入结构、合作专利、学术创业、企业创新合作等多个方面开展国际比较，形成对我国当前产学研合作水平的整体认识。

（一）我国产学研合作综合表现与主要发达国家水平仍有较大差距

世界知识产权组织（WIPO）每年发布的“全球创新指数”中有专门针对产学研合作水平的调查结果②。数据显示，我国在全球140多个国家或地区中一直徘徊在第30名上下，长期落后于美国、德国、

① 参考：OECD，University-industry collaboration：new evidence and policy options，2019.

② 开展跨国产学研合作专项调查成本较高，WIPO的调查评价是目前国际上仅有的相关研究结果之一。

日本、以色列等创新领先国家。进一步地，我们分析历史数据发现，主要国家的产学研合作得分与其综合表现总体呈现较显著的正相关关系（见图2）。可见，近年来我国在产学研合作水平上停滞不前，已成为制约我国综合创新表现提升的关键短板，需引起高度关注。

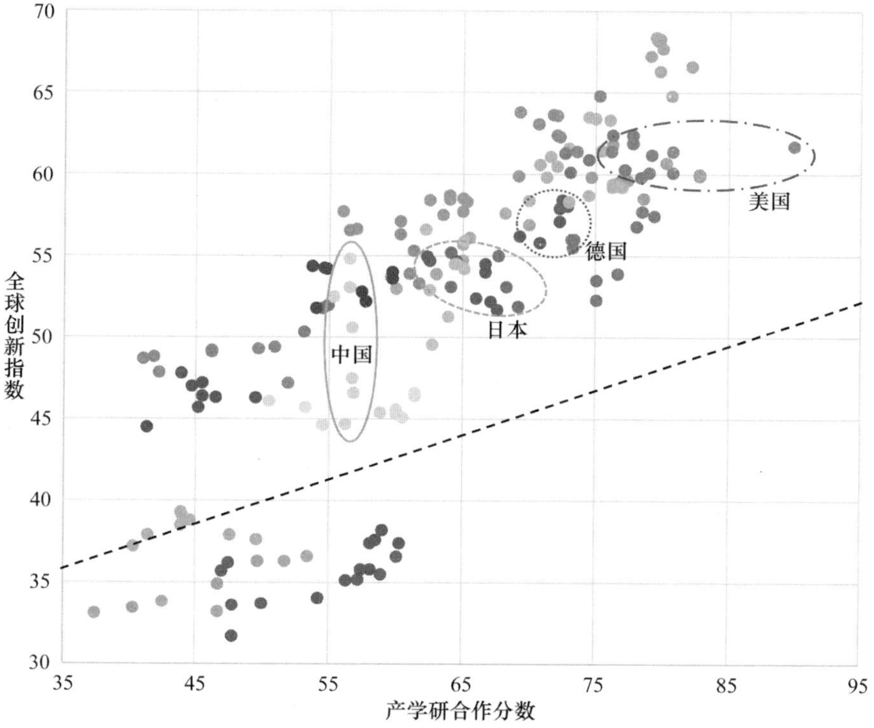

图2　主要国家的创新表现与产学研合作水平比较

资料来源：课题组根据 WIPO 的 Global Innovation Index（2012—2019）测算。

（二）我国高校研发投入水平偏低，不利于高校和产业互补合作

不少研究表明，伴随知识经济发展深入，高校在一国研发体系中的地位越来越高，该国在知识转移、科技商业化及衍生创业（Spin-offs）等活动上也更活跃①。为此，我们专门比较了全球37 个主要国家

---

① 布朗温·H·霍尔：《创新经济学手册》（第一卷），上海交通大学出版社 2017 年版。

或地区 2018 年“商业部门研发投入占比”与“高校执行的研发投入占比”两项指标（见图 3）。

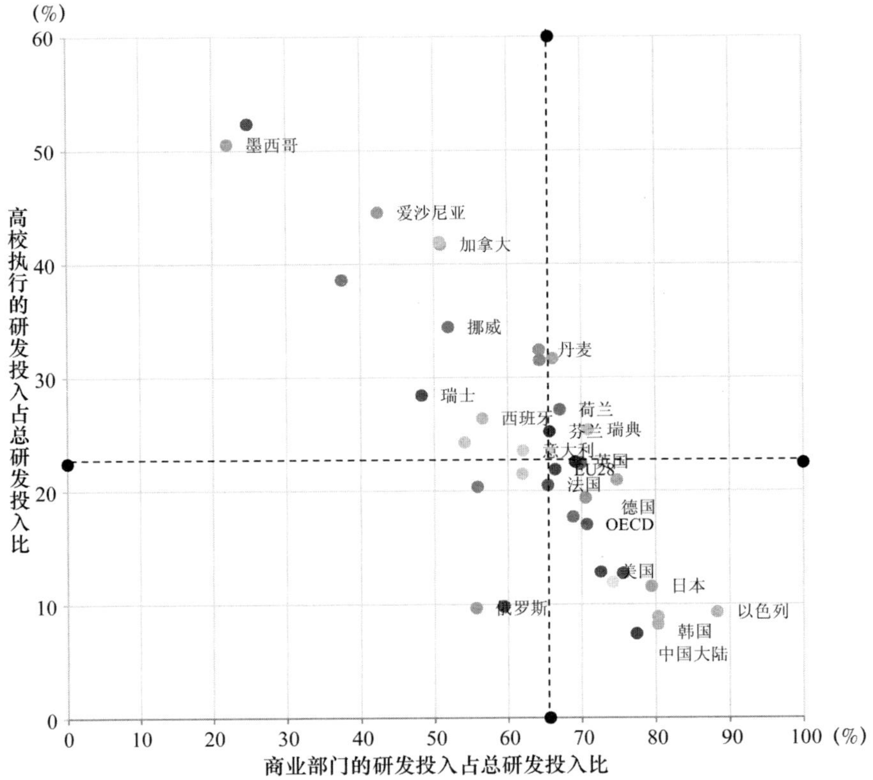

图 3　主要国家或地区不同部门的研发经费投入占比比较（2018 年）

资料来源：课题组根据 OECD 的 MSTI 数据库测算。

分析显示，尽管我国商业部门研发投入水平较高，但高校的研发投入水平显著落后于大多数发达国家。例如，2018 年我国该比例为 7.5%，而 OECD 国家均值约 17%。实际上，我国高校研发投入强度偏低的问题长期存在。2009～2018 年，我国高校研发投入占 GDP 比重均值仅为 0.15%，远低于 OECD 国家 0.42% 的平均水平。由于高校研发活动以基础研究和人才培养为主，长期投入强度不足限制了原始创新供给，造成创新体系过于倚重企业研发，不利于高校与产业部门形成互补合作的良性循环。

（三）我国高校、科研机构与企业间的合作专利申请快速增长，但强度不高

大学、研究机构和企业联合申请专利是实现知识转移和合作创新的重要渠道。产学研合作专利的数量变化及其在一国学研部门专利总量中的地位变化，能在一定程度上反映出产学研合作活动的绩效。依据 OECD 分析的欧盟专利局数据和我国学者的中国知识产权数据[①]（见图 4、图 5），我们发现：近 20 年来，尽管我国产学研合作专利规模上已超欧盟，但合作专利的强度明显落后。例如，2014 年我国产学研合作专利达 5500 件，欧盟仅 948 件；但占高校专利总量比重不足 5%（2015 年），远低于欧盟约 43% 的水平。

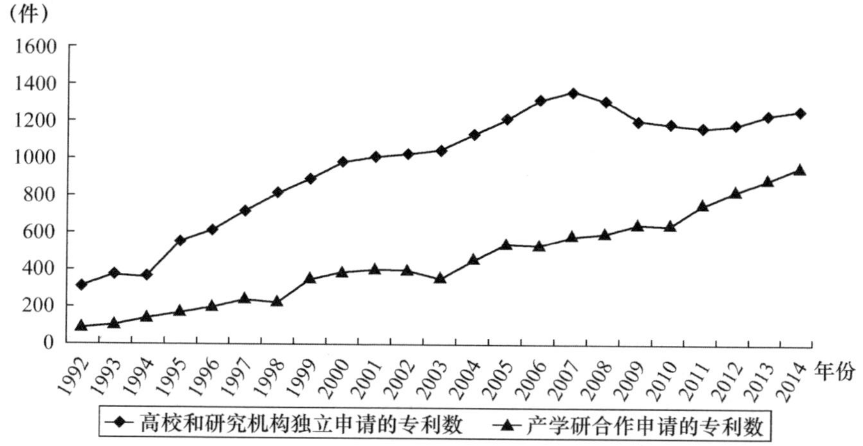

图 4　欧盟产学研合作申请 EPO 专利情况（1992—2014 年）

资料来源：OECD，EPO Database（2018）。

---

① 朱桂龙、杨东鹏："基于专利数据的产学研合作及政策演变研究"，《科技管理研究》2017 年第 23 期，第 181～185 页。说明：该研究主要以国家知识产权局专利数据库提供的申请的发明授权专利数据为样本，数据检索类型为已授权的发明专利。

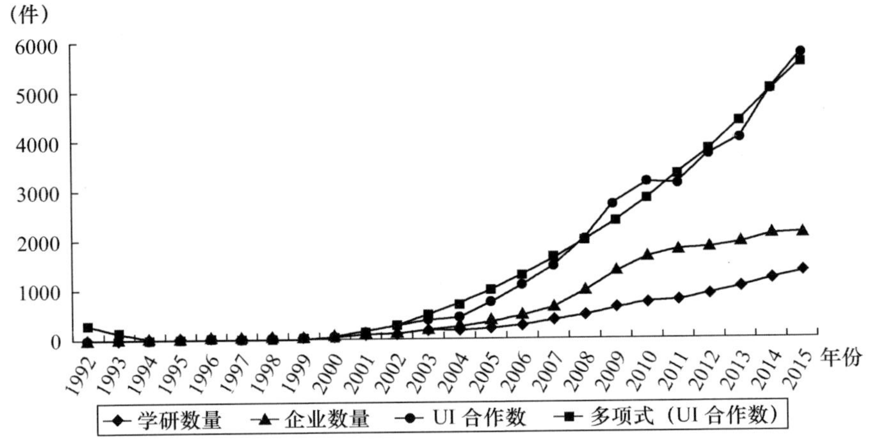

图 5　我国产学研合作申请发明专利情况（1992—2015 年）

资料来源：朱桂龙等（2017）。

（四）我国学术创业水平总体落后于主要发达国家，学生创业表现尤为落后

学术创业（Academic Start-ups）[①] 是发达国家中高校、研究机构与产业界之间以人员流动方式实现知识转移的重要渠道，也是国际上常用来分析一国创新型创业（Innovative Entrepreneurship）活力的重要指标。OECD（2019）分析了 2001～2016 年间全球 20 个主要国家超过 4 万个学术创业项目[②]的数据发现：各国学术创业数量占各自创业企业总量的比重平均约 14%～15%，其中瑞士、德国、以色列等领先国家均高于 20%；相比之下，中国仅约为 8%（见图 6）。依据学术创业类型，我国学生创业水平明显偏低（不足 2%），学者创业水平也不算高（不足 4%）。

① 学术创业一般包括研究人员创业和学生创业。OECD 的调查按照企业创始人类型，将所有学术创业项目划分为三类：一是大学毕业生身份在毕业后 4 年内参与创办一家新企业；二是博士生身份在进入博士项目后 7 年内参与创办一家新企业；三是大学老师或研究人员身份在完成研究项目 3 年内参与创办一家新企业。因此，第一项可视为“学生创业”，后两项可称为“学者创业”。

② 纳入统计的学术创业项目均满足一个前提条件，即获得至少一笔风险投资。涉及国家包括 OECD 主要成员国和金砖四国。

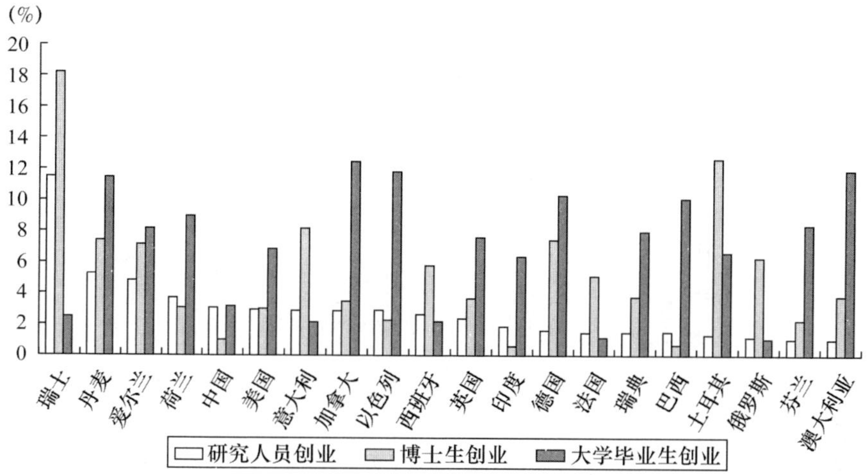

图 6　主要国家或地区学术创业情况比较（2001—2016 年）

资料来源：OECD 的 Crunchbase 数据库（2019）。

（五）我国企业创新活动中的产学研合作强度不高，与国际领先水平仍有差距

产学研合作也是企业开展创新合作的重要形式之一。从一般性的创新合作看，我国的表现与主要发达经济体基本相当。2014 ~ 2016 年，欧盟 15 国开展创新合作的企业数量占比约为 14.3%；2018 年，我国企业创新合作占比为 18.8%。但是，专门就产学研合作而言，无论大企业还是中小企业，我国的表现均与领先国家和地区有明显差距。我们比较了 2017 年 OECD 发布的多个国家和地区数据①及 2018 年我国企业创新调查数据②（见图 7），结果发现：我国大企业产学研合作强度（38.2%）低于德、法及北欧等国家和地区，中小企业也较落后（仅 16.5%）。

① 数据来自 OECD 发布的 Science，Technology and Industry Scoreboard（2017）。

② 数据来自国家统计局 2019 年开展的全国企业创新调查，调查报告期为 2018 年度，调查样本量共计 75.5 万家。其中，规模以上企业中共计约 27.1 万家企业有创新合作活动，包括 1.5 万家大型企业、6.4 万家中型企业和 19.2 万家小型企业。

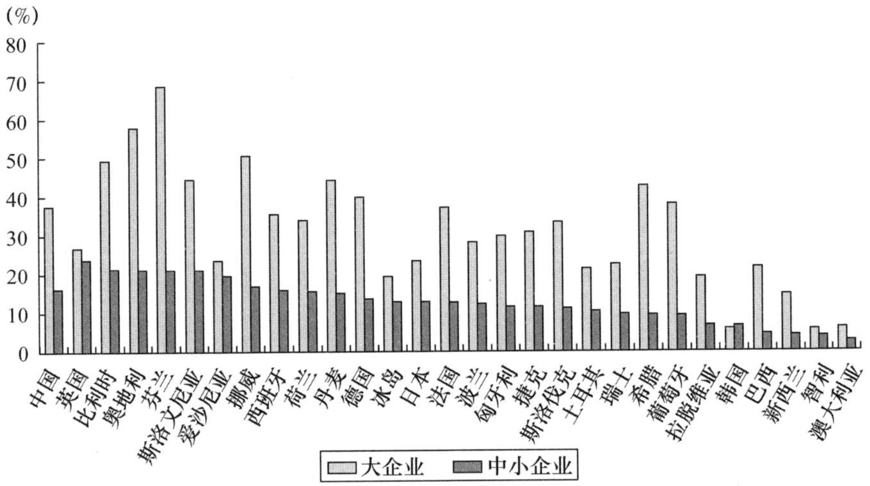

图7　中国与主要国家不同类型企业的产学研合作强度比较

注："产学研合作强度"指标对应一国开展产学研合作的企业占有创新活动的企业总量的比值。

资料来源：课题组根据 OECD 和国家统计局数据计算。

三、制约产学研深度融合的主要问题及深层次原因

（一）高校、院所和企业之间功能存在一定程度的脱节，竞争关系替代互补关系

近年来，我国高校、科研院所与企业之间的功能互补关系趋于弱化，相互分离或相互竞争的关系反而有所加剧。一方面，科研部门与产业部门"各成体系"的格局凸显。有研究表明，近 40 年来，我国高校和科研院所在主要高技术领域申请专利所针对的竞争性对手仅有 10%～20%来自企业，却有 60%～85%来自高校或研究机构；相比之下，美国这两个指标分别为 40%～60%和 15%～30%①。这在一定程

① 姜子莹、封凯栋，"论我国产学研结构性问题的成因、影响及其解决方案"，《中国科技论坛》，2020 年 7 月。

度上表明，我国高校或科研院所的专利行为更类似于科研部门的“内部竞赛”，对产业实践关注不足。

另一方面，部分高校、院所与企业还存在创新导向上的“竞争冲突”。一些地方过多强调科技成果产业化，导致不少高校更多是通过自建渠道直接进行科研成果转化（如组建一批股份制公司，科研人员直接入股，参与利益分配），即“内部产业化”趋势加剧。近两年的全国技术市场交易数据就显示，高校和科研院所的成果数量年增长超过20%。此外，一些以应用技术研究为主的科研院所在转制后，不仅使得不少行业的共性技术研发平台缺位，也抑制了在应用研究方面的产学研协同创新机会。

（二）对产业需求关注不够、激励不相容、管理不规范等问题导致产学研合作脱节现象仍未从根本上扭转

产学研合作脱节现象仍未从根本上扭转。例如，企业和高校、院所仅仅是为了争取有限的科研经费凑到一起，拿到项目后的参与单位各干各的、经费一分了之，实质性的合作创新较少。引发这类问题的原因是多方面的。

首先，很多科技计划项目未能反映产业实际需求，对成果应用情况考核不足。一些科技项目从立项到结项，主要依靠专家或机构来提供评审意见，对产业实际（特别是企业研发一线需求情况）关注度有限，中小企业的参与难度大。同时，项目评价更关注经费使用行为，对是否解决关键技术难题或实现技术突破的考核往往缺乏市场经验。

其次，一些针对高校和院所的运行管理、质量评价机制对其参与产学研合作激励不足。目前，高校院所的研究经费主要来自政府，绝大多数科研项目主要接受主管部门评审，这使其对产学研合作项目重

视不足。

再次，科研人员分类评价、人才跨部门流动等机制尚不成熟。一方面，科研人员仍以发论文、评职称为首要目标，承担企业课题或参与成果转化仍被视为“副业”。另一方面，受制于科研评价、社保、岗位设置不衔接，近年来在科研人员离岗创业、促进科研人员在事业单位和企业之间流动、吸引企业人才兼职等方面仍未取得预期成效。

最后，产学研合作中涉及知识产权权属、信息泄露以及利益分配等方面的争议加剧。近年来，涉及产学研合作的知识产权纠纷案件增多，主要围绕专利申请权权属争议、技术开发合同、知识产权泄密、竞业禁止纠纷等。其中，权属争议主要表现为发明人或设计人的署名权争议，以及针对科研中产生的“未预期成果”① 权属纠纷等；知识产权泄密主要源自同行交流、违规申报科技成果或科研人员跳槽等。

（三）合作形式单一、分散，企业参与的积极性不足

受制于相对单一的合作方式，产学研长期稳定合作的水平不高。目前，企业直接委托高校教师或院所研究人员进行“一对一”的项目合作，仍是产学研合作的普遍方式。全国企业创新调查数据（2019）② 显示，我国开展产学研合作的规模以上工业企业中，以“共同完成科研项目”为主要合作形式的企业占比高达66.6%；而“在企业建立研发机构”“在高校或研究机构中设立研发机构”等占比仅为26%、9.5%。相对于合作设立研发机构而言，尽管项目合作的周期短、投入成本低、实用性强，但后者易陷入碎片化，机制性不强，且容易产生

① 所谓“未预期成果”，一般是指在产学研合作中那些合同约定之外产生、潜在价值较大的新发明、新技术。

② 本节数据均来自国家统计局2019年12月发布的《2019年全国企业创新调查年鉴》。

低水平、重复性研究，难以产生重大创新成果。

信息交流渠道有待进一步疏通，企业（特别是小企业）参与产学研合作的积极性不够。企业创新调查显示，2018 年在开展技术创新活动的 16.1 万家规模以上工业企业中，反映来自高校和研究机构的信息对企业创新影响较大的比重仅为 7.7%、10.3%，远低于来自客户（45.5%）、竞争对手或同行（22.3%）的信息。同时，由于高校院所的研发投入占比偏低，尤其是基础研究投入不足、技术供给质量不高，进一步降低了企业参与产学研合作的广度和深度。调查也显示，2018 年全国开展产学研合作的规模以上工业企业仅有 4.1 万家，占比仅为 10.9%，即有近九成的工业企业未开展任何形式的产学研合作。特别对于产学研合作效益显著的小型企业而言，该比重仅为 9.8%，明显低于大型企业 40.4% 和中型企业 20.2% 的水平。

（四）促进知识转移转化的中介服务体系不发达，配套的制度安排不完善

多数企业的技术需求不断上升，但有效连接企业需求和科研部门技术供给的信息中介较少。即便在一些东部发达地区，不少企业仍然是通过“点对点”方式与高校或院所开展技术合作，缺乏必要的信息对接平台和常态化服务组织。这进一步加剧了科技成果产出和技术需求之间“连不上”“接不住”的问题。尽管一些地方近年来通过发展新型研发机构推动产业技术研发服务，但服务范围十分有限，对大多数中小企业的服务效果一般。

已有机构的专业化服务水平不高，职业化人才少。科技部针对 3200 家高校院所的调查显示：目前仅有 687 家单位（占 21.5%）设立了技术转移机构，其中仅有 306 家单位（占 9.6%）认为该机构在成

果转化中发挥了重要作用[①]。同时，这些机构以合同备案、登记、材料受理及专利申请咨询服务为主，在技术价值评估、商业谈判、资本运作、资源整合及经营管理等方面的服务能力缺乏。另外，技术经纪人的市场化选拔、培训、考核激励等一系列配套机制仍不健全，进入门槛低、高素质人员少等问题长期未能解决。

中试熟化、风险投资等必要环节的机制化建设未跟上。多数科技项目成果需要投入大量资金进行二次开发，而企业在不确定技术潜在价值的时候往往不愿意承担此类风险，中小企业更没有能力进行二次开发和转化。除少数高校院所能以自有资金投入建立工程化中心或中试基地，多数项目缺乏中试熟化平台，面向商业化的小试和中试投入严重不足，亟须风险投资等社会资本介入来解决融资难问题。

技术要素市场的发展尚不完善。尽管近年来技术市场的交易规模稳步上升，但总量扩张并未从根本上实现发展质量的跃升。不同地区交易市场的功能同质化严重，市场决定、“自我造血”的交易机制尚不完善、依赖地方政府支持，与资本市场、人才市场的融合也不够，交易工具创新、专业化服务网络等都存在短板。

（五）相关政策落地效果不佳，存在门槛高问题

近年来，我国支持产学研合作的政策数量不断增加，政策类型多样，科技、教育、发改、财政等多个部门参与，涉及内容包括经费管理、专项和计划、人才、基地、税收优惠（如技术开发或转让减免税）等。但总体而言，原则性表态散见于其他政策的情况偏多，专项政策相对较少。

---

① 国家科技评估中心：《中国科技成果转化 2019 年度报告（高等院校与科研院所篇）》，科学技术文献出版社 2020 年版。

特别是一些政府资助和减免税政策存在受惠面小、门槛高等问题。例如，企业在与科研机构合作中，直接应用科研成果的支出不能纳入现行研发费用加计扣除政策的范围。类似地，企业对合作成果（如专利）没有所有权时，投入产学研合作的相关支出也不能抵扣。这些都不利于扩大产学研合作的受惠面。此外，现行税法中除了符合条件的技术转让所得可享受税收优惠外，合作成果应用、新产品销售利润等均未纳入优惠范围，不利于激发产学研合作研发的积极性。

四、主要结论与对策建议

从国际比较看，我国在高校研发投入的相对比重、产学研合作专利占比、学术创业表现、企业创新的产学研合作强度等反映产学研合作水平的典型指标方面，与主要发达国家仍存在不同程度的差距。新形势下，要加快实现我国创新能力从追赶向前沿的跃迁，推动形成产学研深度融合的技术创新网络已迫在眉睫。

（一）进一步理顺产学研之间的功能定位

高校、科研院所始终是源头创新的主力军。高校重在基础研究、人才培养和知识转移，科研院所重在关键共性技术研发、承担或组织重大项目攻关。应稳步提升高校院所的研发投入强度，加快完善基础研究的投入机制。企业始终是技术创新体系的主体，要推动更多高质量创新资源向企业集聚，发挥好行业龙头和平台型大企业在组织前沿突破、牵引重大需求及营造合作生态方面的积极作用。

（二）深化科技管理体制改革，消除阻碍成果转移转化的制度壁垒

持续改进国家科技计划（专项）管理的项目立项、质量评价和经费管理等制度。健全财政资助科研项目的成果公开体系，提供便捷的信息发布、需求对接、技术获取及知识产权管理等服务。规范产学研合作中的知识产权归属、信息数据保密、利益分配等行为，促进产学研专利合作。进一步细化科研人员的分类评价标准，在稳住基础科研队伍的同时，加大对创新创造的股权和分红激励，加快薪酬改革、职称评定及社保关系衔接，鼓励学术创业和人才流动。

（三）增加中小企业参与产学研合作的广度和深度

加大面向中小企业和初创企业的创新券等公共采购类优惠政策力度，加快提升公共科技基础设施和大型科研仪器设备的开放共享程度。在一些重点领域，支持科技企业和高校院所合作建立一批面向共性技术的联合研发中心、技术创新联盟和产业研究院，政府部门以减免税等方式给予支持，推动产业链和创新链融合。深入推进产教融合，对企业联合培养研究生和招收博士后，加大专项补助。

（四）建立健全强大高效的中介服务体系，完善技术交易市场体系

鼓励以市场化方式培育创业孵化、中试熟化、成果转化、第三方检验检测认证、知识产权运营等各类专业化服务机构或平台。减少对高校院所自身技术转移机构的行政干预，加大对转移机构的分配激励，培育壮大职业化、多层次的技术转移人才队伍。引导天使投资、风险投资、科技保险、专利证券化等方式参与技术资本化，拓展退出渠道。加快完善全国技术交易网络，强化技术转移服务效能。

（五）加大简政放权，降低有利于产学研合作的优惠政策门槛

对由企业承担的科技项目，其经费管理制度应区别于高校和科研院所，要根据企业支出实际，给予企业更大自主权，如允许将研发人员薪酬按照一定比例列入项目经费支出。尽快下放省级科技管理部门技术转让认定权限，扩大符合条件的技术转让范围。尽快研究扩大研发费用加计扣除范围和技术转让所得税减免范围，积极支持企业资助产学研合作、应用合作成果实现创新收益。

执笔人：熊鸿儒

专题报告五

我国工业软件产业发展与政策研究

工业软件是在工业研发、生产和管理过程中发挥重要作用的软件，关系我国制造业转型升级，对制造强国建设具有非常重要的作用。当前我国处于由制造大国向制造强国迈进的关键时期，为落实创新驱动发展理念、推动制造强国战略，必须从多个环节入手，采取适当政策措施，加强对工业软件相关基础研究的支持，逐步缩小同世界先进水平的差距，最终实现我国工业软件产业的良好发展并发挥在制造业创新中的作用。

一、工业软件发展的必要性和紧迫性

工业软件是指主要用于或专用于工业领域，为提高工业研发设计、业务管理、生产调度和过程控制水平的相关软件与系统。

（一）工业软件的主要功能和分类

自20世纪中叶开始，伴随着制造业的发展和计算机技术的进步，工业软件经历了几十年的发展，种类愈发繁多，功能愈加强大，门类愈加丰富。既有面向工业领域的嵌入式实时操作系统、数据库、中间件等底层支撑软件，又有产品研发设计类软件，如以计算机辅助为主要功能的 CAX 类软件，包括计算机辅助设计（CAD）、计算机辅助工程（CAE）、计算机辅助制造（CAM）、计算机辅助工艺规划（CAPP）、产品生命周期管理（PLM）、产品数据管理（PDM）等；如业务管理类软件，包括企业资源计划（ERP）、企业资产管理系统（EAM）、客户关系管理（CRM）、人力资源管理（HRM）、供应链管理（SCM）等应用软件；如生产调度和过程控制类软件，包括制造执行系统（MES）、高级计划排产系统（APS）、安全仪表系统（SIS）、分布式控制系统（DCS）、数据采集与监视控制系统（SCADA）、能源管理系统（EMS）、各类 PLC 控制系统等，形成了多种类的产品体系。

按照工业软件在制造业中所处的环节和作用，通常将其分为三类。

1. 研发设计类

研发设计类工业软件是在产品、流程和工艺的研发阶段通过计算机模拟等方式帮助研发人员提高效率的软件，主要包括 CAD、CAE 和 EDA 等。研发设计类工业软件与研发工作紧密联系，具有很强专用性。

计算机辅助设计（Computer Aided Design，简称 CAD）是指利用计算机及其图形设备帮助设计人员进行设计。CAD 是最早出现的 CAX 软件，也是目前应用最为广泛的软件与系统。CAD 的存在，使计算机可以对设计中通常出现的不同方案进行大量的计算、分析和比较，以决定最优方案；并对各种设计信息，包括数字、文字或图形，进行快速检索；帮助设计人员将草图构造等繁重工作交给计算机，并由计算机自动产生的设计结果快速作出图形，同时降低了对设计进行判断和修改，以及对图形进行编辑、放大、缩小、平移、复制和旋转等工作的难度。CAD 是综合性技术，交叉集成了数学、计算机科学与技术、通信等多个学科。CAD 是先进制造技术的重要组成部分，对企业而言，能够提高设计水平、缩短研发周期、增强产品竞争力；对产品而言，能够提高设计质量、缩短研发周期、降低研发成本、提高新产品的可靠性并显著提高生产效率。具体来看，CAD 软件与系统的作用包括缩短产品研发周期①、提高产品设计质量②、降低生产成本③、提高管理水平④等。

计算机辅助工程（Computer Aided Engineering，简称 CAE）是用计算机辅助求解力学性能的分析计算和结构性能的优化设计等问题的一种近似数值分析方法。CAE 作为跨学科技术，被认为是涵盖企业生产、设计和管理等所有与计算机有关问题的软件系统。作为支持从研究开发到产品检测整个生产过程的计算机系统，CAE 随着技术手段的发展和变革已成为创新设计和虚拟验证过程中利用计算机分析工程（Computer Analysis Engineering）的核心技术。与 CAD 类似，CAE 软件与系统也是随着计算能力的提高而变得功能越发完善、精度不断提高。基于产品数字建模的 CAE 系统出现并得到应用，成为结构分析和优化的重要工具，与 CAD、CAPP 和 CAM 共同构成了计算机辅助 4C 系统。

---

① 利用 CAD 软件与系统提高设计速度，减少研发所需时间。由于计算机对设计效果能够进行直观展示，因此设计者得以依据计算机效果进行低成本设计。同传统的图纸修改相比，在计算机上修改明显更简便、快捷。

② 由于计算精度高和修改简便，设计人员利用 CAD 软件与系统可以提高设计质量。通过实体造型，设计人员可以直观地在计算机中进行产品的预制造。利用参数化设计和数据库技术最大限度地避免设计上的疏忽。

③ CAD 软件与系统缩短设计、加工和装配的时间，降低废品率和减少库存，从而显著降低了企业的生产成本。

④ CAD 软件与系统生成的设计结果保存和检索都比较容易，在有企业内部信息系统的前提下，采用产品数据管理技术易于实现全局性的管理，提高企业管理水平。

计算机辅助创新（Computer Aided Innovation，简称 CAI）是新产品开发中的一项关键基础技术，是以近年来在欧美国家迅速发展的创新问题解决理论研究为基础，结合本体论、现代设计方法学、计算机软件技术等多领域科学知识，综合而成的创新技术。CAI 融合了发明创造学、现代设计方法、多工程学科领域知识与计算机软件技术，将多个领域的科学知识有机地综合起来，能够在新产品开发的需求分析、概念设计、方案设计和方案评价等阶段为设计人员提供支持，有助于设计者拓宽思路，打破思维定式，引导设计者综合应用各学科知识，获得突破性创新知识，为产品创新源源不断地提供富有创造性的设计方案，已经成为企业提高新产品开发能力的重要工具。

电子设计自动化（Electronic Design Automation，简称 EDA）是以计算机为工具，用硬件描述语言完成设计文件，然后由计算机自动地完成逻辑编译、化简、分割、综合、优化、布局、布线和仿真，直至对于特定目标芯片的适配编译、逻辑映射和编程下载等工作的软件。EDA 是在 20 世纪 80 年代初从 CAD、CAM、计算机辅助测试（CAT）和 CAE 的概念发展而来的。EDA 技术的出现，极大地提高了电路设计的效率和可操作性，减轻了设计者的劳动强度。目前，EDA 已经成为集成电路行业发展不可或缺的软件。

2. 业务管理类

业务管理类工业软件针对企业经营中的具体业务环节进行电子化操作，从而提高管理水平。

企业资源管理计划（Enterprise Resource Planning，简称 ERP）是指建立在信息技术基础上，以系统化的管理思想，为企业决策层及员工提供决策运行手段的管理平台。其应用范围从制造业扩展到了零售业、服务业、银行业、电信业、政府机关和学校等。ERP 把客户需求和企业内部的制造活动以及供应商的制造资源整合在一起，形成一个完整的供应链，具有整合性、系统性、灵活性、实时控制性等显著特点。

供应链管理（Supply Chain Management，简称 SCM）是一种集成的管理思想和方法，它执行供应链中从供应商到最终用户的物流的计划和控制等职能。从单一的企业角度来看，是指企业通过改善上、下游供应链关系，整合和优化供应链中的信息流、物流、资金流，以获得企业的竞争优势。SCM 是一种整合整个供应链信息及规划决策，并且自动化和最佳化信息基础架构的软件，目标在于实现整个供应链的最佳化，作为一种新的决策智能型软件，覆盖在所有供应链公司的 ERP 和交易处理系统之上。

客户关系管理（Customer Relationship Management，简称 CRM）是一个获取、保持和增加可获利客户的方法和过程，是一种以信息技术为手段，有效提高企业收益、客户满意度、雇员生产力的软件。

3. 生产控制类

生产控制类工业软件集中于制造业的生产环节，对其中的具体流程和工序等进行电子化的控制和管理，包括制造执行系统和分布式控制系统等。

制造执行系统（Manufacturing Execution System，简称 MES）是通过信息传递对订单下达到产品完成的整个生产过程进行优化的管理系统。当工厂发生实时事件时，MES 能对此及时做出反应、报告，并用当前的准确数据对它们进行指导和处理。这种对状态变化的迅速响应使 MES 能够减少企业内部没有附加值的活动，有效地指导工厂的生产运作过程，从而使其既能提高工厂及时交货能力、改善物料的流通性能，又能提高生产回报率。MES 还通过双向的直接通信在企业内部和整个产品供应链中提供有关产品行为的关键任务信息。

分布式控制系统（Distributed Control System，简称 DCS）由过程控制级和过程监控级组成的以通信网络为纽带的多级计算机系统，综合了计算机、通信、显示和控制的 4C 技术，其基本思想是分散控制、集中操作、分级管理、配置灵活以及组态方便。DCS 具有可靠性、开放性、灵活性、协调性和易于维护等优点。

（二）工业软件在工业发展中的作用

工业软件对工业发展的直接作用表现为效率的提升和成本的节约。在当前工业软件高度专业化和数字化的条件下，工业软件在效率和成本上带来的量变已经积累成为质变。工业软件的使用，能够为企业带来巨大的竞争优势。从工业企业的生产流程分析，具体而言，工业软件对工业发展的作用体现在如下两个方面。

1. 大幅度降低创新成本和提高创新效率

创新过程中对既有知识的运用是一个必要的条件。作为利用计算机工具辅助设计、工程、创新和制造的系统，CAD 和 EDA 等工业软件是对既有知识进行运用的有力工具，可以通过在软件系统中的模拟将之前必须在实际产品中进行的设计、实践和使用等环节省略，尤其是在样品生产和测试就需要巨大成本的产业中，这种效果更加明显。

工业软件是提高渐进式创新效率的有效工具。渐进式创新指通过不断的、渐进的、连续的小创新，最后实现管理创新的目的。通过对现有技术的改进，对产品或服务按照主要市场中大多数用户历来重视的那些方面来改进已有的性能。比如，针对现有产品的元件进行细微的改变，强化并补充现有产品设计的功能，对于产品架构及元件的连接则不进行改变。对工作流程、生产工艺、产品性能等较小范围的改进，往往带来的是效率的提高、性能的改进和流程的改造。在这些渐进式创新中，更多的是在原有基础之上的改良，而计算机辅助设计和制造等，本身就利用了计算机强大的计算能力，可以认为是创新环节的智能化，相比于完全依靠人力进行设计和制造，效率有了明显的提高。即使是在没有引入新的工艺或产品的情况下，仅仅在提高创新过程的效率上，CAD 和 EDA 就有明显的作用。而实际运用中，工业软件系统的作用不只是在效率的提高上，还体现在新工艺或者产品的创造中。

工业软件能够对颠覆式创新提供有力的帮助。所谓颠覆式创新，是指由量变导致质变，从逐渐改变到最终实现颠覆，通过创新，实现从原有的模式完全蜕变为一种全新的模式和全新的价值链。颠覆式创新是对工艺或者产品的革命性、重大性的改进，实现了与原有工艺或产品的巨大不同。在颠覆式创新中，对新知识的探索和运用是必不可少的，而工业软件则在这个过程中发挥了重要的作用。例如，在制造业创新中，CAI 可以将多个不同领域的知识进行有机综合，从而在新产品开发的需求分析、概念设计、方案设计和方案评价等阶段为设计人员提供支持，可以帮助设计者拓宽思路，打破思维定式，引导设计者综合应用各学科知识，获得突破性创新知识，为产品创新源源不断地提供富有创造性的设计方案。例如，CAE 的良好应用能缩短产品开发周期和降低开发成本，提高企业的创新能力，对装备制造业的发展具有十分重要的意义。近年来，CAE 技术在航空、航天、兵器、机械、汽车、高铁、船舶、电子、医疗、建筑等诸多国民经济基础性产业领域得到日益广泛和深入的应用，并成为绝大多数工业领域必备的创新技术手段，成为世界各国发展高端装备制造业的重要支撑。我国深入实施创新驱动发展战略，努力从“中国制造”走向“中国创造”，同样离不开 CAE 技术的应用。

2. 实现生产和管理的信息化

工业软件是增强制造业创新能力的重要因素，可以为未来我国制造业的长期发展提供支撑。

EDA 作为我国电子信息产业发展最基础的需求，将是重要的核心环节，CAE 仿真技术作为产品生命周期管理平台里的重要组成部分，已广泛地应用到产品生命周期的各阶段。未来，仿真技术需要满足各式各样的新技术需求，如系统工程、物联网、大数据分析和云端协作。CAE 技术需要适应未来以软件为主的研发模式、系统工程的方法、敏捷开发快速迭代的特点等。未来制造和设计将更紧密地在行业应用方面结合，需要 CAE 技术在行业应用部分深耕，由行业客户单位提供行业需求以及技术规范和标准，深层次挖掘行业标准和规范中的差异化要求，针对行业特点进行研发，是 CAE 技术在智能制造中深入应用的必然趋势。

未来，随着我国工业“两化”融合的推进，工业软件的需求和影响将进一步扩大。总体上看，工业软件面对的市场需求将会扩大。随着我国制造业的发展，企业将从“微笑曲线”的中间制造环节走向利润更高的研发和销售环节，对工业软件的需求必然增大。以 iPhone 代工生产为例，苹果公司负责产品的研发设计和销售，在研发设计过程中，不可避免地需要使用工业软件，而富士康公司则只需在苹果公司指定的需求下进行零部件组装，几乎不会使用工业软件。当企业通过技术创新进入产业链的高端环节后，必然产生对工业软件的需求。随着产业链高端环节企业的增多，我国工业企业的工业市场需求会进一步扩大。结构上，不同类型企业对工业软件的需求不同，工业软件内部的市场结构将发生变化。不同 CAX 软件在技术创新中的作用不同，CAD 侧重于产品设计，CAE 侧重于产品的性能，CAI 针对知识运用和创新，CAM 针对的是制造环节的控制。目前我国制造业企业更为看重 CAD 和 CAM，随着转型升级，未来可能对 CAI 的需求增长更快。

（三）工业软件产业特征

工业软件是关于工业的软件，更是构筑于工业基础之上的软件。分析工业软件发展的几十年历程，可以总结出其五个特征。

第一，工业软件不同于常见的软件产业，核心在于其中蕴含和体现的工业研发、生产知识，而不是程序设计。常见的软件产业以程序编写为核心流程，程序设计和实现是技术的核心环节。工业软件虽然表现形式为用于控制、管理和研发的软件系统，但软件部分不是工业软件的核心功能和技术制高点。工业软件最核心的功能是实现对工业研发和生产中相应环节的控制、模拟和管理。这些环节的控制、模拟和管理依赖于长期、大量的工业研发、生产和管理中的知识积累形成的大量隐性知识。同样，工业软件关键技术的突破也在于相关知识的积累，并将其反映到工业软件之中，通过实践反馈不断迭代优化和成长。

第二，工业软件的发展程度以工业发达程度为基础，只有发达的工业才能支撑起有竞争力的工业软件。纵观全球工业发达的国家，首先是工业高度发达的，但是，工业发达的国家并不一定有发达的工业软件。之所以工业发展是工业软件发展的基础，是因为工业软件既以支持工业创新、生产和管理为目标，更是以工业生产过程中积累的海量数据为基础，并高度依赖软件产品在工业生产中的反馈进行改进提升。可以说，工业软件和工业是伴生的。现在全球工业软件发展领先的国家，如美国、德国、法国和英国等，无不是工业强国，而且其工业软件的优势行业和其本国的工业优势是高度契合的。例如，拥有全球最强芯片产业的美国既有英特尔和高通这样的集成电路工业企业，更拥有 EDA 行业排名前两位的企业 Synopsys 和 Cadence，而行业内排名第三的 Mentor 在被西门子收购之前也是美国企业。

第三，工业软件是小产业，但以小撬大关系到体量巨大的工业发展。工业软件全球市场规模约为4000亿美元，并不是一个非常大的产业。但其直接关系到全球工业发展和竞争，尤其是技术含量高的高端、核心工业领域，如集成电路、航天航空、精密仪器、通用设备和专用设备等。例如，2018 年 EDA 产业全球市场规模将近100亿美元，集成电路设计产业市场销售额为 1139 亿美元[①]，全球半导体市场规模为 4779.4 亿美元[②]。如果没有前端的 EDA，集成电路的设计成本会几十倍提高，整个产业链将受到非常大的影响。

第四，工业软件门槛高，尤其是想要具有竞争力的企业，在知识积累和资金投入上必须达到很高水平。从知识积累的角度看，工业软件构建在大量工业研发、生产和管理的经验基础之上，必须要有相应的工业基础才能开展研发，而不能同常见的软件产业一样可以直接根据需求进行架构和编程。从资金的角度看，国外软件企业通常每年都拿出不菲的资金，少则上千万美元，多则几亿美元，用于软件的技术更新与功能升级。以 CAE 软件为例，国内软件业界资深专家陆仲绩曾说，“没有与众不同的核心技术，就难以体现出价值”。工业软件不仅

---

① 中商产业研究院：《2019—2024 年全球及中国集成电路设计产业市场前景及投资机会研究报告》。

② 中国电子信息产业发展研究院：《2018 年全球半导体市场规模 4779.4 亿美元，2019 年增速将大幅下降》。

要有熟悉的行业背景，CAE 更要求有各种实践经验和大量隐性的知识和判断。这个投入是海量的，全球最大的 CAE 厂商 ANSYS 每年的研发投入在 3 亿美元左右，也就是每年投入 20 亿元人民币。

第五，先发优势明显，后发超越极其困难。正是由于工业软件的门槛较高，而且高度依赖知识积累，因此在位者的竞争优势高度固化，并随着在位时间的增长不断加大。对后发者而言，获取竞争优势非常困难。首先，工业软件和工业之间的伴生关系决定了其相互促进，从而带来了很高的用户黏性，新开发的工业软件难以俘获在位者的客户。其次，仅仅依靠研发投入无法获取工业生产积累的大量知识，其中包括很多隐性知识。

（四）当前工业软件产业的发展趋势

近几年来，随着工业互联网的发展和智能制造的发展，全球工业软件行业出现了新的趋势，并展现出巨大的发展潜力。2008 年后，尽管遭遇了金融危机，但全球 CAE 市场仍然保持较高的年增长率。例如 ANSYS 公司，在其他行业普遍不景气的情况下，过去 5 年的年平均增长率依旧超过 15%。因此全球普遍认为工业软件是一个拥有巨大发展潜力的产业。

第一，工业软件领域出现了新一轮、规模更大的合并趋势。通过并购丰富自身产品线和消灭起步阶段的潜在竞争对手，是工业软件行业中领先企业的普遍做法，许多行业领先的企业在发展过程中都有并购数十家小企业的历史。但是近年来，工业软件领域大企业之间的联合和并购开始明显增多。例如，2005 年法国达索公司收购 Abacus，补齐了 CAE 软件方面的不足，创建了自己的仿真品牌 SIMULIA；2013 年 PTC 收购了物联网平台 ThingWorx，实现了广泛的机器设备连接，建立多种工业 APP，率先转型到工业互联网领域；2016 年西门子以 45 亿美元收购了全球三大 EDA 软件之一的明导（Mentor Graphics）软件。

第二，一批制造业企业进入工业软件领域并发挥自身在制造业中积累的经验和知识取得优势地位。工业软件作为同工业紧密结合在一起的产业，近年来吸引了一批新兴工业企业。例如，西门子等传统制造业企业通过并购和改组等方式，开始进入工业软件领域。21 世纪以来，由于硬件价格快速下降、软件开发与调试工具日益增多、软件编程人员喷发式增长、互联网爆发式普及应用等原因，工业软件的开发呈现出了百花齐放的态势，工业软件的开发主体更加丰富：原本做操作系统软件的企业，如微软公司也开发了微软 ERP 软件，力图借助系统软件的带动优势在工业软件领域打下一片天地；老牌工业巨头西门子因为 12 年前购入了原美国 UGS 软件公司而一跃成为工业软件巨头；洛克希德・马丁已经成为事实上最大的软件公司。这种趋势也蔓延到我国，宝钢、海尔、美的、三一重工、徐工等企业也在开展工业软件和工业互联网平台建设的实践。

第三，同互联网联系明显加强，出现了新的细分领域和商业模式。随着工业互联网的发展，工业与网络、工业与数据的联系愈加紧密，以工业 APP 为代表的一批新型领域开始在行业发挥越来越重要的作用。工业软件的部署模式从企业内部转向云模式。企业的工业软件从在企业内部自行部署、自行管理升级为云计算技术下的新模式：中小企业可以直接应用公有云服务，不再自行维护服务器；大型企业则可以将涉及关键业务和数据的应用系统放在私有云，而将其他面向客户、供应商及合作伙伴以及安全级别要求不高的应用系统放在外部的数据中心，实现混合云应用。

（五）当前行业现状和趋势对我国的影响

对于一个高门槛的行业，新的进入者选择产业变革时期进入是最好的，可以尽量缩小与在位者的差距。我国目前开始受到重视的工业软件业，对当前的发展现状和趋势产生了三个核心影响。

第一，大企业间并购进一步加大了在位者竞争优势，我国发展工业软件企业面临的壁垒加高。一方面，客观上，随着大型企业的合并和大企业对创新型小企业的收购，行业领先者有了更大的规模和更强的技术、资金等实力，获得的竞争优势进一步放大。我国企业与行业领先企业的差距同时也被拉大。另一方面，领先企业规模的增大和实力的增强，有能力采取战略举措，防止潜在竞争者的进入。

第二，工业企业在工业软件领域的成功有助于探索我国制造业大国优势下的发展路径和模式。国际上大型工业企业进入工业软件产业的现象，既说明了工业企业对工业软件的重视，也反映出了从工业基础进而形成工业软件的可行性。而我国作为制造业大国，在制造业规模上具有明显的优势，工业企业在研发、生产和管理上积累了大量的经验和隐性知识。工业企业起步进行工业软件的研发能够在更大程度上发挥工业的既有优势，很可能成为我国未来工业软件发展的强有力基础。

第三，新的细分领域和工业 APP 开始兴起，为消费互联网和通信基础设施发达的我国提供了发展机遇。尽管工业软件出现的新细分领域和商业模式都是构筑在既有的工业软件功能和框架基础之上的，但至少以云服务为代表的新领域为后来者提供了一个良好的机会。哪怕工业软件的研发、知识库和设计模式上同行业领先者有较大差距，但在服务模式上可以站在同一条起跑线竞争。尤其是我国在消费互联网上积累了大量的经验，能够为工业互联网提供一定的经验支撑。例如，我国的阿里巴巴和京东等企业已经为中小企业提供多种基于云计算的服务。

二、我国工业软件的发展现状与问题

我国工业软件有了一定的发展，在部分领域也出现了有特色的产品和企业，但总体上仍然竞争力弱、市场占有率低、功能不完备，尤其是在产业中高端处于相对落后的地位。究其原因，可以归结为政府作用不到位、市场环境不够好等因素。

（一）产业发展现状

我国国产工业技术水平较低，服务相对落后，竞争力较弱。总体上，国外工业软件在我国重点工业领域占有较大的市场份额，曾一度达到市场总量的95%左右。这导致国内传统工业软件企业生存空间相对较小，主要行业对国产工业软件缺乏信任，且专业独立工业软件供应商的生存能力较弱，国外工业软件企业仍占据国内市场优势地位。统计显示，国内工业软件市场中，80%的设计软件、50%的制造软件和95%的服务软件市场均被国外企业占据。其中，仅美国ANSYS软件，就占据了近1/3的国内市场份额。相比之下，国内自主知识产权CAE软件仅占市场份额的5%，竞争力明显不足。

1. 市场总体状况

第一，经过多年的发展，我国工业软件行业已经有了一定发展。工信部《2018年软件和信息技术服务业统计公报》显示，我国当年实现软件业务收入63061亿元，其中工业软件营收1477亿元，仅占2.3%，同工业企业102.2万亿元总营收相比，比例约为1∶600。一批企业在工业软件行业的部分领域积累了一定的竞争力，主要是在业务管理类和新兴的工业 APP。2018 年，我国工业软件市场中，研发设计类、生产控制类和信息管理类的销售额分别为 142 亿元、286 亿元和 287 亿元。从用户的规模看，大企业用户达到 874 万家，占用户总数的 52.1%；中型企业达 475 万户，占用户总数 28.3%；小型企业达 329 万户，占 19.6%。在基础工业软件和系统领域，我国工业软件市场仍以管理类软件为主体，其中，ERP 软件及解决方案占据绝大部分市场份额，并且随着云计算的加快发展，ERP、CRM 等管理软件加快向基于云平台的轻量化服务模式转变。

第二，国外工业软件占据了绝大部分市场份额。目前我国制造业企业使用的工业软件中，进口软件占有优势地位。有分析认为，我国工业软件市场中，进口软件占据了约 95% 的市场份额。以 CAE 软件为例，我国工业软件市场中，80% 的设计软件、50% 的制造软件、95% 的服务软件市场被国外品牌占领。我国自主知识产权 CAE 软件的功能与国际先进水平尚有差距。从研究的层次来看，我国已经开发出国际高水平核心算法，拥有较强的自主创新能力，在整个 CAE 技术领域都有了不错的研究基础，也积累了一定的人才储备。在这样的研究基础和人才储备条件下，结合目前市场对资源的配置作用，如果有合适的政策引导，我国 CAE 产业是具备良好发展潜力的。

第三，市场规模逐步扩大。以 CAE 为例，我国 CAE 市场长期保持高于 25% 的市场增长率，但仍然有很大的发展空间和潜力。据 e－works 统计，在 CAE 应用程度最高的装备制造业领域，CAE 技术的市场普及率仅为 22% 左右，其他应用领域市场普及率更低。例如，2012 年国内 CAE 市场销售额为 14 亿元，但国内待开发的市场超过了百亿元，国际拥有千亿级的市场规模。预计未来十年里，国内的 CAE 市场会保持25%左右的年平均市场增长速度，具有极大的发展潜力。同时，CAE的应用范围正在扩大。CAE应用已经从传统的装备制造业领域，向新兴市场转移，医疗保健行业、虚拟建筑的设计、基于仿真应用的消费品市场、大气和环境状况仿真等行业领域，CAE仿真的应用也日趋广泛。我国CAE市场具有极大的发展潜力，随着我国技术自主创新的投入和市场需求的带动，我国正逐渐向CAE应用大国过渡。

第四，在部分细分领域，我国工业软件业存在一些优势。工业软件的竞争力与相应产业的发展情况密切相关，在我国具备竞争优势的部分产业，工业软件的细分领域也有一定的优势。很多智能装备，例如无线通信基站和程控交换机内部，也部署了诸多嵌入式的控制、检测、计算、通信等软件。正是由于这些原因，华为、中兴等企业得以位居中国最大的软件企业前列。

2. 企业规模情况

我国工业软件企业以实力弱的小企业为主，技术能力强的优势企业少，呈现倒“T”形结构。顶部有少数大型软件企业，但多数属于中小型软件企业（员工少于100人），有很多聚焦不同细分行业、定位在特定区域的工业软件公司。在产品创新数字化领域，还有一批优秀的服务厂商。例如，南京国睿信维形成了覆盖智能研发、智能生产、智能保障、智能管理和知识工程五大领域的自主软件系列；上海江达组建了甘棠软件，开发了BOM管理软件，能够满足企业进行复杂产品制造的需求，还开发了成本管理软件。

3. 分类比较

从工业软件的分类来看，越是性能强大的高端软件，我国企业的竞争力越弱，市场份额越小；越是同创新联系紧密的研发设计类软件，我国企业同国际先进水平的差距就越大；而中低端软件和业务管理类软件相对发达，同先进水平的差距也较小。

2018 年，中国产品生命周期管理（PLM）市场达到 23.5 亿美元，较 2017 年增长了 16.2%。2018 年全球 PLM 市场达到 480 亿美元，增长 9.9%。中国 PLM 市场占全球份额由 2017 年的 4.6% 增长至 2018 年的 4.9%，其中主流 PLM 市场（离散制造业）规模为 14.9 亿美元，2018 年增长率为 15.9%。通过统计分析国内外厂商的软件产品销售、服务与维护收入，总体上国际厂商市场占有率约为 70%（渠道商产生的国外软件产品销售收入归属到国外厂商）。其中，EDA 领域国内厂商占有率不到 10%。

在管理软件市场，整体上国内外厂商平分秋色，但明显是大中型企业市场国外厂商占有率更高，中小企业市场国内厂商占有率更高。其中，在 MES、供应链管理软件等领域，国内软件公司占据 60% 以上的市场份额。根据 e - works 发布的 MES 市场研究报告，2018 年中国 MES 市场继续保持较稳定增长，市场规模增长至 33.9 亿元，增速为 22.0%。相较于 2017 年 31.1% 的高增长，2018 年中国 MES 市场增速明显放缓。

我国工业软件与产业总体上落后于世界先进水平，在产品性能和稳定性等方面都有一定差距。部分工业软件的核心算法尚未掌握，国内软件企业仍需要通过授权经营或者整体购买的方式使用很多国外软件产品。同时，国产工业软件产品与工业需求契合度较低，在产品定制、二次开发等方面与国外企业差距较大。

4. 我国工业软件在国际竞争中所处地位

从全球来看，当前我国工业软件产业发展相对落后，竞争力较差，缺少核心技术，但在工业 APP 等新兴领域有了一定积累。产业发展方面，同发达国家和国际先进水平相比，我国产业规模较小，产品覆盖面较小。技术方面，我国相对落后，同世界先进水平相比，在研发和控制类的工业软件技术上均有了自己的技术和产品，但是与世界先进水平有明显差距，产品的性能、友好性和迭代能力等都较弱。

（二）产业发展面临的问题

目前，我国在 CAE 和 EDA 等工业软件领域的理论研究和应用技术已有所积累，我国已经开发出国际高水平核心算法，拥有较强的自主创新能力，有了不错的研究基础，也积累了一定的人才储备；但国产软件技术水平落后，在与进口软件的竞争中处于劣势地位，同时面临发达国家的技术封锁。总体上看，我国工业软件发展的问题可以归结为内忧外患、基础薄弱、环境不好，处于行业发展的恶性循环之中。内忧是指自身实力不强，外患是指国外企业的战略性竞争，基础薄弱是指近年来缺少持续的研发导致工业软件开发能力弱，环境不好是指工业企业缺少使用国产工业软件的习惯。

1. 工业软件的基础薄弱

我国工业软件在投入、技术水平、知识积累和市场开发方面均较为落后。具体表现为政府重视程度不够、研发投入低，工业企业的技术积累和工业知识的管理落后，国内企业市场占有率低，盈利水平不高。这导致了我国国产工业软件升级和维护水平不足；软件系统有核心功能，但辅助功能相对缺乏，开放性和二次开发能力也较差；质量保障体系不够完善。

政府支持是夯实工业软件理论基础的重要因素，我国政府对工业软件的支持力度不足。进入 21 世纪以来，我国政府主要研发项目对工业软件的支持就非常之少。从研发支持角度看，863 计划、973 计划等在20世纪80、90年代对我国工业软件相关研究尚有一定的支持力度。但20世纪末之后，863计划、973计划及之后整合形成的重点非研发计划都缺少对工业软件的支持。

我国工业生产，尤其是制造业发展中形成的大量隐性知识并没能积累和固化到工业软件中。工业企业对知识和积累的重视不足，导致了我国大量的工业生产、研发经验并没能转化为工业软件开发所需的技能和知识，工业数据很多，但没有注重积累，没有形成在工业软件中可用的资源库。同时，资金、人才、政策、市场等工业软件成功的必备要素缺乏也使我国的工业软件弱势同工业的相对发达形成了鲜明的对比。

相关研究成果的转化不足。我国工业软件的相关研究基础相对扎实，但能够进入市场的商业化相对落后。CAE软件产品以计算力学为基本的理论基础，我国在计算结构力学、计算流体力学、计算电磁学等学科上基本与国际同步，部分技术还居于国际领先地位。随着制造业发展和计算科学理论进步、我国科研实力的不断提升、制造业的转型升级，国产CAE软件得到良好发展的潜力也越来越大。我国CAE发展的理论基础相对坚实，在理论算法上与国际发展同步并持续发展。多年来，国内难以形成一款有广泛市场占有率的、有丰富工程应用实例的CAE软件产品。国外软件由于已经被大规模工程应用了十几年甚至几十年，已经有大量工程项目从侧面验证了软件的准确性。与之相比，国内软件公司普遍缺乏软件准确性的工程验证条件，仅在研发过程中使用一些验证性算例与国外软件进行了对标，很难证明自己的软件针对所有问题的分析结果全部安全可靠。过去，我国CAE软件的开发由于产学研结合滞后，未能成功走上集成化、产业化发展道路，逐步被欧美国家甩在后面。20世纪90年代以来，欧美CAE软件大规模进入中国，以至目前我国97%以上高端制造用户使用着国外CAE软件，甚至出现国内高校相关专业毕业生只会使用国外软件的局面。

2. 国外企业的竞争战略制造了较大的外部困难

工业软件市场的竞争高度国际化，20世纪80、90年代我国尚有一批工业软件具有一定的竞争力。但随着20世纪90年代国外优势厂商采取针对我国国产软件的战略性竞争行为，我国企业对本国软件的需求大幅下降，从而在二十多年的时间内导致我国国产软件面对较小的市场，难以获得利润进行滚动研发，最终与国际先进水平差距越来越大。

一是直接的限制销售，尤其是高端的工业软件和工业软件的高端版本。发达国家一直重视作为创新工具的CAX软件与系统，在其出口政策中实施差异化政策。对我国企业而言，主流CAE工业软件主要是进口的国外品牌，对于中小企业而言是“买不起”的奢侈工具，对于战略产业而言稍高端的模块则是“买不到”的禁运产品。以美国为首的发达国家在其出口管制中，将较高端的CAE软件技术视为“事关国家竞争力和国家安全的战略技术”，对我国始终保持技术封锁和贸易禁运，导致我国国防和高端装备的研发设计必须依托国外CAE软件进行。我国无法得到进口软件的源代码，不具备二次开发或底层算法修改能力，无法很好地嵌入我国工业信息化体系中。由于核心技术受到封锁和垄断，高端CAE软件无法进口，导致计算精度及功能无法满足我国推动产业迈向中高端的技术创新需要。CAE技术可应用于产品生命周期的各个环节，每个环节所需CAE软件的计算精度与效率、功能各不相同。例如，STK是由美国Analytical Graphics公司开发的一款在航天领域处于领先地位的商业分析软件，支持航天任务的全过程，包括设计、测试、发射、运行和任务应用。目前STK最高版本是11.0，但美国商务部将其列入限制出口的高科技产品名单，从 7.0 版开始对我国禁运。

二是通过无偿捐助等方式培养大量用户，增加用户黏性，阻止潜在的竞争者。一些国外领先公司为相关高校和企业提供低价甚至是无偿的软件使用。一方面，通过免费的方式培养了企业用户的良好使用习惯和用户黏性，同时增加了用户换用国产软件的转换成本，成功将众多潜在客户发展成为长期客户。另一方面，通过为高校免费提供软件，在我国高校相关专业的人才培养中造就了大批适用于自身软件系统的人才，这些人才走出校门后有更大的概率使用其长期学习从而习惯的软件。

3. 企业对国产软件的使用存在困难

工业软件具有较高的个性化特征，既体现在不同行业的工业软件、不同流程的工业软件职业，也体现在针对同一行业、同一流程由不同软件公司开发的软件之间。由于进口软件长期在我国占据绝对优势的市场份额，因此我国大部分工业企业的研发、管理等人员熟悉国外工业软件，对国产软件不熟悉，也不乐于使用国产软件。

4. 专业人才严重匮乏

工业软件产业的人才需求是高度复合型的，既需要了解工业生产，又需要懂得程序设计。我国目前专业人才匮乏的主要原因有两个，一个是复合型的人才本身稀缺，另一个是为数不多的人才还存在流失。

21 世纪以来，我国软件产业发展很快，软件外包在国际市场上占有较大份额。目前，我国软件从业人员多，从软件架构、程序实现、底层数据库，到数据交互、中间件技术等方面均有丰富的积累。作为工业软件性能和运算的基础，计算机软硬件的发展为我国自主知识产权的 CAE 软件发展提供了重要支撑。例如，我国已经在 CAE 软件理论研究与开发上有了一定的专业人才储备。在我国 CAE 产业起步和发展的这几十年中，培养和积累了一批可用的专业人才。但是相对于整个工业软件产业的需求，人才供给仍显不足。例如，EDA 产业属于智力密集型产业，对专业人才的依赖性非常高，但我国专业人才短缺。人才培养方面，现行的教育体系能够提供直接进入 EDA 行业的人才数量难以支撑产业快速发展。

软件业与制造业发展不平衡。同样是软件开发，工业软件对编程人员要求比普通软件要高，提供的薪水却不如普通 IT 企业。这在很大程度上是由于我国工业软件企业处于产业的中低端，能够获得的收入和利润较低，无法为编程人员提供有吸引力的薪酬待遇，而工业软件业的人才普遍可以进入 IT 行业或互联网行业，从而获得非常高的薪酬。

三、工业软件发展的国际经验

从全球来看，工业软件发展领先的均为发达国家。在全球工业软件市场中，美国公司整体实力最强，IBM、Oracle、Microsoft Dynamics、GE Digital、罗克韦尔自动化、Autodesk、PTC、ANSYS 等均是本领域领先的工业软件企业；德国作为制造业强国，也有 SAP、西门子、Software AG、EPLAN 等知名企业；排名第三的法国则拥有达索系统、施耐德电气和 Lectra 等，尤其在研发设计类工业软件方面优势明显。

（一）政府研发资金支持和企业的持续研发投入

工业软件是高投入的产业，尤其是在研发环节，需要持续的大量资金投入。发达国家的政府以研发项目的形式为企业提供了资金支持。工业软件是应用于工业研发和生产过程的软件，是产业化的应用软件，但其基础离不开相关领域的基础研究，主要是电子信息领域。国外工业软件从诞生到发展壮大，在其关键成长过程中都得到了官方机构的扶持或政府基金注入。美国作为工业软件最为发达的国家，其政府长期以来对电子信息领域的基础研究通过政府出资科研项目的方式给予大力支持。例如 NASTRAN、I－DEAS 等著名 CAE 软件最初皆由美国国家宇航局（NASA）开发和资助。此外，美国政府通过国家战略投资计划投资了众多科学计算基础设施，实施了大量产业培育举措，这是 CAE 产业最早在美国得到蓬勃发展的一个重要因素。在国家战略层面，美国把科学计算和建模仿真作为服务于国家利益的关键技术，持续进行资助支持。在获得政府资助的同时，美国企业自身也持续投入大量资金用于研发。以 CAE 软件为例，其要求有各种实践经验和大量隐性的知识和判断，需要海量的投入，全球最大的 CAE 厂商美国 ANSYS 每年的研发投入在 3 亿美元左右，也就是每年投入 20 亿元人民币。

（二）发展阶段通过并购提升竞争力

对整个行业而言，研发投入是技术进步和竞争力提升的核心；但对于领先企业而言，并购获取新技术则是重要的方式。进入 21 世纪以来，仅 ANSYS、达索、MSC、ESI 和西门子 5 家厂商就并购了 100 多家企业。

以全球领先的达索系统公司为例，该公司的发展历史中通过并购增强实力的事例非常多。2005 年，法国达索公司连续收购多家企业扩充自己的产品线，收购 HKS 公司创建 SIMULIA 品牌，建立了系统仿真的核心平台。2013 年，达索收购 FE Design 公司，FE Design 是产品开发前端的设计优化解决方案开发商，拥有结构和流体领域无参数优化解决方案；收购 Safe Technology，该公司是疲劳仿真技术的领导者，提供产品耐久性预测解决方案；同年，收购 Simpoe 公司，该公司是塑料注塑仿真技术的领导者。2016 年底，达索收购 Next Limit Dynamics 公司，该公司是全球高度动态流体场仿真领域的领导者，其解决方案适用于航空航天与国防、交通运输与汽车、高科技、能源等行业。2017 年，达索收购 Exa 公司，该公司是产品工程仿真软件全球创新企业。从达索系统的并购历史分析，其不断利用并购扩张和融合产品，提升自身战略能力。近年来，更是出现了通过并购从制造领域进入工业软件行业的例子。2007 年 5 月，德国西门子股份公司以 35 亿美元完成了对美国 UGS 公司的收购，从一个工业公司一跃变成了世界领先的工业软件公司，其后又开发出了包含产品生命周期管理（PLM）软件、应用程序生命周期管理（ALM）软件、制造运营管理（MOM）软件、电子设计自动化（EDA）软件，以及工业物联网平台 MindSphere 的低层支撑和上层的 SaaS 应用。

（三）利用先发优势锁定用户，提高行业门槛

工业软件产业是先发优势明显的行业，在位企业也通过多种措施防止潜在的竞争者进入。在工业软件产业中，领先企业通过增加用户黏性、培养潜在用户、提高进入者竞争成本等方式提高门槛。而由于在位企业往往是国外企业，这也导致这些手段很大程度上限制了我国工业软件产业的发展。例如，某跨国工业软件企业曾经选择车辆与机械专业领先的工科高校，赠送数百套工业软件，用这些高端成熟的工业软件培养出来的工科人才，必定是熟悉这些软件的人才。

四、促进工业软件产业发展的建议

我国工业软件产业的发展劣势是长期的研发投入低、知识积累少等因素造成的。由于工业软件与工业生产相互促进和迭代的关系，我国工业软件的发展面临着较大困难，难以在短期内实现超越，需要体制机制和政策层面的支持。需要构建良好的发展环境，配合适当的政策工具，推动产业扎实向前，一步一步增强国产工业软件的竞争力，为我国制造强国建设提供强有力的动力。短期内通过适当手段迅速丰富我国企业产品线，提高我国企业研发能力；在国家重点研发计划等财政支持的研发项目中加大对工业软件的研发资金支持，为企业研发提供更多的资金资助。长期来看，制定更有利于工业软件发展的政策机制。培育良好的产业应用环境，形成适合工业软件产业发展的整体环境；出台促进工业软件使用的政策，打击盗版行为；推动产业内兼并组合，促进形成业务环节更齐全的企业；加强人才培养，鼓励企业与高校合作培养人才。

（一）创造有利于国产工业软件发展的制度和政策环境

加强知识产权保护，严厉打击工业软件盗版行为。知识产权对含有知识成果的无形资产至关重要，工业软件具有很高的技术含量，也是知识产权的载体。计算机软件在我国目前的知识产权保护状况下极易被侵权，过去我国国产工业软件也曾由于侵权频发而陷入发展困境。因此，我国应强化计算机软件的保护力度，为工业软件产业及其他计算机软件产业的发展创造良好的竞争环境。开展针对盗版工业软件的强有力行动，对使用盗版软件的企业，一旦查实从严处罚。

（二）加强专业人才的培养和引进

第一，在高校相应的专业中设立针对工业软件系统的课程，在普通全日制高等教育的计算机科学与技术专业和软件工程专业等相关专业增设 CAX 和 EDA 等软件与系统的课程。高等院校是培养人才尤其是高技术人才的主要机构，在高校开设相关专业和课程是培养专业人才最重要的途径。鼓励企业与优势高校合作，进行有目的的专业人才培养，通过联合培养等方式，使优势高校中相关专业的学生在就读阶段就有一定的基础，能够更快适应工业软件产业的工作。

第二，开展工业软件产业相关培训，壮大具有工业软件使用能力的人才队伍。除高校培养外，社会培训也是培养人才和提高人才技术水平的重要途径。为加强工业软件系统与专业的人才培养，对工业软件产业从业的相关人员尤其是技术人员进行培训，提高在职人员的职业素养和技术水平。

第三，通过科研项目支持，构建多层次的研发队伍。在国家自然科学基金及其他财政支持的研发项目中设立工业软件项目，资助对相关的基础性领域开展研究。培育和发展企业，构建企业研发人才队伍，鼓励企业开展相关研究，适当设立横向课题，积极鼓励高校、科研机构基于国产工业软件开展教学与科研任务。

（三）推广应用工业软件，实现良性互动

在促进企业使用工业软件方面，协调政府有关部门加大对国产工业软件的宣传力度。虽然制造业企业对工业软件的使用已经相对普及，但是对国产软件还是存在一定的不信任。应组织相关推广活动，着力纠正国内市场及用户对国产工业软件认识的偏差。

在促进企业对工业软件的反馈方面，通过行业协会或企业联盟，

促进企业及时将应用工业软件中出现的问题进行反馈，并鼓励其将生产、研发中积累的经验传授给软件企业。在工业企业和软件企业间形成良性的互动关系，以工业企业提升工业企业的信息化水平，提高创新和生产、管理的效率，以工业软件的经验、技术和知识丰富及强化工业软件，提升工业软件的性能。

执笔人：杨　超

参考文献

[1] 孙东印，司建明，李郁．综述 CAE 技术的发展和应用．现代制造技术与装备，2011（2）
[2] 叶修梓，彭维，唐荣锡．国际 CAD 产业的发展历史回顾与几点经验教训．计算机辅助设计与图形学学报，2003 - 10
[3] 潘云鹤，孙守迁，包恩伟．计算机辅助工业设计技术发展状况与趋势．计算机辅助设计与图形学学报，1999，11（3）
[4] 兰芳，覃波，梁艳娟．产品创新工具——CAI 技术研究．装备制造技术，2008（4）
[5] 丁小宝，谢庆生，李少波，李杰．CAD/CAE 技术应用公共服务平台运行机制研究．中国管理信息化，2010，13（14）
[6] 邱栋，徐志梁．CAE 的发展及其在产品设计中的应用．家电科技，2004（4）
[7] 张芸，秦俊荣，程自力．我国 CAE 产业发展综述．中国信息科技，2010（15）
[8] 雷亚勇，张韫韬，刘鑫．CAD/CAE/CAM 的协同发展研究．机械工程与自动化，2008（4）
[9] 王定标，向飒，郭茶秀．CAD/CAE/CAM 技术的发展与展望．矿山机械，2006，34（5）
[10] 王洁，李铁军．CAPP 的发展趋势．辽宁工学院学报，2007，27（1）
[11] 王细洋，万在红．CAPP 的关键问题及其对策．制造业自动化，2000，22（2）
[12] 杨亚楠，史明华，肖新华．CAPP 的研究现状及其发展趋势．机械设计与制造，2008（7）
[13] 陈永府，王峰，朱林，陈立平．CAPP 发展趋势及面临的问题．计算机工程与设计，2004，25（5）
[14] 李惠云，徐燕申，李树杭，周同田．CAPP：概念、现状、存在的问题及发展趋势．河北工业科技，2000，17（2）

专题报告六

新材料产业发展与创新政策转型

新材料是许多相关领域技术变革的基础，也是电子信息、新能源、航空航天和生物医药等高技术产业发展的先导。当前，我国新材料技术在基础研究与应用上尚未取得重大突破，尤其是缺乏原创性突破，部分高端产品仍受制于人，但也面临科研范式重大转变、下游需求迅猛增长等重大机遇。因此，必须把新材料产业放在更加突出位置，深入分析新材料领域技术追赶中存在的主要问题、技术创新面临的体制机制障碍，为新形势下我国创新政策转型提供相关政策建议。

一、新材料产业发展的趋势特征与创新模式

材料是人类赖以生存和发展的物质基础。随着基础科学不断突破，新材料结构功能一体化、材料器件一体化、复合化等特点更为明显。新材料已经成为世界各国科技发展战略的重要组成部分，与信息、能源一起被称作21世纪的三大支柱产业，对于提升国际竞争优势、培育和发展新型产业具有重要作用。

（一）新材料的概念及分类

新材料也称为先进材料，它是指新出现的具有高效性能或特殊功能的材料，或是传统材料改进后性能明显提高或具有新功能的材料。由此可见，新材料与传统材料之间并没有截然分界，新材料在传统材料基础上发展而成，传统材料经过组成、结构、设计和工艺上的改进，从而提高材料性能或出现新的性能，这些都可发展成为新材料。新材料品种类型众多、应用领域广泛，现有分类还不能穷尽所有材料，也未有统一的分类标准。根据已有研究整理，主要有三种分类。

从技术角度看，按结构组成分为金属材料、无机非金属材料、有机高分子材料和先进复合材料；按材料性能分为新型结构材料和新型功能材料，其中，新型结构材料是以力学性能为基础、制造受力构件所用的材料，新型功能材料是具有优良的力、热、光、电、磁、声学或生物医用功能的新材料。

从产品用途看，根据《中国新材料产品与技术指导目录》，主要包括新型金属材料、新型建筑材料、新型化工材料、电子信息材料、生物医用材料、新型能源材料、纳米及粉体材料、新型复合材料、新型稀土材料、高性能陶瓷材料、新型碳材料、新材料制备技术与设备等。

从学科方向看，着眼于2021～2035年国家中长期科技发展规划及学科布局，主要包括基础金属材料、基础非金属材料、先进复合材料、光电信息材料、能源材料、环境材料、交通与运载材料、生物医用与生物功能材料、通用加工材料、材料交叉颠覆性创新与前沿材料。

从政策指导看，《国民经济和社会发展第十三个五年规划纲要》《新材料产业发展指南》等文件中主要涉及先进基础材料、关键战略材料和前沿新材料。《国务院关于加快培育和发展战略性新兴产业的决定》中将新材料分为新型功能材料、先进结构材料、高性能纤维及复合材料和共性基础材料。

（二）新材料产业特征及发展趋势

许多发达国家将新材料作为未来研发的优先事项，在国民经济发展中的作用逐渐从基础性、支撑性向颠覆性、引领性转变。由于新材料产业发展容易受到下游应用场景的制约，研发成果快速投入大规模使用的情况很少，因此总体上呈现前期投资大、中间环节多、转化周期长等特点。随着基础科学不断突破、相关技术快速发展，越来越呈现交叉融合、相互促进的趋势，对于推动传统产业技术提升和产品更新换代具有重要作用。从新材料技术创新和产业发展趋势看，主要呈现以下显著特点。

第一，新技术变革加速了新材料研发应用进程。在新一轮产业变革中，以人工智能、量子计算为代表的先进信息技术，以固态锂电池、氢燃料电池为代表的新能源技术等，其发展突破都离不开新材料研发。随着超级计算机、大数据、人工智能、量子计算等先进信息技术发展，新材料研发过程正在产生显著变化，新材料科学研究范式也面临深刻变革。比如，材料基因组、量子化学等方法可为新材料研发提供海量结构化数据，人工智能技术可从海量数据中迅速找到因果关系（见图1）。这些相关技术的应用推广，使得新材料研发周期大幅缩短，制备成本显著下降，前沿技术路线选择多元化。

由此可见，新材料正以一种新生产方式不断涌现，而这种不可预测性基于已有材料基础结构性能的突破、前沿技术路线选择的风险，以及从技术实现到商业化的时间。《材料科学》一项关于新材料商业化的研究表明，新材料技术实现商业化的时间平均在10年以上（见表

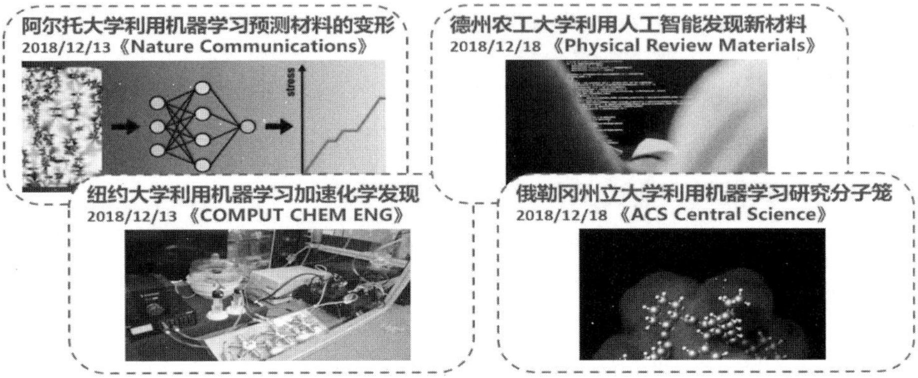

图 1　人工智能变革新材料的研发模式

资料来源：转引自宫学源（2019）。

1)，与生物科技相近，但远高于软件技术。新材料技术实现商业化 R&D 投入约为软件技术的数倍到数十倍。

表 1　软件、生物技术和新材料技术的商业化时间、成本和不确定性比较

类　别	商业化时间	R&D 投入（百万美元）	商业化成本（百万美元）	技术不确定性	市场不确定性
软件技术	0 ~ 2 年	0 ~ 3	1 ~ 10	低	中
生物技术	10 ~ 15 年	5 ~ 10	300 ~ 900	非常高	中
新材料技术	5 ~ 15 年	2 ~ 20	50 ~ 500	高	高

资料来源：NatureMaterials，2016，15（5）：487 ~ 491。

第二，新材料细分行业发展驱动因素不同。新材料种类繁多，且处于产业发展的不同阶段，其内在潜力和市场规模需要从技术创新成熟度分类识别。一是标准引领实现高质量发展。石墨烯产业在经历了爆发式扩张后遇到的问题对标准设定提出了更高要求。英国国家物理实验室领导制定并出版了全球首个石墨烯国际标准，为石墨烯的测试和验证提供了依据和标准。根据 BCCResearch、中国科学院等不同机构预测，全球石墨烯材料的市场规模将在 2023 年超过 13 亿美元，其应用市场在 2020 年可能突破 1000 亿元人民币。二是集中攻关抢占未来市场先机。信息产业飞速发展对半导体行业提出了更高的要求，二维半导体、第三代半导体等技术仍不够成熟，各国都亟待在这一基础领域取得革命性突破。比如，美国、韩国近年来实施的集中攻关研发计划旨在进一步加强新一代半导体材料和相关工艺技术研发，有望在2025年前实现半导体材料和器件更新换代。三是政策倒逼促进相关材料行业快速增长。节能减排的政策驱动对车用新材料产生了重大影响。在车体轻量化材料方面，高强度钢、镁铝合金、碳复合材料、长纤维增强材料等各种新材料自身性能持续提升。在新能源材料方面，相关的正极材料、负极材料、电解液、隔膜等锂电池材料也将持续增长，氢燃料电池应用也是一个不可替代的并行技术路线，相关材料有望在未来进入快速增长的轨道。

第三，新材料产业国际市场垄断日益加剧。目前，发达国家在新材料产业中仍占据领先地位，龙头企业凭借其技术研发、资金和人才等优势不断向新材料领域拓展，主要集中在美国、欧洲和日本。其中，美国全面领跑，日本在纳米材料、电子信息材料、先进复合材料等领域具有优势，欧洲在结构材料、光学与光电材料等方面有明显优势。这些国家和地区的科技产业核心竞争力主要集中在上游“材料+装备”环节。从长期发展看，新材料产业逐渐呈现横向、纵向扩展，上下游产业联系越来越紧密，产业链日趋完善，形成了新的产业战略联盟，有利于产品开发与应用拓展的融合，但由此也会形成寡头垄断。一些龙头材料企业通过并购、重组及产业生态圈构建，整体把控全球新材料产业优势格局（见表2）。

2019年7月，日本经济产业省宣布对韩国实施出口贸易管制，首当其冲的就是聚酰亚胺、光刻胶和氟化氢3种涉及半导体器件和显示面板生产的材料，给韩国三星、LG、SK带来极大冲击。半导体产业

表 2　　新材料产业部分领域产品市场分布

产业领域	市场分布情况
稀土功能材料	中国稀土功能材料产量约占全球份额的 80%
半导体硅材料	信越、SUMCO、Siltronic、SunEdison 等企业占据国际半导体硅材料市场份额的 80% 以上
12 寸晶圆	日本、美国 5 家企业占全球 12 寸晶圆产量的 90% 以上
碳纤维	日本、美国、德国 6 家企业占全球碳纤维产能 70% 以上；小丝束碳纤维的制造基本被日本东丽纤维公司、东邦公司、三菱公司和美国的 Hexel 公司所垄断
液晶背光源发光材料	日本 3 家企业占全球液晶背光源发光材料产量的 90% 以上

资料来源：根据公开资料整理。

强大之如韩国，都难以避免在原材料上被日本“卡脖子”，面对出口管制显得非常脆弱。日韩半导体贸易摩擦事件的出现，更加证明了上游“材料 + 装备”在保障国家科技安全方面的重要性（见图 2）。

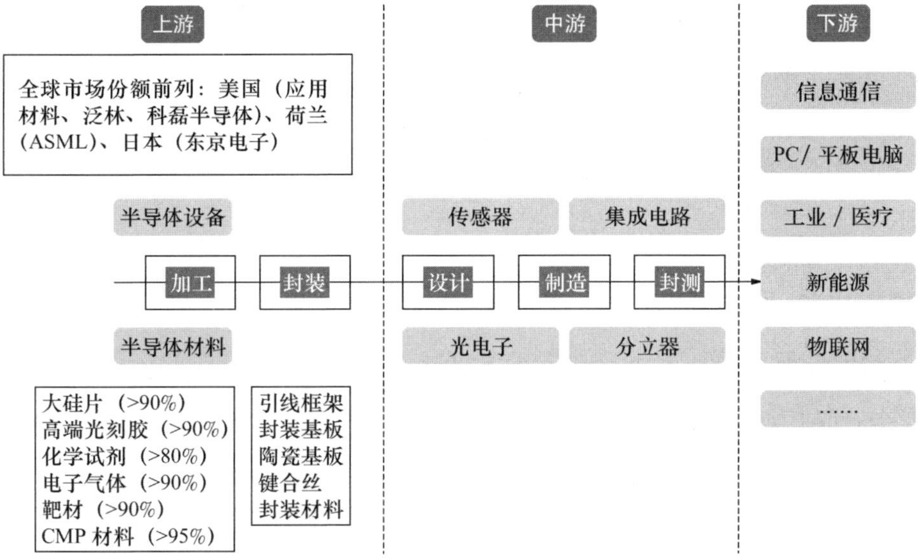

图 2　半导体产业链示意图

第四，新材料产业发展关键在于概念期和导入期。根据典型的产品生命周期划分，可以分为概念期、导入期、成长期、成熟期和衰退期五个阶段。其中，处于概念期与导入期的新材料产业，由于研发成本高、销售集中于少数高端客户，往往投资周期长，市场空间需要不断开拓，投资高风险高收益并存。目前，许多已经占据较大市场份额的龙头企业加大对概念期和导入期的产业投资力度，比如燃料电池、记忆合金、石墨烯、3D 打印等，以期抢占高端基础材料制高点（见图 3）。可以预见，新材料领域将面临更高的技术壁垒，消化吸收再创新模式对于拓展下游市场具有重要作用，但向上游市场迈进的空间逐步收窄。

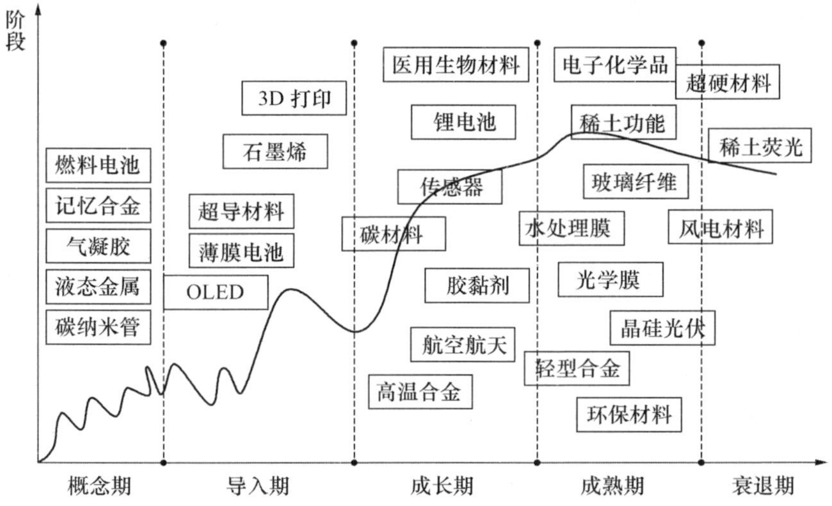

图 3　新材料产业生命周期不同阶段分布

资料来源：最有料在线（ID：XM－ZYL）。

（三）新材料技术创新模式与制约瓶颈

新材料是各个产业链中处在最上游、技术壁垒最高的部分。因此，需要从材料基本属性出发，不断拓展其衍生属性。《〈中国制造 2025〉重点领域技术路线图》显示，新材料主要分为先进基础材料、关键战略材料和前沿新材料三大类，是连接自然科学规律与物质世界的重要桥梁。综合已有研究分析，当前新材料产业技术创新主要有以下几种模式，大致遵循“供给侧引领—供需侧驱动—需求侧牵引”的路径（见表3）。

表3　　不同技术创新模式下新材料产业发展

创新模式	技术差距	市场发展前景	主要制约瓶颈
前沿突破	稳定性能	多行业领域应用装备	多方力量分散投入
数据驱动	应用范围	数字化工程应用平台	专业数据分析人才缺乏
需求牵引	迭代更新	产业链带动关键部件	共性支撑平台较弱

供给引领下的前沿突破。技术组合是新技术的潜在来源，这就需要多学科、多技术领域的高度交叉和深度融合，快速实现技术经验积累和重大理论突破。对于前沿突破形成的技术创新，主要是基于新材料基本属性的改变或衍生属性的拓展，由此产生一批前沿新材料。它更多依靠产学研深度合作，通过有效发挥高校在基础研究、科研院所在专业技术研究、企业在生产制造方面的优势，促进新材料技术创新各要素间的整合。这种模式主要适用于代表材料科技发展方向、复合材料交叉颠覆性创新、具有广阔市场前景的新材料，具有“科技引领”特征，包括超导材料、智能仿生材料、石墨烯材料等。

供需驱动下的快速迭代。技术迭代是产品更新升级的关键，通常以改善材料性能、缩短研发周期、加速工程化应用的方式实现，而以大数据、云计算、人工智能为代表的新一轮信息技术正成为推动新材料产业技术创新的重要驱动力。对于快速迭代形成的技术创新，只是针对新材料的研发验证和试验数据的预测模拟，并不影响材料自身属性，主要通过构建新材料模拟、研发、试验大数据平台，运用计算材料学和可共享的材料数据库加速新材料研发和工程化应用。这种模式主要适用于材料基因组技术，以及轻量、高温、高温超导、热电、磁性及热磁、相变记忆存储六类高性能合金材料。

需求牵引下的融合创新。技术是在社会需求牵引下形成的，包括民用和军用两类需求，它们来自长期实践经验，更容易在知识交换和市场应用中产生。对于需求牵引形成的技术创新，大多是根据新材料性能需求进行反向设计，通过新材料研发先期导入，将上下游企业紧密联系在一起，或者是通过“军转民”“民参军”或者“军民共建”等方式，实现新材料研发设计与工程应用的有机统一、军事技术和民用技术的深度融合。这种模式主要适用于保障国家重大战略需求的关键材料，具有“一需多材”特征，包括先进半导体材料、新型显示材料、新能源材料、高性能分离膜材料、高端装备用特种合金，以及人工晶体、生物医用材料等。

此外，还有一类以资源为依托的先进基础材料，它具有“一材多用”特征，多为传统材料中的高端部分，比如，先进钢铁材料、先进石化材料、先进有色金属、先进建筑材料等，但其发展往往走规模扩张的老路，过度依赖需求侧的投资驱动，缺乏技术创新。从今后一段时期看，这类技术创新可能是上述三种模式的组合，既要有广阔的市场需求导向，也有数据库知识库的平台支持，还可能存在材料自身的属性变化，同样需要引起高度重视。

二、近年来我国新材料产业发展的总体进展

改革开放40多年来，国家通过对材料科学领域系统部署，已初步形成全球门类最全、品种与产量规模第一的材料产业体系，区域创新要素布局日趋合理。特别是“十三五”以来，新材料产业对重大工程装备的综合保障显著增强，有力推动了国民经济发展和国防科技工业建设，是整个制造业转型升级的重要支撑。

（一）科技创新能力逐步增强，应用水平显著提升

新材料在重大技术研发及成果转化中的促进作用日益突出。新材料领域的国家重点实验室、国家工程（技术）研究中心、企业技术中心和科研院所实力大幅提升，一批国家级制造业创新中心、技术创新中心相继成立。石墨烯、超材料、高熵合金等前沿材料领域取得积极进展，稀土永磁动力系统取得重大突破，人工晶体等部分产品处于“并行”甚至“领跑”国际先进水平。“十三五”时期，随着新材料产业技术和创新能力不断提升，我国第三代半导体、稀土永磁材料、高性能纤维及复合材料、大飞机用铝锂合金、大尺寸石墨烯薄膜、高品质高温合金等一批重点品种的生产应用水平显著提升，为我国海洋工程、航空航天、新能源轻量化汽车、物联网、高速铁路等战略性新兴产业发展和重大工程项目的实施提供了核心关键科技支撑。

（二）协同平台框架初步搭建，创新体系不断完善

新材料生产应用协同平台相继建立，以应用需求为牵引的材料研发机制逐步完善。截至2017年底，国家新材料生产应用示范平台、测试评价平台、资源共享平台等三类平台建设方案已正式印发并启动建设。有关部门已完成核材料、航空材料、航空发动机材料、新能源汽车材料、先进海工与高技术船舶材料以及集成电路材料等6个生产应用示范平台，1个测试评价平台主中心，钢铁新材料、电子新材料、先进无机非金属材料、稀土新材料等4个行业中心和1个新材料产业资源共享平台招投标工作，重点平台建设正在稳步推进。

（三）人才队伍不断壮大，学科建设整体水平大幅提升

据不完全统计，我国材料领域目前有各类研发科技人员达115万

人、两院院士220余名，各高校每年材料类本科毕业生4万余人、硕士和博士毕业生1万余人。全国材料科学与工程学科授权点208个、博士学位授权点92个、硕士学位授权点116个。已有30所高校的材料科学与工程学科入选国家“双一流”学科建设，位居所有学科前列。全国共有116所高校或研究机构的材料学科进入世界ESI学科排名前100名。2018年，我国材料领域发表论文量高，被引科技论文增长率、专利申请量均处于世界第一，世界上高学术影响力的华人科学家逐渐增加。

（四）区域布局日趋合理，产业集聚效益不断增强

“十三五”时期，各地依托优势特色资源，新材料区域产业集群呈现良好发展态势，初步形成若干产业集群和产业集聚区，从追求大而全向高精尖转型，同时也加速了产业链向上下游逐渐延伸，由此带动相关配套产业发展。北京、深圳、上海、苏州已经成为国内四大纳米材料研发和生产基地，京津地区、内蒙古包头、江西赣州及浙江宁波等地成为稀土钕铁硼材料的主要生产基地。武汉、长春、广州、厦门成为光电新材料的主要产业基地。此外，西部地区基于原有产业基础和资源禀赋，大力发展与本地区优势相关的新材料产业，一批特色鲜明的新材料产业基地已粗具规模。

（五）数据驱动与材料基因组工程稳步推进

随着科技进步和产业发展需求，新材料逐步走向高端化、精细化，面临超高纯度、超高性能、超低缺陷、高速迭代、多功能、高耐用等多种严苛性能要求，低维化和复合化、结构功能一体化、功能材料智能化、材料与器件集成化、制备及应用绿色化趋势明显。以“材料基

因组”为代表的新材料智能化研发生产新理念、新技术已成为各国关注的焦点。2016 年 2 月，科技部发布了关于国家重点研发计划高性能计算等重点专项，正式拉开中国“材料基因组计划”发展大幕。中国“材料基因组计划”启动“材料基因工程关键技术与支撑平台”重点专项，共部署 40 个重点研究任务，实施周期为 5 年，其中 2016 年当年就启动 14 个专项研究任务。目前，上海大学材料基因组工程研究院、北京材料基因组工程高精尖创新中心，以及北京大学、上海交通大学、西安交通大学、中南大学、北京工业大学、华东大学、深圳大学等已经开展相关研究实践工作。此外，部分新材料企业也开始探索数字车间、智能工厂建设。

（六）细分行业优势逐渐凸显，新材料行业产值迅猛增长

我国新材料产业发展水平虽然整体落后于发达国家，但在一些细分行业优势逐渐显现，稀土功能材料、先进储能材料、光伏材料、超硬材料、有机硅、玻璃纤维及其复合材料等产能位居世界前列，其他落后领域也在加速追赶。近年来，我国新材料产业整体规模由 2010 年的6500 亿元增长至 2018 年的 4. 08 万亿元，年复合增长率超过了20%。预计到 2020 年，我国新材料产业总产值将超过 6 万亿元。以部分细分行业为例，2016 年，全球半导体材料规模为 443. 2 亿美元，同比增长 2. 4%，我国半导体材料规模达 65. 3 亿美元，同比增长 7. 3%，在全世界各地区中增速最高。2017 年，中国碳纤维需求总额为 5. 68 亿美元，占全球 24. 2%，需求量约 2. 3 万吨，而产量仅约为 0. 5 万吨，供需缺口巨大。根据 2017 年 A 股上市公司数量统计，新材料行业上市公司超过 400 家，其中，先进基础材料企业有 252 家，关键战略材料有 136 家，前沿新材料有 31 家。

三、我国新材料产业发展存在的主要问题与瓶颈

新材料产业发展环节多、周期长，技术复杂性高，具有很高的不确定性，对政策的依赖性强。目前，无论是创新能力还是竞争实力，我国都与国际先进水平存在较大差距，关键材料“卡脖子”问题还广泛存在。2018 年，工信部对全国 30 多家大型企业 130 多种关键基础材料调研结果显示，32% 的关键材料在中国仍为空白，52% 的高端材料还严重依赖进口。这与世界第一原材料工艺大国的地位不相匹配，也不能很好支撑我国门类齐全的工业体系。总体来看，目前已有的政策支持碎片化、分散化还较为突出，新材料产业诸多“卡脖子”领域难以获得足够支持，保障机制难以适应新材料产业发展的要求。

（一）新材料领域国家战略科技力量尚未形成

由于缺乏先导性技术支撑，我国先进材料发展起步晚，研发投入、技术储备、共性技术供给不足等问题十分突出，以国家重点实验室为代表的国家战略科技力量还比较分散，缺乏有效的竞争机制。主要表现在：其一，新材料实验室规模偏小、学科方向分散，战略重点体现国家重大需求不够，产生具有世界影响力的原创性成果能力不足；其二，材料领域实验室之间以及与生命、能源、信息等领域实验室之间交叉不足，由于长期以来形成的竞争性考核机制，使得实验室之间竞争多于合作，为了争取某个项目一拥而上，存在同质化发展现象；其三，学科类实验室与企业类实验室、军民共建类实验室之间合作共赢不够，创新资源条块分割严重。相比之下，美国的国家实验室规模大，平均一个实验室有 1 万名研究人员，竞争性经费占比为 50% ~60%，

注重每个点上的原始创新，基本依靠博士团队完成，提倡实验室之间协同攻关，并在考核机制上予以保障。

（二）产业共性技术研发与支撑能力相对较弱

产业共性关键技术是提高自主创新能力的基础。目前，我国大多数行业没有专门的产业共性技术研发机构，共性和前沿技术研发缺乏良好的资源配置与持续有效投入，无法在技术源头上支撑自主创新。新材料产品成套技术不完备，虽然在一些单项技术取得了世界领先地位，但由于缺乏协同创新，许多成套技术不得不依赖进口，从而导致国产新材料产品无法进入成套技术体系，极大地减少了在其他领域的应用。我国新材料还没有形成大批具有自主知识产权的材料牌号与体系，缺乏符合行业标准的新材料结构设计—制造—评价共享数据库。

例如，在高性能纤维及复合材料生产过程中，由于关键技术控制节点较多，需要从原料、设备、关键工艺等多个角度进行突破，以保证产品的稳定性和系列化。尤其是在高性能纤维高端应用领域的关键制备技术、低成本化制备技术、关键制备设备等重要环节，共性技术研发和自主知识产权体系还没有建立，大多还处于割裂状态，高校、科研院所、政府平台的共同创新体系尚未形成。

（三）“重科研、轻应用”现象严重影响新材料性能性价比

目前，我国新材料领域专利申请量已经位居世界前列，这与我国新材料产业研发能力不足、产品提升诸多短板无法突破形成强烈对比。比如，在人工晶体、高温超导、金属和碳纳米材料、超材料、仿生材料等方面，我国基础研究已处于国际领先行列，但实验室研发技术还不能批量化生产，生产出来的产品稳定性尚未经受检验。很多科

研工作者瞄准的是国外顶级期刊，对产业急需的核心材料却少有研究，研发与应用体系衔接不足是其中的重要原因。

同时还应看到，上下游企业之间的协作不够紧密，“研发—应用—反馈—再研发”机制不健全，很多产品虽然性能指标与国外产品一致，但下游企业缺少采购意愿，造成产品研发成本高、应用少的尴尬局面，进一步降低了企业持续性投入的积极性。比如，石墨烯在锂离子电池、新型显示、半导体器件等领域具有广阔应用前景，但还不能算作真正的商品，原因在于商业化应用的性价比不高，使用石墨烯能使电池材料等产品性能提高20%～30%，但成本却增加50%以上。

（四）生产应用结合不紧密导致有效应用牵引不足

当前，影响新材料产业发展的主要因素已经从过去的“无材可用”转变为“有材不好用”“好材不敢用”，生产应用结合不够紧密，缺乏有效应用牵引。材料应用企业不了解材料供应信息，材料的研发生产与设计、下游应用相脱节，材料指标与设计、应用标准不对应，导致生产出来的新材料无法使用，即“有材不好用”。还有部分性能优异的材料，下游用户或许是由于从未用过不放心，或是因为材料尚未经过长时间的应用验证和必要的资质认证不敢用，导致“好材不敢用”。比如，在航空航天、轨道交通、核电等涉及国计民生和重大安全的领域，普遍存在认证周期长、程序复杂等问题，制约了新材料的推广应用。

以先进复合材料为例，从原材料生产到复合材料制品，由于碳纤维复合材料制品缺乏大规模应用设计准则、评价方法、工艺装备，即高效制造装备缺乏、设计评价工艺缺乏，导致国内用户对复合材料制品“不敢用、不好用、不爱用”。这些复合材料制品广泛运用于飞机、轨道、汽车、风电、船舶、机床等领域。目前，碳纤维机械零部件缺乏理论研究和基础数据，应用中面临极大障碍，急需碳纤维机械零部件的系统性研究。此外，虽然碳纤维有制成品，但缺乏基础数据工艺参数，特别是零部件数据参数更难获取，所以无法保证材料质量一致性。

（五）过度依赖进口不利于形成协同创新生态体系

在国民经济发展所需的百余种关键战略材料中，有大约 1/3 依赖进口，比如高速列车车轮车轴、海洋工程用大口径无缝管、深海隔水管、集输系统用特种合金等。大约有一半的材料虽具备了一定的生产能力，但在性能、产量等方面还不能完全满足市场需求，比如高强度碳纤维、海工高强焊材、深海无磁钻铤用钢等。我国自主生产的产品受国外跨国公司打压情况还比较突出。比如，当一些碳纤维品种国产化后，碳纤维领域国际巨头东丽公司的相关产品马上降价，旨在挤压我国产品的市场空间。

新材料往往有多种功能，不同用途对材料质量有不同需求，生产过程中会形成高、中、低不同档次产品。因此，依靠单个企业很难发挥集中优势发展好新材料产业，需要各种类型的企业长期合作，加快材料应用验证。比如，充分发挥原材料行业骨干企业优势，利用骨干企业人才、资金、技术等资源相对集中的有利条件，做新材料领域技术创新排头兵。

四、促进新材料产业发展的国际经验比较

为适应新一轮科技革命和产业变革，世界各国竞相将新材料列为

战略竞争的重要组成部分，实行“研发一批、储备一批、应用一批”的材料先行战略。例如，美国“先进制造业国家战略计划”、欧盟“‘地平线2020’计划”、英国“英国工业2050”、德国“工业4.0”、俄罗斯“2030年前材料与技术发展战略”、韩国“2025年构想”规划等，这些专项支持计划与国家科技创新政策有机结合，对于推动新材料产业发展具有重要作用，以美国、日本、欧盟等为典型代表，它们在发展战略和具体举措上各有特点，也凸显新材料技术创新与其他行业的不同之处。

（一）美国：新材料战略与具体行动

美国将新材料列为影响经济繁荣和国家安全的六大类关键技术的首位，目前已形成较为完善的政策支持体系。2018年，美国白宫预算和管理办公室与科技政策办公室联合发布的备忘录显示，2020财年研发预算指南不仅更加强调国家安全，而且布局了许多新兴技术领域，重点支持先进材料开发与加工技术。总体来看，美国新材料产业创新发展得益于良好的科技管理体制，在白宫科技政策办公室（OSTP）专门设立材料委员会（COMAT），协调政府有关计划中的新材料研究与开发活动。以国防部和航空航天局的大型研究与发展计划为龙头，主要通过国防采购合同推动大学、科研机构和企业参与新材料研究与开发。

一是更加注重持续投入，强调直接支持与间接融资相结合。美国联邦政府每年资助的材料研究费用达上千亿美元，主要集中在新材料研发阶段，重点关注受资助单位商业化目标完成情况，并跟踪项目短期或中期成果。财政对新材料产业的长期稳定支持带动了民间资本，成熟的资本市场有效帮助了新材料企业跨越4～7级科技成果转化的

"死亡之谷"。比如，美国始终支持国家纳米技术计划（NNI），2011～2016年，美国纳米技术获得的风险投资金额达到25亿美元，而同期我国该技术获得风险投资金额仅0.02亿美元。与此同时，美国小企业管理局（SBA）以贷款担保和小企业投资等形式，把民间资本引入风险投资领域，有效改善了中小新材料企业的融资环境，间接融资支持成为新材料产业持续发展的重要支撑。

二是高度重视人才储备，坚持国内培养与国外引进相结合。美国联邦政府不仅大力培养高技术人才，鼓励外籍高科技人员长期留美工作，还积极引进海外高技术人才，为各类高技术人才提供良好的科研环境及一流的科研平台。特朗普政府多次强调STEM（科学、技术、工程和数字教育）的重要性，并期望实现对材料制造人才教育的全覆盖。为保持美国在高新技术领域的优势地位，还对移民政策和配额制度做出过重大调整。比如，美国在2019年提出了"高技术移民公平法案"，旨在取消职业移民和投资类移民绿卡申请国别配额，家属移民每个国家的签证配额上限从原来的7%增加到15%，充分显示出对引进高技术人才的重视。

三是加强知识产权保护，形成"自下而上"的标准制定机制。美国形成了一套比较完善的法律体系以保证新材料产业健康发展。比如，《发明人保护法》《乌拉圭回合协议法》《专利法》《商标法》《版权法》《不正当竞争法》等法律法规，为从事新材料产业研究的知识产权提供充分保护。建立覆盖国家、区域、行业、大学、联邦实验室等各层面的创新成果转化政策，美国商标专利局对保护新材料技术创新的知识产权起到了重要作用。美国国家标准协会采取"自下而上"的方式面向全球推动新材料领域标准化，从建议、起草、协议表决、批准到发行整个过程都有严格的流程，目前已有超过11000项国家标准。

四是建立完整的产业研发体系，强调链条式协同有序发展。美国建立了包括研发、产业化应用、配套服务在内的新材料研发组织体系，其中，研究机构、孵化器和大学技术转移办公室、非营利机构和企业等各个主体分工明确、协同有序，产学研用结合紧密，以实现国家目标为主要目的，共同推进新材料研究与发展。比如，在“材料基因组”计划中，首先提出国家安全、能源、人类健康和福祉等国家目标，然后立足于国家目标的实现，开始项目征集与讨论，并最终选定轻质现代金属材料、先进复合材料等重点发展领域，然后围绕选定的重点领域将相关的大学、企业、科研单位集中起来组建联盟，能源部、国防部、国家科学基金会、企业、风险投资等对联盟进行支持。

（二）日本：纳米和碳纤维材料技术研发战略

日本高度重视新材料技术发展，把开发新材料列为国家高新技术的第二大目标，相继出台《高技术产业的基础研究计划方案》《有机硅材料研究开发基本计划》《新的“科学技术政策大纲”》《超级钢材料计划》《日本产业结构展望 2010》《科技创新综合战略 2015》等行动计划支持新材料发展。总体来看，日本新材料政策是以工业政策为导向，重点是使市场潜力巨大和高附加值的新材料领域迅速工业化。目前，日本凭借自身研发优势和研发成果的实用化开发力度，在精细陶瓷、碳纤维、工程塑料、非晶合金、超级钢铁材料、有机 EL 材料、镁合金材料等领域占据绝对优势地位，是新材料生产的主要国家。

一是加大基础研究投入力度，鼓励从事新材料技术开发活动。日本的科研主要围绕其《科学技术基本计划》展开，主要包括“五年规划”“三类具体计划”“年度预算”三个层级。尤其在《第五期科学技术基本计划（2016—2020）》中，提出加大纳米与材料科学技术领域投入力度。2018 年 6 月，日本文部科学省发布《纳米与材料科学技术研发战略》，强调充分利用人工智能和机器人技术建立智能实验室，开展数据驱动型研发，进一步加强共同设施与机器配置，实现基地网络化。此外，为促进新材料的发展，日本对研究经费的增加额减税 20%，减税限额最多只能相当于所得税的 10%。对新材料试验研究费的税收，若有理由延期缴纳，可延至任何时候偿还。对新材料的开发投资减税 10%，以鼓励民间从事新材料技术开发活动。

二是创新产官学合作体制，有力促进新材料科技成果产业化。《第五期科学技术基本计划（2016—2020）》指出，未来 10 年，通过政府、学术界、产业界和国民等相关各方的共同努力，日本将大力推进和实施科技创新政策。在政府主导下，产业界、学术界、政府机构等通过项目制等形式，高效组合利用政策、资金、研发、制造等资源，实现新材料的技术突破。例如，日本文部科学省和经济产业省下属的日本科学技术振兴机构和新能源产业技术综合开发机构，通过公开募集方式委托企业完成各项新材料技术的开发，并提供所需的研发费用，研究成果归国家所有，参与企业享有优先使用权，每年把上百项科研成果转化为产品。

三是发挥产业联盟独特优势，形成合力共同研发新材料产品。在碳纤维行业，日本较早地形成了产业联盟，联盟成员覆盖了整个碳纤维产业链，从而能够全面了解产业中存在的问题和需求，有效服务于产业的各个环节。比如，新构造材料技术研究联盟（ISMA）共有 39 个成员，其中 37 家为企业，另有 1 家国立研究所和 1 所国立大学。又如，日本新材料企业 KUREHA、可乐丽（KURARAY）和伊藤忠商事与日本官企投资基金—产业革新机构合作形成联盟，全面推进高端新材料产业发展。KUREHA 等企业与产业革新机构共同出资成立新公司，其中产业革新机构约占 49% 股份，KUREHA 等企业联合拥有剩余股份，总投资额为 200 亿日元。

四是控制技术发展和市场竞争的主动权，紧跟国际产业进展。一方面，更加注重新材料技术的专利保护。碳纤维制备技术比较复杂，涉及多个学科的交叉和应用，关键节点多达数百个。目前，碳纤维生产核心技术主要掌握在日企手中，各企业在碳纤维领域拥有全球最多的技术专利，并且基本覆盖产业链的各个环节，在诸多国家提前进行专利布局。另一方面，特别强调标准组织在技术准则方面的引领作用。1975 年，日本就瞄准了 PAN 基碳纤维技术的标准化研究与制定。1980 年，日本颁布实施了碳纤维性能检测方法标准，在构建 PAN 基高性能碳纤维批量生产和应用技术准则的同时，也控制了技术发展和市场竞争的主动权，极大提升了日本碳纤维产业界的竞争力。

（三）欧盟：先进材料技术研发行动路线

先进材料技术是欧盟关键使能技术（KETs）之一，近年来通过实施欧盟能源技术战略计划、“第七研发框架计划”、欧洲 2020 战略可持续增长创新、“地平线 2020”等战略计划，纳米技术、材料科学、制造技术、空间技术及能源技术等领域迅速发展，由此也形成一套完善的支持政策框架。自 2014 年起，欧盟在“地平线 2020”计划中开始实施“新材料发现（NoMaD）”项目，现已建成 NoMaD 数据库，以托管、组织和共享材料数据。此后，欧盟还相继推出“石墨烯旗舰计划”“纳米科学、纳米技术/材料与新制造技术”（NMP）项目以及“研究网络计划”，以扩大新材料研发在国际竞争中的领先地位。目前，欧盟在原材料替代、循环再利用以及应对全球经济社会挑战的先进材料技术等方面仍走在世界前列。

一是加大研发创新活动，逐步渗透到先进制造业不同领域。欧盟委员会于2011年11月公布了为期7年、耗资800亿欧元的“地平线2020”计划，提出专项支持信息通信技术、纳米技术、微电子技术、光电子技术、先进材料、先进制造工艺、生物技术、空间技术以及这些技术的交叉研究。2012年，欧洲科学基金会又推出总投资超过20亿欧元的“2012—2022年欧洲冶金复兴计划”，以加速发现与应用高性能合金及新一代先进材料。这些研发计划的持续投入，促进了两类先进材料技术工业发展，即先进材料在终端产品价格中占有明显比例的工业企业，除中小企业以外至少包括一家或多家世界级的工业企业。先进材料技术与其他关键使能技术在研发创新活动和商业化开发应用方面也存在诸多相似之处。

二是创新组织管理方式，构建支持新材料发展的研究网络。先进材料技术是欧盟工业先进制造业的重要基础，也是保持欧盟工业可持续发展的关键所在。尤其在先进金属材料和先进陶瓷材料技术方面。针对先进材料技术，欧盟构建了从创意到商业化应用、从多学科交叉到多行业应用的网络化创新组织架构。主要包括：①由欧盟科研理事会（ERC）、欧盟未来与新兴技术研究计划（FET）和成员国国家科技计划资助，依托大学和科研机构进行的基础研究；②由欧盟研发框架计划（FP）、欧盟竞争力与创新框架计划（CIP）、成员国国家框架计划和部分工业行业研发基金资助，依托产学研创新联盟进行的应用研究；③由私人企业资助，以工业企业研发资源为主导的行业商业化应用开发研究。

三是多学科交叉协同推进，瞄准先进制造业未来发展趋势。先进材料技术的持续研发，实现了欧盟研发与创新政策四大目标的有机统一，即研发创新的卓越、工业的世界领先水平、积极应对全球经济社会挑战、促进经济增长和扩大就业。在此过程中，促进了化学、物理学、工程学、纳米科学和生物科学等多学科交叉融合。比如，在2007～2013年，FP7对先进材料技术研发创新活动的资助力度逐年递增，重点资助卫生与生物技术、信息通信技术、能源及新能源、智能交通、化学工业，以及环境、空间和安全等领域。

五、新形势下新材料产业创新政策转型的政策思考

当前及今后一个时期，新材料发展面临重大历史机遇，发展上游“材料＋装备”产业成为产业转型升级的迫切需求，大飞机、集成电路、新能源等下游高科技产业将进一步带动新材料产业发展，加之过去40多年经济高速增长积累的科研实力、人才红利和资本基础，使得新材料技术与产业发展的原动力不断增强。

（一）创新政策转型要处理好几个关系

从整体视角看，要处理好材料科技与其他科技领域的关系。材料科技发展为其他科技领域发展奠定了基础，而其他科技领域发展也为新材料技术创新提供了新的技术手段，有助于实现“一代装备、一代材料”向“一代材料、一代装备”转变。在此过程中，需要从更大范围考虑科技协同创新体系构建，包括前沿技术追赶、科技投入产出、产学研分工合作等方面的体制机制创新和政策转型。还应注意到，相比其他科技领域，材料始终强调应用导向，而这种应用是基于产业链带动形成工艺参数反馈，进而促进材料科技的新突破。

从关键机制看，要处理好研发投入与组织方式之间的关系。必须认识到，负责研发投入的部门并不一定真正参与组织管理，要摒弃以往“谁投入、谁管理”的传统思维，避免多方力量分散而降低投入的有效性。特别是针对新材料技术而言，不同模式下的投入重点及组织方式也有所差异，无论是前沿突破创新还是需求牵引创新，仅依靠政府投入往往不够，而且大多数仍以部门条块资金投入为主，多头指挥的组织方式不利于新材料研发的持续投入和集中攻关，即使是需求牵引的技术创新，企业决策话语权也很有限。

从激励导向看，要处理好不同分工链条下人员激励的关系。在充分认识新材料产业研发、生产、应用规律的前提下，更加重视材料科学基础研究和应用研究，正确引导各类研究人员开展科研生产活动，让不同分工链条上的研究人员实现知识分享，推动材料技术从实验室不断走向市场。只有结构设计、表征评价、服役测试等技术进步才能真正支撑新材料的研发生产，而这一系列环节中研究人员的精力投入与绩效考核存在较大差别，而不是“一刀切”注重论文发表、专利申请，或是做出几款材料当摆设。

（二）主要政策建议

新形势下，我国创新政策更加注重普惠性和竞争性，但也凸显出“卡脖子”关键核心技术突破的紧迫性，功能性创新政策也要发挥应有的作用。推动新材料产业发展，必须结合不同材料的技术路线特点，在基础研究布局、科研投入机制、研究组织方式、成果应用导向、人才评价考核等方面完善创新体制机制，充分发挥政策的引领作用和协同效应。

第一，完善新材料投入参与机制，推进创新链各环节深度融合。

一方面，充分发挥政府的先导性作用。对于关键战略材料和前沿新材料领域，国家应整合分散在各部门的专项投入和支持政策，在新一轮中长期科技规划中设立新材料重大专项，重点支持新材料研发与先进制造紧密结合、前沿新材料的示范应用项目，集中力量突破先进核心工程化工艺技术制约，提升关键战略材料产业共性技术创新水平。另一方面，更加注重市场的引导性作用。对于技术成熟度较高、应用牵引较强的基础材料和关键战略材料领域，应更多采取产学研合作型、企业联盟型模式。推动建立以应用企业投入为主的研发机制，围绕实际需求开展创新活动。鼓励相关领域研发机构、企业等成立紧密联系的综合体，支持上下游企业双向对接、联合攻关，实现先期介入、精准研发、精准对接应用。与此同时，结合“首台（套）”等政策，通过政府采购、军方采购等方式整合政府、军方、科研机构、企业资源，构建运行高效的产用结合机制，实现研发制造与产品应用的反复迭代，破解“有材不敢用”的难题。

第二，健全新材料产学研用组织机制，激发“研发—应用—反馈—再研发”内生动力。适时调整材料领域国家重点实验室布局，探索建立新材料国家重点实验室[①]协同创新联合体制度，特别是在材料与医学和生命科学、能源和信息科学、制造科学等交叉前沿领域加强共性技术攻关，推动联合体内重要科研成果共享、业绩考核互认，将之前的个体竞争性评估变革为对协同创新联合体贡献的评估。建立在联合体内重要科研成果共享、互认的考核制度。在国家重大任务委托机制方面，建议实行竞争性和非竞争性重大科研任务委托相结合的机制，进一步提高实验室非竞争性科研经费，使实验室更聚焦于全链条重大创新和重大突破，避免同质化发展，形成有效的国家战略科技力

---

① 主要指的是依托中央高校和中科院建设的材料领域 21 个国家重点实验室。

量。抓住“一需多材”和“一材多用”两头，更加注重科技成果后端转化，新材料产业组织体系应坚持需求导向原则，同时为再研发服务。比如，可以在重点新材料领域建立产业联盟，支持产业集聚显著、上下游产业链完善的地区建设新材料产业技术研究院。对于面向民用和军用两类需求的新材料技术，可以采用军民结合方式，推动先进军用材料民用化及民用材料高端化，加速新材料技术推广应用进程。

第三，夯实新材料设备数据共享平台，以此带动其他科技领域和相关产业链协同发展。聚焦国家新材料目标和战略需求，优先在新能源材料、生物医用材料、先进复合材料等国家战略领域推动上下游产业协同创新，加强新材料知识产权保护和行业标准建设。比如，建设参数数据库平台、资源共享平台，推进企业、科研院所数据、人才、设备仪器的开放共享。建设石墨烯、轻量化材料等国家制造业创新中心，推动知识、资本、人才的灵活流动和合理配置。推动形成以行业协会为主导的新材料标准体系，面向国际市场建立高性能的技术标准和行业规范。加强新材料专利申请的评估审核，提高高性能复合材料及前沿新材料等高附加值领域的专利申请数量，注重专利直接转让与专利资本化转化相结合。针对关键战略材料和前沿新材料进行宏观政策引导，避免热门产业领域扎堆和恶性竞争，研究布局需求缺口大的材料及相关产业，着力扭转低端产品过度集中、高端产品依赖进口的结构性矛盾。比如，从原材料、设备、关键工艺等角度，持续加强技术研发，加大与下游产业协同挖掘新材料的市场应用，进一步提升产业链现代化水平。依托中小企业精细化加工生产的特点，培育新材料细分领域“隐形冠军”和“小巨人”，让中小企业在细分领域、小批量多品种领域发挥作用。

第四，建立人才竞争择优、有序流动机制，以创新质量、综合贡献度、绩效分类评价创新人才。要抢抓全球人才流动的有利机遇，以优化人才结构、提升人才质量为重点，强化学科需求和应用需求导向，进一步健全人才分类评价政策体系，培养造就一批“高精尖”人才队伍，重点关注以下几类创新人才：一是注重对多学科融合科研人员的培养，强化数字技术对新材料研发的推动作用；二是注重对产业共性技术研发团队的打造，鼓励各类研发人员深入交流与知识分享；三是注重对科技成果转化人员的激励，突出材料技术的产业化应用；四是注重对细分行业“隐形冠军”人才的挖掘，着力在关键工艺技术、特殊材料配套和零部件领域有所突破。在此基础上，逐步完善既有激励又符合各类人才特点的分配政策，赋予科研院所和科研团队更大的自主权，包括经费使用、人才选聘、技术路线等，切实营造有利于创新创业的人才发展环境。

执笔人：龙海波

参考文献

[1] 卞曙光．科技创新推动新材料产业蓬勃发展——863 计划推动我国新材料发展历程．新材料产业，2019（9）

[2] 冯瑞华．日本纳米科技发展政策分析．新材料产业，2017（10）

[3] 冀志宏．新材料产业创新发展三大难题待解．中国工业评论，2016（7）

[4] 干勇．制造业强国新材料发展战略．“战略前沿技术”公众号，2019－07－11

[5] 宫学源．从战略层面浅析未来新材料产业发展之路．“全球技术地图”公众号，2019－12－01

[6] 宫学源．世界新材料领域 2019 年发展态势．“全球技术地图”公众号，2020－01－30

[7] 国家发展和改革委员会创新和高技术发展司，工业和信息化部原材料工业司，中国材料研究学会．中国新材料产业发展报告（2018）．北京：化学工业出版社，2019

[8] 国家新材料产业发展战略咨询委员会．“十三五”新材料技术发展报告（内部资料），2017

[9] 沈应龙．2018 新材料产业技术创新大趋势．科技中国，2018（4）

[10] 屠海令，吴以成等．新材料产业发展重大行动计划研究．北京：科学出版社，2019

[11] 汪苹，高灵芝，费钟琳．基于内容分析法的中国新材料产业政策工具研究．现代化工，2018（10）

[12] 肖劲松．新材料产业存在问题及对策．中国经贸，2019（7）

[13] 张志勤．欧盟先进材料技术的研发现状及发展趋势．全球科技经济瞭望，2013（10）

专题报告七

高端芯片产业的新形势及其创新政策转型

芯片产业是支撑数字经济发展的关键基础产业，其中特别是制造工艺高度复杂的芯片，我国与国际领先水平差距仍十分明显。近年来，技术趋势和国际环境都发生了显著的变动，在为我国高端芯片设计和制造带来冲击的同时，也带来了加速发展的机遇。

一、高端芯片的产业特征与新形势

（一）高端芯片的产业特征

高端芯片事关国家安全和经济命脉，对未来数字经济发展起到基础性和关键性作用。高端芯片处于电子信息产业的上游，具有非常广阔的应用空间，大到航空航天、军事国防，小到智能终端、百姓生活，均离不开它的支撑，这也决定了市场力量和市场竞争始终是影响产业发展的关键。同时，高端芯片技术是工业化和信息化时代重要的使能技术。高端芯片产业是信息产业创新发展的原动力，是先进制造业发展和传统产业升级的关键支撑。

一是对资本、技术、人力资本要求极高。高端芯片制造业投资密集，是当前信息技术制造业中投资最大的产业。全球芯片制造企业2005～2010年的资本支出总额为489亿美元，2011～2016年的资本支出总额为1235亿美元，增长了1.5倍，仅2016年的资本支出就达到220亿美元。以全球领先的制造代工企业为例，过去5年，四家领先企业的资本支出占销售总额的比重都高于30%，在技术换代的关键时期甚至超过100%。芯片行业遵循两年换代一次的摩尔定律，企业为了保持竞争力，必须在研发上持续高强度投入，开发先进的工艺技术。根据IC Insights统计，芯片行业的研发支出比例超过其他所有主要工业领域，超过生物技术和制药行业、软件和计算机服务业、技术硬件与设备、消费电子以及航空航天和国防。芯片制造业需要大量的复合型人才，关键技术、工艺等都需要领军人才带领研发。1996～2016年，美国芯片行业每位员工的总投资以每年约5%的速度增长。

二是规模经济显著，市场集中度较高。由于产业投资巨大，高端芯片企业需要达到一定市场规模才能形成盈亏平衡，如28纳米工艺的设计研发经费需要1亿美元，产品投片量要达到7000万片以上才能实现盈亏平衡，到20纳米工艺需要上亿片。从大企业发展经验看，早期进入的厂商凭借其先发优势获取市场份额，赚取高额利润，然后将部分利润投入研发，取得技术上的领先，从而形成了如今市场上强者恒强的局面。2016年，全球前十的芯片制造企业总销售额占全球市场份额的94%。

三是技术迭代快，投资风险大，回报周期长。芯片产业技术迭代很快，按照芯片性能每18个月倍增的摩尔定律发展，这使得企业只有不断投资新设备、研发新工艺，才有可能确立领先优势，获取高额利润。目前三星、英特尔的利润率都在50%左右，我国企业的利润率多数在10%左右。芯片制造业资本投入巨大、回报周期长、投资风险大。从企业层面来看，一条12英寸28纳米的生产线投资额达50亿美元，20纳米的生产线投资额更高达100亿美元。加上技术更新速度快，每两年一个工艺节点推进，需要持续投入建设生产线，仅依赖一条生产线难以形成规模优势。一般前两年为建厂期，后两年为产能爬坡期，从投入到产出至少需5年。前期庞大的资金投入使得行业投资回报周期较长，加之行业技术进步瞬息万变，投资时机、投资方向等方面把握稍有不慎，就有可能招致巨大亏损。

（二）我国高端芯片发展面临的新形势

从全球来看，高端芯片产业面临三重转折。

一是生产制造转折，即从量（晶体管的数量）到质（性能）的竞争。在此过程中，数量扩张式发展模式走向终结，半导体生产技术落后的参与者迎来赶超的机会，生产技术推进速度的放慢导致产品发展方向的转变。例如，需要为特别的功能设计特别的产品，因而出现了许多其他不同的产品。

二是产品转折，即由通用和标准化产品走向产品通用和定制、多元化和标准化并存。研发方向呈现多元化趋势，从过去单一强调速度、多核到加速器及优化配置的全面竞争，例如3D封装和优化芯片连接等创新。产品发展的多元化让市场的参与者增加、竞争机会增加、大小并存、差异化增加，有优势的公司是可以提供全流程服务的公司。

三是市场转折。目前，高端芯片产业面临史无前例的多方面社会发展需求，但贸易保护主义也快速抬头。未来全球市场可能经历从合到分的过程。由于行业内参与者高度互相依赖，贸易保护主义对其影响会进一步加深。

二、我国高端芯片发展的问题和挑战

一是后发劣势显著。我国高端芯片产业与国际领先企业的技术差距大，追赶难度高。例如，制程水平是反映制造企业技术水平的重要指标。海外领先制程水平为 7 纳米成熟制程，领先企业进入 5 纳米研发。对比来看，我国制造技术最先进的中芯国际目前仍然处于 28 纳米量产、14 纳米研发状态。芯片制造产业具有显著的规模效应，规模领先的企业容易形成成本优势，获得更大市场份额和更高利润，有能力为创新投入更多资本，用于技术研发和设备更新，从而按照摩尔定律的速度革新技术，保持行业领先地位。以台积电为例，除了先进的制程技术，相比于其他芯片制造企业，还具有显著的成本优势，主要来源于更高的制造良率和生产效率，以及制程设备的共享性。台积电产品的良率为 90% 左右，遥遥领先于良率为 70% 左右的其他厂商。其生产流程效率化、自动化，月产能约为 13 万枚，是第二名格罗方德的近 3 倍。另外，台积电的技术经验沿用性很高，20 纳米和 16 纳米制程的设备至少有 90% 可以共享，极大地节省了成本。另外，高市场占有率也给企业在设备采购、原材料采购等方面带来显著的成本优势。2014 年台积电的晶圆生产成本为 136. 57 万美元/千片，而中芯国际的晶圆生产成本为 255. 21 万美元/千片，比台积电高出 87%。虽然成本更低，但台积电的产品单价却更高。2016 年台积电的单片晶圆收入为 1364 美元，前四名制造代工企业的平均单片晶圆收入为 1144 美元，对比中芯国际（全球第四）的单片晶圆收入（仅为 733 美元），台积电比中芯国际高出了 86%。对比两家公司的盈利能力，2016 年台积电的净资产收益率为 25. 99%，而中芯国际只有 9. 56%，约为台积电的 1/3。

二是缩小技术差距所需的持续研发投入不足。根据 SIA 估计，美国芯片行业的研发投入为销售额的 15% ~20%，高于医药、化工等其他工业部门。其中，英特尔一年的研发费用就高达 150 亿美元。而我国每年用于芯片的研发总投入约为 45 亿美元，仅占全行业销售额的 6.7%。我国芯片产业投资基金第一期投资超过 1300 亿元，约合 200 亿美元，然而也只是初步解决了引导社会资本投入的问题，替代不了研发投入。

三是高素质产业人才匮乏。根据工业和信息化部软件与芯片促进中心的数据，按照 2020 年我国芯片产业达到 1 万亿元产值测算，我国芯片人才缺口超过 40 万人。系统设计人才、高级技术人才是产业发展急缺的资源。比照金融、房地产、互联网、人工智能等高收入领域，我国芯片产业因处于中低端，利润率不高，产业投资回报周期长，在吸引人才方面不具优势，甚至出现人才外流现象。

四是产业上下游尚未形成彼此协调的生态。我国高端芯片高度依赖进口，有技术方面的因素，也有产业生态方面的原因，在国外已有成熟产品的情况下，国产芯片即使研制出来也很少能够获得市场应用和技术迭代的机会。芯片与软件之间，整机厂商、芯片设计、芯片制造、封装测试等产业链环节缺乏有效协同，材料、装备难以对制造形成有效支撑，制约了产业生态体系的发展。2016 年，我国芯片设备投资接近全球的 16%，然而，国产设备销售额仅占全球的 0.54%。

三、借鉴国际经验加速我国高端芯片行业发展

一是充分利用后发者的学习和创新优势。后发者通过学习可以大幅降低投资成本。根据日本、韩国和我国台湾地区芯片产业的发展经

验，学习途径包括：高薪聘请境外专才、引进境外先进技术、收购境外企业、与领先企业建立合资公司、与境外的上下游企业建立战略合作关系，通过外包、OEM、ODM 等方式加入全球产业链等。例如，1983 年韩国三星决定引进 64K DRAM 生产技术时，日本和美国的多数企业都予以拒绝，最终从当时“羽翼未丰”的美光获得设计技术，从日本夏普获得加工技术，三星以高达公司主席三倍的工资从美国大公司引进十几位芯片工程师，同时高薪聘请大量的日本兼职工程师，大幅缩短了追赶时间。

后发企业仅仅通过学习无法建立竞争优势，必须在部分领域开展创新，从而在综合实力上获得优势。后发企业的创新可以来自三个方面：其一是在条件允许的情况下选择最先进的技术路线，在获得新技术授权的同时持续高强度开发，以免技术再次落后。韩国三星和现代在获取最新 64K DRAM 技术的同时，还大力投资研发，在硅谷和本土分别设立研发团队，开展内部竞赛。其二是商业模式创新，如我国台湾地区的台积电创造了“代工”模式，深化了产业分工，促进了专业化发展，获得了新的市场空间。其三是企业管理创新，如台积电实施了短期和长期激励相结合的薪酬体系，激发创新活力，留住关键人才。

二是积极发挥政策对产业的引领和驱动作用。高端芯片产业的发展离不开政策的引领和驱动。美国作为芯片产业领先的国家，政府从研发支持、订单采购、市场培育等方面有力支持了产业的发展。自 20 世纪 50 年代开始，美国就成立了芯片创投研发基金，投入巨资支持大企业开展尖端领域的研发工作。20 世纪 80 年代，为应对来自日本企业的激烈竞争，政府出资支持 IBM 等 14 家大企业成立半导体制造技术研发战略联盟（SEMATECH），以强化美国的技术领导地位。直至目前，美国一直努力支持半导体前沿领域的研究活动，并通过 2015 年国会确立的研发税收抵免永久化政策为研发提供持续支持。20 世纪 60 年代，美国 80% ~90% 的芯片产品都由国防部采购。20 世纪 90 年代初，美国军用芯片市场占芯片总市场的比例仍高达 40%。

要解决民营资本不愿进入的难题，只能依靠政策推动。日本、韩国和中国台湾地区都在一定程度上采用了“日本创生新产业模型”，即“通产省模型”，包括七个方面：根据产业发展前景和发展规律制定产业规划和基本政策；开发银行给予资金支持，通产省给予外汇支持；给予技术进口许可；将新生企业确定为“战略性”企业，给予投资优惠和实施加速折旧；在土地供给和收费上给予支持；给予税收优惠，如免征设备、零部件进口关税，免征出口税；通产省通过行政指导限制企业间过度竞争。除此之外，政府还在教育、科技等方面给予大力支持。

韩国和我国台湾地区是芯片产业典型的追赶者和后来居上者，政府在产业发展过程中发挥了主导和核心的作用。在产业发展的不同阶段，韩国推动实施了一系列促进发展的计划和立法。这些计划明确提出了进口替代的发展目标，清晰地规划了具体实现路径和政府支持的方式。通过政府部门早期持续的资金支持和长期税收优惠政策，特别是政府与大财团合作、产学研合作的模式，韩国实现了资源的高效集中配置，以存储芯片为突破口成功实现了追赶到领先的飞跃。

20 世纪 70 年代初，我国台湾地区发展半导体产业的计划也是政府部门提出和推动实施的。政府通过提供启动资金、从海外引进技术、培训人才、建设专业技术服务机构等关键措施为产业发展创造必要的条件，这一点与韩国很相似。我国台湾地区芯片产业发展注重发挥企业家的引领作用，支持企业竞争，目前在晶圆代工、封测、设计领域均有企业进入世界第一阵营。

四、支持高端芯片发展的总体思路与政策建议

（一）支持高端芯片发展的总体思路

一是完善政府引导的推进机制，充分发挥本土市场潜力。我国芯片产业起步晚、基础弱，却是全球规模最大、增速最快的芯片应用市场。同为追赶者，我国产业发展的内外部条件和发展模式与韩国及我国台湾地区有所不同，构建自主可控、面向未来、完整丰富、富有活力的产业体系是我国产业发展的目标。为此，要发挥好政府引导和大市场两大战略优势。在集中力量补短板实现技术追赶的同时，依托国内巨大的需求市场，激发市场主体活力和创新精神，支持核心企业做大做强，培育自我良性发展、富有竞争力的产业生态。要明确技术追赶和重点创新突破的领域及路线图。前者目标路径较为明确，重点是完善推进机制；后者结合芯片技术演进新趋势及人工智能、万物互联等新兴应用领域，重点发挥企业的创新作用。

国内企业还可以挖掘地理和文化优势，通过深入了解本土市场需求，更好地服务本土用户。例如，中芯国际积极开发中小客户，通过增加共性 IP 模块、提高生产线的弹性、整合封测服务等方式，在中小型客户市场逐步形成竞争优势。从这几年的发展趋势看，我国芯片制造业的进步支撑了设计业的发展，芯片设计业的发展又为制造业提供了难得的历史机遇。

二是坚持市场化方向。庞大的国内市场需求正吸引着全球产业链向我国转移，也将会带动技术、资金、人才等产业要素向我国流动。下一步要坚持市场化方向，完善公平竞争市场制度，因势利导，支持各类企业携带相关技术或授权专利与境内企业深度合作。吸引全球产

业链各环节领军企业在我国使用先进技术、扩充先进产能、生产先进产品。借鉴日韩和我国台湾地区早期培植芯片产业的成功做法，制定配套激励性政策，在全球范围内引进紧缺急需的高端人才和骨干专业人员。

三是超前布局前沿领域研发。要想追赶全球前沿，仅靠并购现有的企业、技术和客户是远远不够的，必须加强前沿布局，形成“推出一批、储备一批、研发一批”的内生创新能力。尤其要抓住万物互联和智能化带来的新一轮变革机遇，加大国家重大科技专项支持力度、扩大研发抵扣政策优惠幅度，促进新型计算、新型材料、新型设计工具等研发，抢占前沿领域。

四是妥善应对中美战略竞争。在产业崛起历程中，来自海外的阻挠和抑制将会伴随全程，对此需做好打持久战的准备。应积极应对国际贸易摩擦，提升善于运用国际贸易规则能力。一方面，做好我国政策的合规性解读宣传，如对于芯片产业投资基金，强调其市场化运作、专业化管理的特征；对于安全可控要求，阐释我国技术标准制定的公开性，并加强 WTO 范围内的通报；对于知识产权保护，我国新修订的《反不正当竞争法》也就保护商业秘密做出明确规定。另一方面，学习借鉴美国善于运用国际规则的能力，如外资安全审查制度、出口管制制度、政府采购制度、侵权进口产品调查制度等一系列制度，增强综合应对能力又避免不必要的国际摩擦。

（二）支持高端芯片发展的相关政策建议

芯片制造业在追赶时期，后发劣势显著，民营资本不愿进入，需要发挥政府引导作用。我国于 2014 年 6 月颁布了《国家芯片产业发展推进纲要》，提出了“成立国家芯片产业发展领导小组”“设立国家产业投资基金”“加大金融支持力度”“落实税收支持政策”等八个方面的措施。从最近几年的实践来看，相关政策实施已取得显著的效果。但在中美战略博弈加剧和技术变革等新形势下，促进芯片制造业发展还需继续加强以下方面的政策。

一是加强产业政策的统筹协调。国家集成电路领导小组在设立产业投资基金、解决体制障碍、协调支持性政策等方面发挥了重要作用。随着我国芯片产业进入产业追赶的关键期，政府应进一步加大支持力度，包括：协调制定和调整产业发展的战略思路；继续给予引导性资金支持；解决资本、人才、产品等市场存在的体制性障碍；协调中央和地方的关系；协调各部门之间关系；等等。

二是统筹布局政府产业投资基金的投资计划。在民间资本不愿进入的情况下，国家资本在带动民间资本进入方面发挥重要作用，这是日本、韩国和我国台湾地区克服后发劣势的重要经验。我国借鉴海外经验设立芯片产业投资基金以来，募集的资金主要投入芯片制造业，已经发挥了重要的引导作用。国家级芯片产业投资基金第二期已经启动，各类股权投资基金和社会资本也纷纷加入，需要统筹设计和规划用好这些资金，集中力量实现产业发展的战略目标。

三是持续加大对产业共性技术研发的支持力度。2008 年国务院批准实施国家科技重大专项 02 专项“极大规模集成电路制造装备及成套工艺”，对行业技术创新发挥了显著的促进作用。然而，除了重大专项外，国家其他科技计划基本上没有芯片相关的科研经费投入，且重大专项资金逐年减少，不及英特尔年研发费用的 10%。而全国每年用于芯片研发的总投入不超过 300 亿元人民币，仅占行业销售额的 6.7%，也不及英特尔一家公司年研发投入的一半。在本土企业实力较弱且处于技术追赶的关键时期，应持续加大对产业共性技术研发的支持力度，重点支持制造工艺的改进、制造业高端设备和关键材料的开发。

四是推动建立激励创新的现代企业制度。企业是产业追赶的主体，韩国依靠三星、现代等传统行业的民营企业的投资实现追赶，我国台湾地区依靠混合所有制企业实现追赶，其共同点是企业具有长期目标和创新活力。我国部分企业没有建立起激励创新的公司治理制度，缺乏包容创新试错的机制，以及将员工利益与公司长期发展捆绑的长期性激励机制。建议进一步鼓励芯片行业企业加快制度创新，吸引和激励人才，释放创新活力。

五是加强人才的引进和培育。解决芯片制造业的人才需求问题需要培养和引进并重。一方面，要加大对海外高端人才的引进力度，包括外籍人才的引进。具体措施包括：帮助解决入籍、落户、居留权等问题，解决子女上学难题，提供廉价住房，降低个人税费负担等。另一方面，教育部门应根据产业发展需要及时调整教育计划，积极培养适合国情的复合型人才，从根本上解决芯片制造业人才匮乏的问题。企业自身也应通过内外结合，系统开展继续教育和终生教育，建设完整的人才教育和培训制度，形成完整的人才链。

执笔人：张　鑫

专题报告八

我国机器人产业发展与促进政策研究

机器人被誉为“制造业皇冠顶端的明珠”，其研发、制造、应用是衡量一个国家科技创新和高端制造业水平的重要标志。随着新一轮科技革命的演进和全球经济形势的变化，机器人产业将迎来新一轮融合创新和高速发展浪潮。我国机器人产业基础相对薄弱，上游核心零部件技术存在短板，人才存在数量结构性短缺，仍需集中力量支持核心零部件技术突破，加大各层次人才培养力度，营造促进机器人发展的创新政策环境。

一、机器人领域的概念范畴及发展环境

（一）机器人的分类和行业特征

1. 机器人的概念和分类

随着新科技革命的发展，机器人的范畴也发生了变化。由传统认知的复杂的、高精度的机械电子设备，发展到包含了软件、智能、传感、大数据、网络、云等内涵的新的系统。联合国标准化组织采纳了美国机器人协会的定义：一种可编程和多功能的操作机；或是为了执

行不同的任务而具有可用电脑改变和可编程动作的专门系统。国际机器人联盟（IFR）将机器人分为工业机器人和服务机器人。中国电子学会则将机器人划分为工业机器人、服务机器人、特种机器人三类（见图 1）。

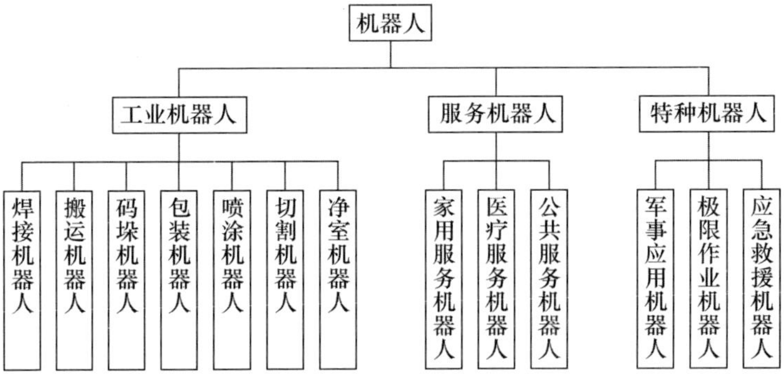

图 1　根据应用场景的机器人主要分类

资料来源：中国电子学会《中国机器人产业发展报告（2019）》。

2. 机器人的产业链结构及特征

根据分类，工业机器人产业链包括核心零部件、本体制造、系统集成和行业应用四个核心环节。根据上下游的环节划分，上游是核心零部件，主要是减速器和控制系统，相当于机器人的“大脑”；中游是机器人本体；下游是系统集成商。服务机器人产业链整体可分为上游核心零部件、中游软件与操作系统、下游整机制造与应用服务三大环节。其中，软件与操作系统主要包括技术模块，导航、语音识别以及操作系统等；整机制造与应用服务主要面向医疗、家庭、商业等行业服务以及提供大数据服务（见图 2）。

机器人是典型的人才密集度高、技术密集度高、资金密集度高的“三高”行业，还具有多学科融合、产业投资大、投资周期长、产业链长等特点。机器人产业具有高度的协同性和集成性特征，其中重要的系统包括减速器、控制和伺服系统、机械传动和支撑基础、感应系

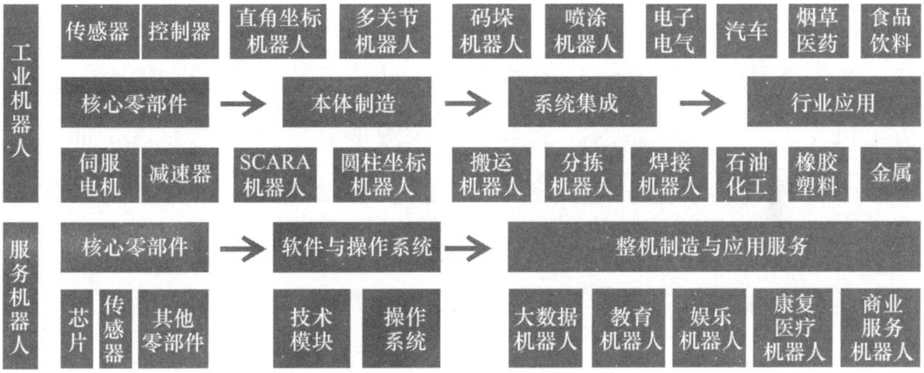

图2　机器人产业链

资料来源：赛迪顾问。

统、软件集成等，需要庞大产业链的协同集成。

机器人行业具有突出的成长性和拓展性。技术突破和融合为机器人产业带来了重大机遇，现在的机器人已经不是传统的作为机械电子设备的概念，而是一个集人工智能、信息电子、大数据网络、感知系统为一体的高技术产品。机器人的成长性不仅体现在技术的成长使传统的工业机器人产业自身发生变化，更体现在机器人正在从制造业等传统领域向医疗健康、国防、服务和消费等领域不断地拓展和延伸。

机器人产业及技术发展具有显著的体系性特征，涉及基础前沿技术、共性关键技术、核心部件、核心软件、核心器件，还包括机器人应用工艺系统、解决方案等多个方面，而且需要协同发展，完备的工业基础和技术体系是机器人产业整体发展的重要条件。

（二）我国机器人行业面临的形势和环境

1. 机器人正迎来技术深度融合的变革发展阶段

随着人工智能、物联网（IoT）、大数据、材料科学等技术快速发展，机器人技术正处于变革发展时期。机器人产业将迎来新一轮融合创新和高速发展浪潮。机器人技术自身的突破、机器人产品的快速迭代、机器人技术的跨界融合的趋势日益明显。未来将出现护理机器人、仿生机器人、社交机器人、管家机器人等形态丰富的机器人，涌现在家政、教育、健康服务业，带给人类新的生活方式。其中，自动化和机器人，特别是智能机器人，将改变人类的生活和工作方式，代替人类从事处理高危险、高重复性和高精度的工作，将极大提高生产力和安全性，智能自动化将在建筑业、制造业、医疗健康等领域中广泛应用。根据华为2019年8月发布的全球产业展望GIV 2025（Global Industry Vision 2025）预测，到2025年，智能技术将渗透到每个人、每个家庭、每个组织，全球58%的人口将能享有5G网络，14%的家庭拥有“机器人管家”，每万名制造业员工将与103个机器人共同工作。

机器人市场和商业模式也正处于变革时期。数字化技术的变革与创新应用将带来更完善或者具有颠覆性的产品，并由此带来新的商业模式。由传统市场向新兴市场转换，成为未来机器人发展的潜力和支撑。在此背景下，我国的机器人产业正处于调整和升级时期，从过去追求企业数量，到现在强调企业发展的质量，由过去低水平的定位开始向高端发展。

2. 中美科技博弈将加快机器人产业进口替代进程

美国对我国关键技术领域的遏制不断升级，可能进一步采取加征关税、出口限制等手段，总体而言对我国机器人领域的负面影响较小，但将提高我国对核心技术的重视程度，有助于国产机器人接受度提高和替代进口加快。

（1）增加关税对我国机器人市场直接影响有限。我国对美出口和进口极少，每月出口美国多功能工业机器人仅在百台左右，年出口量不到2000台，行业产量占比不足2%。2018年我国机器人国产化率在

27%左右，超过70%的机器人从国外进口，最大进口国为日本。以进口最多的多功能工业机器人为例，中国2018年从日本进口5.49万台，占此类机器人进口总量的79.1%，其次为德国8.9%，美国占比则仅为0.6%。如果美国上调关税，对中国机器人产业影响较小；如果中国对美国上调关税采取反制措施，不会对行业及企业产生较大影响。但需要注意到，美国重点加征关税的通信、电子、机械设备、汽车、家具等行业，是机器人应用较为集中的领域，这将会对机器人行业带来间接的市场风险，其带来的负面影响在2018年的市场数据中已有所体现。

（2）取消补贴将对机器人下游市场需求、行业竞争格局有较大影响。机器人行业的补贴主要集中在下游应用，即企业采用机器人自动化设备后，给企业一定比例补贴。目前国内工业机器人下游行业应用中，汽车和3C占比在63%左右，这两大行业收入体量大、生产附加值高、盈利能力强、支付能力强、价格敏感度低，且机器人自动化的需求相对刚需，尤其机器人在汽车行业是标配，因此补贴取消对这部分市场需求影响不大。而金属加工、塑料化学、食品饮料烟草等长尾行业占比37%左右，自动化程度不高，相比汽车和3C对机器人的需求强度偏弱，取消补贴会导致一部分需求流失。

目前国产机器人企业处于行业洗牌期，头部企业基于自主核心技术优势，市场份额进一步提升（如2018年埃斯顿出货量国产第一，为国产第二的近3倍），长尾企业将不断淘汰出局，取消补贴将加速这一过程，带来国产机器人企业集中度加速提升。随着国产机器人核心零部件技术不断突破，在本体竞争力快速提升、下游疲软的背景下，国产机器人质量达标、价格较低、及时服务的性价比优势更加凸显。如果取消补贴，头部企业市场份额、收入提高后反哺技术研发，竞争力进一步提升。

此外，取消补贴不会影响中国承接全球机器人产能转移的大趋势。机器人外资巨头在中国的本土化布局已经较为深入，从市场销售、技术研发到本体零部件产能均有布局，中国正逐步承接全球机器人的产能转移，取消补贴对机器人行业这一趋势影响不大。

（3）限制境外收购对机器人技术发展有影响，但并非起决定作用。美国301调查报告中，在“政策引导境外投资”指控理由下包含了机器人行业，机器人行业最核心的技术在于控制器、伺服电机、减速器三大核心零部件，其中减速器是最核心且技术难度最大的零部件（成本占比32%）。中国机器人产业一方面自研核心零部件技术，另一方面确实存在通过境外收购核心零部件企业快速获得核心技术的倾向。但机器人三大核心零部件目前国产均已取得突破，其中伺服电机和控制器已经规模化应用，处于技术追赶阶段；国产谐波减速器已经规模放量，RV减速器2018年也突破量产，后续需要的是工艺的打磨、不断优化。总体而言，机器人核心零部件技术我国企业已经基本掌握，海外收购可加速技术进步，但没有境外投资也不会对机器人行业发展带来决定性的不利影响，国产技术进步速度放慢但更加扎实。

3. 人口老龄化与经济高质量发展带来发展机遇

2019年11月发布的《国家积极应对人口老龄化中长期规划》明确提出改善人口老龄化背景下的劳动力有效供给、打造高质量为老服务和产品供给体系两项任务，为机器人领域的发展提出新的需求与发展机遇。一是“人口红利”对经济增长的推动逐渐减弱，迫使企业主选择机器代替人力。2000～2018年，我国60岁及以上老年人口从1.26亿人增加到2.49亿人，数量上劳动年龄人口规模连续4年下滑，劳动年龄人口占比连续7年持续下降，结构上“80后”“90后”逐渐成为劳动力主力，随着人口教育水平的提高和社会关系的转变，期望对传统“脏、乱、差”的工作环境进行改善。机器人作为劳动力数量的有效补充，尤其是危险艰苦工作环境下的替代是必然趋势。二是随着“银发经济”的发展以及数字化、智能化消费需求的增加，将为服务机器人市场带来大量的市场机会和高速增长空间。

机器人是推动新旧动能转换、推动经济高质量发展的重要动力。近年来我国制造业的平均年工资持续增长，用工成本上涨迫使企业主购进智能制造装备节省人力成本，提升自动化率、以机器换人，实现“技术红利”接替“人口红利”的转变，已成为我国目前制造业的一项重要转型升级举措。制造业企业迫切需要通过生产线的自动化、智能化改造升级来实现高质量跨越式发展。未来 5 ~ 10 年将是我国制造业产业升级的关键期，将会给机器人产业带来前所未有的发展机遇。

4. 后疫情时代机器人行业机遇大于挑战

2020 年突如其来的新冠肺炎疫情给全球经济社会发展带来巨大冲击，疫情对机器人产业的影响既有挑战也有机遇。在疫情防控过程中，机器人行业面临人员短缺、订单减少、原材料涨价等多重挑战，但也催生了一些新产业新业态，智能制造、无人配送、在线消费、医疗健康等新兴产业展现出强大成长潜力。在疫情防控中，以医疗机器人、影像分析、大数据分析等为代表的人工智能技术为疫情防控提供了强有力的技术支撑，服务机器人承担了辅助医疗、送餐送药、测温消毒等工作，有效缓解了医护人力短缺问题，在提高效率的同时降低了交叉感染的可能，提供了零接触医疗环境的解决方案。在国内的复工复产中，数字化和智能化程度高的企业受到的冲击较小，工业机器人在智能制造、安防巡逻、物流配送等领域的作用更加凸显。2020 年 2 月 4 日，工信部发布《充分发挥人工智能赋能效用协力抗击新型冠状病毒感染的肺炎疫情倡议书》，倡导充分挖掘人工智能服务机器人在新冠肺炎诊疗以及疫情防控方面的应用场景。

根据国家统计局数据显示，2020 年 4 月我国工业机器人产量达 19257 台（套），同比大增 26.6%。后疫情时代我国数字化、智能化转型将持续加速，机器人在未来我国的新旧动能转换中将扮演更重要的角色，未来社会经济发展对机器人技术与产品的需求量将大幅提升。

5. 机器人领域促进政策不断完善和优化

为了推动我国工业机器人行业的快速发展，促进工业结构整体优化升级，我国出台了一系列政策措施支持产业发展，为机器人行业的发展提供了长期的政策支持。

我国对机器人领域发展的政策支持经历了从粗放到精细的过程。在《机器人产业发展规划（2016—2020 年）》等基础上，进一步推出《智能机器人关键技术产业化实施方案》等具体政策和细化内容。《机器人产业发展规划（2016—2020 年）》中强调加强机器人标准体系建设，开展机器人标准体系的顶层设计。2019 年，《制造业设计能力提升专项行动计划（2019—2022 年）》中提出，在高档数控机床、工业机器人等领域实现原创设计突破；重点突破系统开发平台和伺服机构设计，多功能工业机器人、服务机器人、特种机器人设计等。2019 年 11 月印发的《关于推动先进制造业和现代服务业深度融合发展的实施意见》中提出推进消费服务重点领域和制造业创新融合。推动智能设备产业创新发展，重点发展手术机器人、医学影像、远程诊疗等高端医疗设备。

我国支持机器人发展的宏观政策注重长期，聚焦产业升级，引导产业理性发展。注重产业整体水平提升，制定更为严格的行业规范。

在产品推荐检测认证、企业资质、质量要求方面提高门槛，在发展方向上，大力推进智能工业、服务、特种机器人产业发展，成立专项牵引基础前沿技术，重点培育龙头企业，带动产业整体质量提升。地方政策主要聚焦优势特色产业，在国家政策背景下，各地关于机器人的扶持和引导政策进一步明确重点产业发展方向，重点培育机器人产业集群（如《北京市机器人产业创新发展行动方案（2019—2022）》等）。随着机器人行业需求不断增长和我国经济高质量发展的要求，"十四五" 期间国家和各地方政府促进机器人产业发展的政策仍将继续完善和优化。

二、我国机器人领域的发展现状

（一）我国机器人行业技术发展现状

1. 机器人密度和保有量持续提升

（1）我国机器人密度（每万名工人的机器人拥有量）基数极低，但近年来实现高速增长，已超过全球平均水平。根据国际机器人联合会（IFR）的数据，2015 年我国工业机器人的平均密度约 51 台/万人，仅达世界平均值 71%，为日本和德国的六分之一、韩国的十分之一。2017 年中国机器人密度为 108 台/万人，排在世界第 21 位，首次超过全球的平均水平。2018 年中国制造业工厂中的机器人密度是 2010 年的 9.3 倍，达到 140 台/万人（见图 3）。中国制造业的机器人规模化应用程度仍大有提升空间。

从全球范围来看，新加坡、韩国与德国的机器人密度排名前三，分别达到 831 台/万人、774 台/万人和 338 台/万人，美国和日本分别为 217 台/万人、327 台/万人。预计未来 5 ~ 10 年，机器人的替代率将

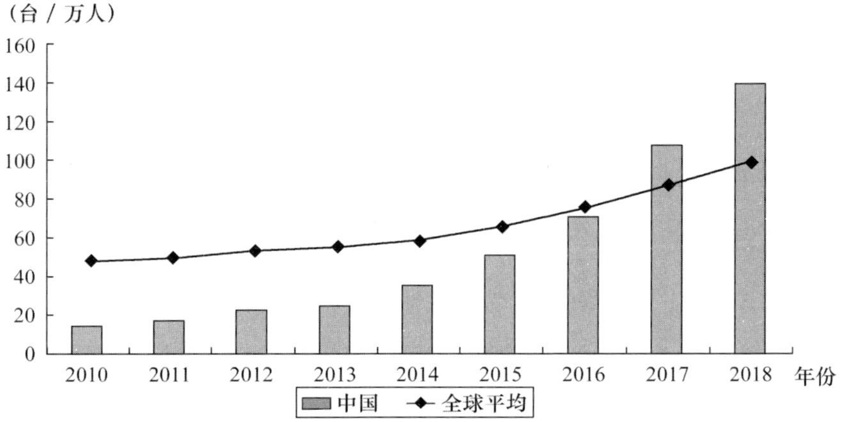

图 3　2010～2018 年中国制造业工厂机器人密度及全球平均密度

资料来源：国际机器人联合会（IFR）。

达到 30% 以上，机器人密度提升的潜力巨大。

（2）机器人保有量持续增长。近年来我国工业机器人保有量在全球保有量中的占比稳步提升。截至 2018 年底，中国工业机器人保有量达到 64.94 万台，全球占比为 26.97%。2013～2018 年间中国新增工业机器人中，国产品牌的占比约为 20%～30%（见图 4）。中国逐步成为工业机器人的主要需求国，同时中国的工业机器人企业也在这一产业背景下逐步发展壮大。

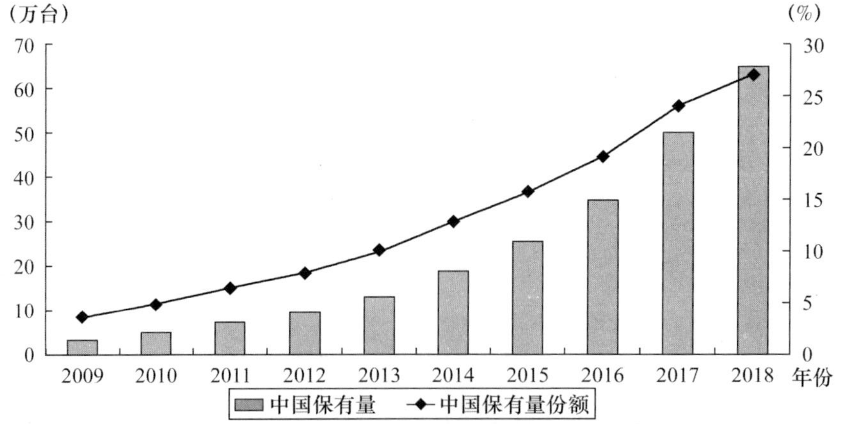

图 4　2009～2018 年中国工业机器人保有量及全球份额

资料来源：国际机器人联合会（IFR）。

2. 工业机器人专利申请数量快速增长

中国工业机器人技术的专利申请开始于20世纪90年代末，但早期的专利申请数量较少，在2010年之前，每年专利申请都未超过100件；经过十几年的技术开发和积累，工业机器人技术的专利申请量在2016～2018年迅速增长，专利技术方向主要来自机械部分的实行机构（机械手方面）、驱动系统、控制部分以及感知系统领域。

根据Incopat专利数据库数据，截至2019年1月1日，共检索到我国工业机器人技术的专利申请量为7023件，其中有效专利3563件，过期专利936件，审查中专利2041件，未授权结案专利483件。工业机器人领域的有效专利量占专利申请总量的51%，有效专利和审查中专利之和占专利申请总量的比例高达80%，过期专利占13%，有7%的专利未能通过专利审查程序而结案（见图5）。可以看出，在工业机器人技术领域，专利申请数量较少，且申请时间较晚（过期专利数量较少），该技术领域的专利申请量还处于快速增长时期（审查中和有效专利数量均较多），但也有约十分之一的专利未能通过专利审查。

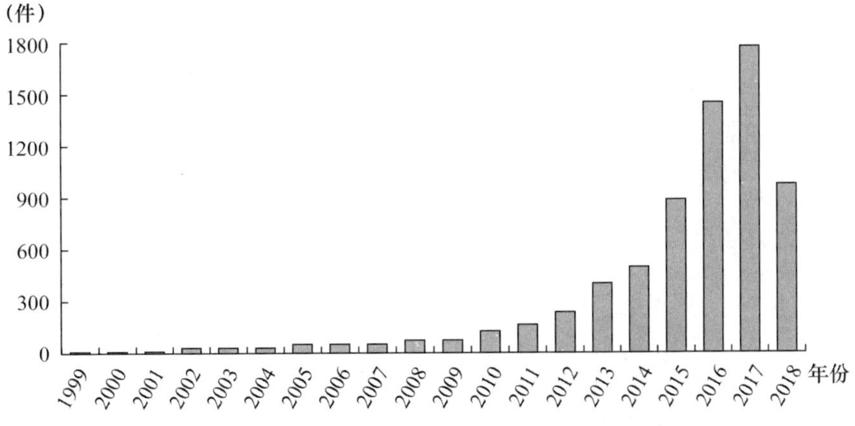

图5　中国工业机器人技术专利申请量（1999—2018年）

资料来源：Incopat专利数据库。

从申请量排名前20的申请人类型情况来看，高校与科研机构占据了26%，但高校申请人的专利中较少与企业联合申请，表明国内目前的工业机器人技术的创新研发中科研机构与高校仍起到了重要的作用，但科技成果迫切需要促进转化。在排名前20的申请人中，四分之一是外资企业，目前我国国内机器人企业的技术研发能力仍显不足，体现在专利方面就是专利申请数量较少，且专利权人较为分散。

我国工业机器人的专利申请趋势与其市场发展情况基本吻合，国内工业机器人从理念提出到变为产业经过了较长时间的技术积累。在未来几年内，可能会有更多的研究者进入该领域，并有可能出现新的技术改良点或者突破点，机器人领域的专利申请数量仍然会维持在一个相对较高的水平。

（二）我国机器人领域产业发展现状

1. 市场规模和产量逐年扩大

（1）机器人市场规模逐年扩大。2018年我国机器人市场规模为87.4亿美元，其中工业机器人市场规模约为62.3亿美元，服务机器人市场规模约为18.4亿美元，特种机器人市场规模约为6.7亿美元。其中工业机器人市场规模约占全球市场份额的三分之一。2014～2019年我国机器人平均增长率达到20.9%（见图6）。机器人正向更加智能化、精细化的先进制造、医疗健康、生活服务等领域快速延伸。

2018年，我国连续第6年成为工业机器人全球第一大应用市场，服务机器人需求潜力巨大，特种机器人应用场景显著扩展，核心零部件国产化进程不断加快，创新型企业大量涌现，部分技术已可形成规模化产品，并在某些领域具有明显优势。根据IFR的测算，2019年我

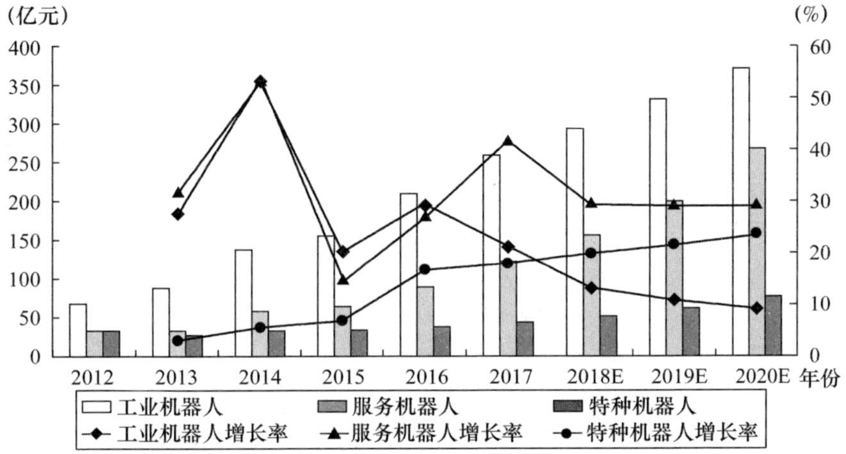

图6　中国机器人细分市场规模及增长率

资料来源：哈工大机器人产业集团《中国机器人行业发展报告（2018）》。

国服务机器人市场规模约为22亿美元，工业机器人销售额有望从2016年的34亿美元增长至2020年的58.9亿美元，年均复合增速约为14.72%。

（2）机器人产量持续增长。2017年我国工业机器人累计生产超过13万台（套），2018年受宏观经济影响，国内汽车、电子等机器人下游行业发展受限，机器人需求增速放缓，产量出现高开低走的态势。2018年度国内工业机器人产量累计达14.8万台（套），占全球产量的38%以上。同时，国内工业机器人行业由于竞争加剧、厂商扩产等因素导致产品价格持续下探。价格下降，有利于我国工业机器人的推广，但短期内行业利润将面临冲击（见图7）。

（3）中上游核心部件环节依然薄弱。国内机器人行业中上游核心部件环节较为薄弱，在机器人核心零部件中，伺服电机、机械本体、减速器属于机械类配件，控制系统、伺服驱动、电气配件及附件属于电器类或电子类配件。当前机器人核心部件产业相对发达的国家分别是德国、瑞士、日本、韩国，因为产品质量出色，国内的机器人企业

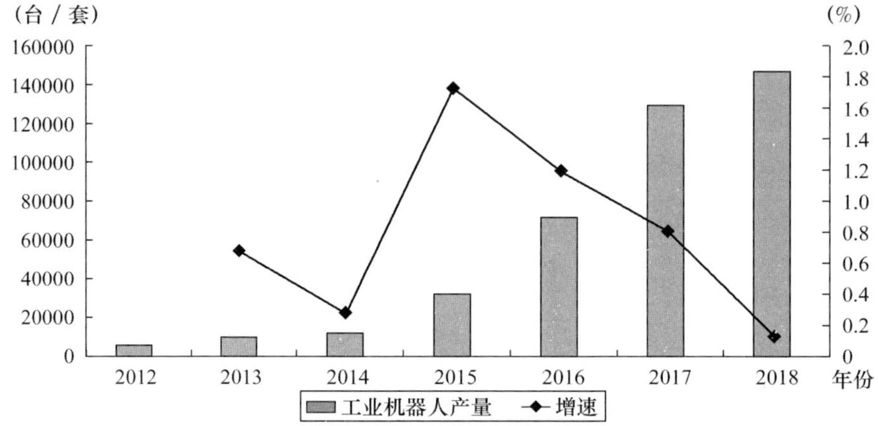

图7　2012～2018年我国工业机器人产量及增长率

资料来源：国家统计局。

在一定程度上从上述国家采购关键的零部件产品。

机器人行业销售成本和服务成本所占比例不高，材料成本和制造成本所占比例最大。在机器人零部件成本构成中，减速器占比为30%，伺服电机、伺服驱动、机械本体和电气附件均占比15%左右，控制系统成本占比为10%，其中减速器的成本最高，大概80%～90%的减速器需要从日本进口。国内企业的议价能力较弱，主要原因是国内零部件企业的规模化低，技术基础薄弱，短期内难以实现机器人零部件的完全国产化。图8为机器人产业链结构图。

2. 国产自主品牌初步具备产业链替代实力

（1）国产自主品牌的关键零部件核心竞争力持续提升

近年来我国机器人呈现高速发展态势，机器人本体出货量增长带动国产核心零部件企业稳步发展。在三大核心零部件当中，控制器产品在软件方面的响应速度、易用性、稳定性方面仍稍有欠缺，硬件平台在处理性能和长时间稳定性方面已经与国外产品水平相当。在原本外资企业占据较大优势的伺服系统和减速器领域，目前国产企业经过

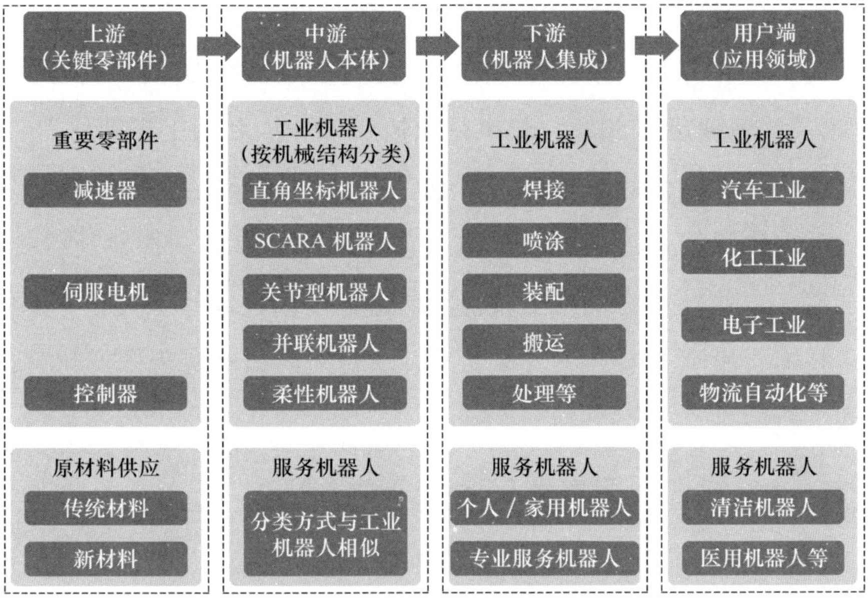

图 8　机器人产业链结构

多年积累和技术沉淀，已经逐步获得国际市场认可，产品竞争力及销售量持续提升。在减速器方面，以苏州绿的、来福谐波、本润机器人为代表的国产企业经过多年技术积累，在模块化技术、柔轮生产过程工艺等方面实现连续突破，目前生产的谐波减速器在性能与可靠性方面已经与国际产品持平，部分产品型号使用寿命可以达到 3 万小时。在伺服电机领域，近年来交流伺服电机相比直流伺服电机因具有精度高、速度快、使用更方便等特点而逐渐成为国际主流产品。随着国内企业有针对性地投入研发力量并在交流伺服电机核心技术上取得关键性突破，国内产品各项性能均有大幅提升，部分伺服产品速度波动率指标已经低于 0.1%，国内外技术差距已经开始出现缩减趋势。

（2）我国已初步具备全产业链替代的实力。2018 年国产机器人整体份额从 2017 年的 22% 增长到 27%，技术难度最高的上游三大核心零部件及中游本体的国产份额均超过20%。但不同环节替代进程不同，其中系统集成进程最快，在汽车生产领域国产份额达到70%，3C领域达到50%，长尾行业达到90%。利用工程师红利和本土化优势，国内企业有望在下游细分领域出现行业巨头；其次是本体，随着硬件技术趋于成熟，国内企业通过掌握运动控制技术提升附加值、走差异化路线正在加速国产化替代；最难的是核心零部件，由于技术含量高、向上突破难度大，短时间内很难实现国产化替代。如表1所示。

表1　　国产机器人产业链环节技术竞争现状

	分类	下游/用途	当前规模（亿元）	毛利率	本土竞争力	国产份额	外资企业	上市公司
核心零部件	控制器	本体	15	20%～40%	**	20%	四大家族	埃斯顿、汇川技术
	伺服系统	本体/集成	15		***	20%	松下、安川、三菱、台达等	埃斯顿、汇川技术
	RV减速器	本体	18		**	25%	纳博特斯克	上海机电、中大力德、双环传动
	谐波减速器	本体	6		****	25%	哈默纳克	中大力德
中游本体	多关节	汽车、3C行业	200	20%～30%	***	20%	四大家庭	埃斯顿
	SCARA	3C行业	20		***	15%		
	直角坐标	3C、物流	35		****	70%		
系统集成	汽车	零部件/整车厂	590	20%～60%	***	70%	ABB、柯马、杜尔	克来机电
	3C	零部件/整机厂	355		***	50%	—	赛腾股份
	长尾	各行业制造厂	237		****	90%	—	博实股份

资料来源：中投产业研究院。

在产业链的竞争分布上，ABB、发那科（FANUC）、安川电机（YASKAWA）及库卡（KUKA）[①] 是全球主要的工业机器人供货商，占据全球约50%的市场份额，上游核心零部件的供应基本被以这四家企业为主的国外企业所占据。国内企业大多集中在中游的机器人本体组装和下游的系统集成，承担系统二次开发、定制部件和售后服务等附加值低的工作，国内机器人市场的巨大潜力带来的产业红利被国外厂商占据（国内中小企业在进口核心零部件时，往往要以高出国外厂商近3倍的价格购买减速器，以近2倍的价格购买伺服电机）。

3. 主要核心零部件行业发展程度略有差异

（1）伺服电机。伺服电机市场竞争激烈，外资掌握话语权。从伺服电机市场规模来看，2018 年中国伺服电机市场规模达到 130. 8 亿元，同比增长 3. 5% 。2018 年中国伺服电机产量为 254 万台，需求量 465 万台，随着产销量的扩大，伺服电机的市场规模也不断增长，同时由于其精度要求越来越高，制造的技术壁垒显著提升，同时伺服驱动系统及其他方面的技术不断成熟，向小微型发展，生产成本也显著降低，因此伺服电机在整个伺服系统中的占比不断提升。安川、松下、三菱、台达、西门子为伺服电机和伺服驱动器市场主要提供商。

近年来，中国企业在伺服电机领域研发投入呈现增长趋势，相关专利申请及公开数量实现稳定增长。2018 年，伺服电机行业相关专利申请数量达到25177 件，同比增长 37. 4% ，专利公开数量为 24028 件，同比增长 76. 4% 。

（3）控制器。工业机器人控制器市场中，发那科、库卡、ABB 等

---

① 2017 年 1 月美的集团完成对库卡的并购，目前美的集团持有库卡约 95% 的股权。但美的集团没有签署控制协议，承诺至 2023 年，美的保证库卡集团融资策略、知识产权和专利、管理委员会的独立性。

国际巨头占据大部分市场份额。控制器国产已经实现突破。控制系统成本占比 12%，相当于机器人的大脑，包括硬件和软件两部分，硬件部分国产品牌已经掌握，基本可以满足需求；软件部分，国产品牌在稳定性、响应速度、易用性等方面还有一些差距。

（3）本体。2012 年之前国内工业机器人市场几乎由外资企业所占据。2012 年本土品牌机器人与独资及合资品牌市场占有率分别为 4% 和 96%，全球 4 大工业机器人巨头发那科、安川、库卡和 ABB 占据中国 53% 的市场份额。2019 年上半年主要本体厂商国内份额中，四大巨头占据 54.5%，国内自主品牌合计占比 35.8%。预计到 2020 年，国产工业机器人占比会提升至 50% 以上。国内工业机器人企业伯朗特在 2018 年出货 5129 台，成为国内工业机器人领域出货量排名第一的企业。2019 年上半年机器人出货量为 2528 台，同比增长 281.72%。

表 2 为机器人行业各环节的技术现状及比较。

三、机器人领域发展存在的主要问题

（一）基础及关键零部件核心技术存在短板

我国机器人领域发展较晚，产业基础相对薄弱，上游核心零部件技术存在短板，精密减速器、伺服电机、控制器等核心部件的质量稳定性和批量生产能力有待全面提升，核心零部件长期依赖进口的局面亟待突破。

精密减速器方面，国产减速器无法实现全面替代进口。减速器用来精确控制机器人动作，包括 RV 减速器和谐波减速器。目前 RV 减速器被日本纳博特斯克垄断，谐波减速器由日本哈默纳科占绝对优

表 2　机器人行业各环节的技术现状及比较

产业链环节	细分环节	全球发展现状	我国发展现状与技术差距
本体		国外机器人本体发展成熟，国际巨头占据较高市场份额	低端产能过剩，高端产能不足； 技术差距：可靠性，一致性相对较差
核心零部件	减速器	50 年以上的研发应用实践，已开始重点攻克产品微小化和降低成本的技术难题。 RV 减速器：日本纳博公司占 60%； 谐波减速器：日本哈默纳科占 15%	RV 减速器：精度、寿命、质量稳定性等方面有差距，较难批量生产，谐波减速器：输入转速、扭矩高度、传动精度、效率，使用寿命等方面有一定差距
	伺服电机和驱动器	欧美产品：过载能力高、动态响应好、驱动器开放性好，有总线接口，但价格昂贵； 日本产品：质量较可靠、价格相对较低，但动态响应能力差，开放性差	国内已经具备一定的研发实力，但产品的体积较大，输出功率偏小，运动精度较低；动态性能、可靠性能尚需验证
	控制器	目前国外主流机器人厂商的控制器均为通用的多轴运动控制器平台基础上进行自主研发，各品牌机器人均有自己的控制系统与之匹配	总体积相对较小，但缺乏拳头产品，品牌效率欠佳
系统集成		在汽车等机器人高端应用领域占有优势	多在汽车以外的行业寻找机会，在工艺特点、响应速度等方面有一定的本土比较优势
检测试验平台		各大公司大多建有专门的检测机构，具备全套的机器人检测能力	第三方检测机构（国家机器人检测与评定中心），较难对工业机器人整机进行全面的检测试验

资料来源：课题组根据《机器人产业深度发展解析》等整理。

势。其中，谐波减速器结构相对简单，仅有三个基本零部件，而且哈默纳科的专利早已到期，国产谐波减速器跟国外相比差距不大，以苏州绿的为代表的国产谐波减速器可实现进口替代。但 RV 减速器是纯机械的精密部件，材料、热处理工艺和高精度加工机床缺一不可，其核心难点在于基础工业和工艺，要将 200 多个零部件组合在一起，精度要求苛刻，零部件之间的公差匹配需要多年经验积累。我国在这几个方面长期落后，并非单靠某个企业能够解决，仍未能摆脱依赖进口的局面。

伺服电机方面，具有较高的国产替代空间，但目前国产伺服电机只能满足部分中低端机器人的需求。国内企业从服务和性价比入手取得技术突破，但仍需要对运动控制领域进行长期深入的研究，以及大量资金投入和长时间的市场验证，从 2018 年伺服电机市场竞争格局来看，欧美系份额从 2017 年的 18.7% 提高到 19%，日本与我国台湾产品份额从 59% 略降到 56%，国产厂商份额从 22.3% 增长到 25%，以汇川、埃斯顿为代表的国产伺服机已开始在纺织、锂电、工业机器人、电子、物流等多个行业替代外资品牌，但如果外资品牌调整经营策略、加大本土化经营力度，则有可能导致国内企业产品的毛利率下降，国产化替代面临较大挑战。

控制器方面，国产厂商已经解决有无问题，但在稳定性、响应速度、易用性等方面与国际主流品牌存在较大差距。控制系统的开发涉及较多核心技术，包括硬件设计、底层软件技术、上层功能应用软件等，随着技术和应用经验的积累，国内机器人控制器所采用的硬件平台与国外差距不大，国内机器人控制器与国外产品存在的差距主要在软件部分。由于缺乏平台基础，国产厂家制造的控制器多为封闭结构，存在开放性差、软件独立性差、容错性差、扩展性差、缺乏网络功能等缺点，难以适应智能化和柔性化要求。

（二）产业从中低端向高端迈进仍存在困难

以工业机器人为例，根据 IFR 测算，我国工业机器人的销售额有望从 2016 年的 34 亿美元增长至 2020 年的 58.9 亿美元，年均复合增速约为 14.72%。目前国内机器人的核心零部件和本体大部分市场依旧被外资品牌占有，但已有部分国内厂商攻克了减速器、伺服电机等核心零部件的部分难题，国产工业机器人市占率也逐步提升。产业发展和企业经营还存在一些问题。

1. 低端本体产能过剩，高端产能不足

我国机器人制造企业以组装和代加工为主，处于产业链的低端，旺盛的中低端市场需求带来了行业过热的苗头，由于各地政府建立的各种产业园和制定的各类补贴政策缺乏严格的高技术标准限制，准入门槛较低，资本的短期逐利性和机器人产业的长期发展规律相违背，使得国产六轴以上机器人等高端本体产能不足，占全国机器人销量的比重不足 6%；低端本体（以搬运和上下料为主的直角坐标机器人等）产能过剩情况严重，以至我国自主品牌机器人以三轴、四轴的坐标机器人和平面多关节机器人为主。而外资品牌销售的机器人中多关节型机器人占全国机器人销量的比重达到 62%，我国机器人自主品牌产品和高端产能还远不能满足各应用领域的发展要求。

2. 系统集成商数量多但竞争力弱

我国机器人行业系统集成商数量众多，但大多规模较小且主要集中在低端领域。我国机器人相关企业有 3800 家，其中系统集成商就占 95% 以上。据相关统计数据，2017 年我国工业机器人集成商数量达到

1976 家，绝大多数工业机器人系统集成企业规模偏小，与国际巨头规模差距悬殊。其中营收超过 1 亿元的仅 40 ~ 50 家，绝大部分企业系统集成业务营收不超过 3000 万元。从工业机器人应用工艺结构来看，搬运、上下料等系统集成领域技术门槛相对较低，应用占比较高，而装配、焊接等工艺对系统集成商的技术实力和研发创新能力要求较高，应用占比相对较少。

造成这一情况的主要原因，一是缺乏行业应用经营积累，国内机器人系统集成商起步相比于国际巨头较晚，国内大多数系统集成商是近 3 年成立的，在技术积累、项目经验上比较欠缺。国际厂商的先发优势占据了高端工业机器人应用场景（如汽车工业），国内厂商主要参与非核心环节、附加值较低的项目。二是行业特点决定系统集成较难形成规模效应。系统集成属于机器人二次开发的产品，需要熟悉下游应用行业的工艺，要完成重新编程、布放等工作，这对系统集成商的行业应用经验积累提出了很高的要求，不同应用领域存在一定的行业壁垒，很难实现跨行业拓展业务。

3. 企业经营成本压力较大，部分企业获利依赖政府补贴

一方面，我国机器人的核心部件长期依赖进口，生产成本、采购成本、管理成本等相对较高。而国外机器人企业起步早、产业基础成熟，很多企业本身就是关键核心部件的供应商，如发那科是世界上最大的专业数控系统生产厂商，安川是全球最大的电机制造商之一，在成本上具有天然优势。另一方面，在缺乏技术和成本优势的情况下，部分国内机器人企业以产品的“性价比”来打开市场，主要集中在中低端产品，低水平竞争导致盈利空间缩减。其中，特种机器人企业由于应用场景特殊，用户购买行为难以培育，面临更为严重的资金与技术的双重压力。

4. 检测认证体系不健全制约机器人向高端升级

目前国内已有的机器人标准以强制安全认证为主，缺乏产品功能性认证，虽然国家机器人检测与评定中心、国家机器人创新中心、中国机器人产业联盟等部门在标准规范制定、检测认证实施等方面的工作不断推进，但当前仅有部分工业机器人生产企业对产品的部分性能进行出厂检测，缺少相关标准及专业研究，检测仪器配套较差，检测结果的可靠性较低，测试项目尚不能满足产品质量控制的要求。由于机器人技术发展较快，应用场景变化较大，但国家标准制定周期较长（通常需要 2 ~ 3 年），现有的标准以工业机器人为主，服务机器人及特定领域的特种机器人还缺乏相应的标准作为质量评定依据。我国标准体系和认证规范滞后于产业发展，导致国内机器人产品良莠不齐，尚未形成有序发展的产业体系。

（三）创新人才存在数量和结构性短缺

1. 机器人人才短缺

我国机器人行业发展面临机器制造与应用人才短缺的挑战。机器人的设计、研发、使用、维护都需要大量的高科技人才，相比于机器人行业发展和技术进步的速度，我国已有的人才储备量和人才培养速度都远远无法满足。根据教育部、人社部与工信部发布的《制造业人才发展规划指南》的预测，到 2020 年我国高档数控机床和机器人领域人才缺口将达到 300 万，到 2025 年，缺口将进一步扩大到 450 万。机器人产业有着多层次的人才需求，虽然我国企业和科研机构不断加大机器人技术研究与机器人本体研制方向的人才引进与培养力度，但研发工程师、系统设计与应用工程师仍是重点稀缺人才，现场调试、维护操作与运行管理等应用型人才的培养力度依然有所欠缺。

2. 人才培养体系不健全

目前我国高职工业机器人技术专业是新兴专业，国内针对工业机器人职业教育正处于起步阶段，还未形成指导标准和样板工程，工业机器人人才培养模式主要由机电类专业的培养方向发展而来，人才培养过程来自各院校系专业课程的稍微调整，主要偏向机电类技能人才，培养以电控或者机械为核心的技术人才。而有的院校以机器人为主体，整个专业以工业机器人本体为单一核心，缺乏与产业和行业的结合，整个人才培养体系不健全。“中国制造 2025”战略的实施要求，工业机器人人才的培养不仅仅是工业机器人技术的单项能力，以此作为核心显然不能完全满足制造业转型升级。对于现有的人才培养体系，缺乏工业互联、专项工艺技术、机电设备维修管理方面的结合能力，现有的培养目标和课程体系仍不能满足需求，而为“中国制造 2025”战略转型升级的工业机器人技术培养方案急需增加工业互联、行业工艺技术和机电设备维修管理等方面的课程建设，增加综合知识来完善培养体系。

3. 教学师资和实训资源不足

一是实训基地缺乏，人才培养实践能力不足。机器人技术课程强调动手实践能力，先进制造业转型升级对工业机器人人才的动手能力要求较高，无论是操作、编程，还是安装调试，都需要以学生为中心。然而目前的人才培养模式由于缺乏先进的工业机器人实训基地和实训室，教学的实践应用环节设置相对薄弱，培养比较侧重理论部分，导致工业机器人技术人才培养效果不佳和质量下降。

二是专业较新，师资队伍和教学资源不足。工业机器人技术发展非常迅速，是一门新兴学科，集成了机械、电气、控制技术、自动化和工业互联等技术，近两年很多高职院校纷纷开设此专业，但是大部分的任课教师都不具备工业机器人的实操经验，在讲授过程中偏向讲解机器人的机械结构和控制理论知识。用于教学实训的资源也较匮乏，工业机器人的价格非常昂贵，以 ABB 工业机器人为例，目前教学机型用得比较多的 3kg 轻量型机器人 IRB120 单台价格在十几万元以上，还不包括与机器人相配套的外围集成设备，而且机器人占用场地比较大，对于场地的要求比较高，给实训教学带来了很大的困难。

（四）存在工业后发国制造业劣势的共性问题

机器人是综合了计算机、机械工程、电子信息、控制、材料、人工智能等多个学科的高新技术领域，发达国家已持续多年投入大量人、财、物资源，我国作为工业后发国起步较晚，在机器人领域与发达国家的差距不仅仅是行业内的差距，而是源于整个工业基础和实力的差距。发达国家已通过相对长期的工业积累，建立起了可持续发展的制造业能力和完善的工业体系，以及完整的科学技术体系，在工业制造的原型设计上比我国多 5 ~ 10 年的储备。而我国则因为工业积累不足，没有建立完全自给自足的原创工业体系，多个行业的工业母机难以购入和仿制。同时也缺乏国际领先的相关数据标准，在工业机械设备和软件工艺上一直存在局限，这导致了我国很难制造出和欧美相匹配的高精度工业设备，我国与西方发达国家的技术还存在较大的代际落差。

四、国际经验借鉴

（一）重视战略引导与顶层规划，抢占竞争制高点

从全球范围看，美、欧、日等发达国家和地区纷纷提出促进机器

人发展的相关战略规划，以提升产业国际竞争力为核心目标，在技术研发、产业发展等方面进行布局。如美国“再工业化”战略、日本“机器人新战略”、德国“工业4.0”、英国“工业2050战略”、法国“新工业法国”等都体现了发达国家对机器人产业的战略重视和政策扶持，都将工业互联网、基于机器人和人工智能的智能制造纳入了未来发展战略的核心。

1. 推出国家机器人发展计划以争夺全球领先地位

美国在2011年制定的《国家机器人计划》目标是建立美国在下一代机器人技术及应用的领先地位。2014年欧盟委员会和欧洲机器人协会euRobotics共同启动全球最大的民用机器人研发计划“SPARC”，以确保欧洲机器人在世界范围的战略领先地位。根据该计划，到2020年欧委会将投资7亿欧元，euRobotics将投资21亿欧元推动机器人研发，研发内容包括机器人在制造业、农业、健康、交通、安全和家庭等各领域的应用。2016年7月，英国政府发布“机器人发展战略（RAS2020）”，并提供配套财政资金，确保机器人产业能够与全球领先国家竞争。日本则在2015年发布的《机器人新战略》中指出，要成为世界第一的机器人应用国家。韩国在2019年推出机器人发展蓝图，目标是产业跻身世界前四。

2. 面向未来制定机器人发展路线图

美国将机器人技术列为继互联网之后可能对人类社会产生深远影响的技术之一，通过制定机器人路线图来建立下一代机器人技术及应用方面的优势。欧盟颁布了机器人发展路线图，用以指导各成员国机器人未来的技术与产业的发展。韩国则将服务机器人技术列为未来国家发展的十大“发动机”之一，在其2019年发布的机器人制造业发展蓝图中提出2023年让从事机器人制造、年收入在1000亿韩元以上的韩国企业达到20家，同时寻求掌握机器人领域硬件和软件的核心技术，降低对美国和日本等拥有尖端技术国家的依赖。

3. 政府直接支持机器人研发机构

欧盟成立了专门机构，对欧洲机器人技术的发展进行长期研究，并实施了规模庞大的民用机器人研发计划，投入大量资金研发可用于医疗、护理、家务、农业和运输等领域的机器人。英国政府将在财政方面大力支持EPSRC旗下UK－RAS网络中心的10个研究中心和实验室，这些研究中心和实验室旨在提高自动化与控制技术，以及具有互动性、认知性的实物工具和机器人自主系统（RAS），重点研究领域包括感知与认知机器人、自主系统、医疗与辅助机器人、服务与车辆机器人。韩国产业通商资源部将在2020年起的7年内，拨款1000亿韩元用于研发机器人核心部件技术，包括智能控制、自主驾驶传感器、智能手臂以及软件。

（二）加强国内机器人应用市场培育

日、韩、德等世界机器人领先国家的经验表明，机器人行业的发展首先得益于在其国内各应用领域的持续应用与推广。

日本的机器人技术与产业具备强大的竞争实力，与其重视培养机器人行业应用优势关系密切。日本从20世纪70年代就开始在汽车工业的装配生产线上使用机器人，日本汽车制造厂商为各类机器人的大量应用提供了巨大的国内有效需求，借助在全球具有竞争优势的汽车行业、电子电器行业等对机器人的大量应用，使得部分日本机器人制造企业进入全球机器人研发、设计、制造、销售与服务综合竞争力最强的企业集团之中。此外，日本经济产业省设立了“机器人政策室”，旨在促进机器人在服务业等领域的应用。为促进中小企业引入机器人提高生产力，日本政府还为这些实施革新的中小企业提供补贴。

韩国目前在电子和汽车行业的机器人应用保持世界领先，但在纺织和食品等行业的机器人应用相对滞后。2019 年韩国发布的机器人发展蓝图中计划同时发展工业和服务业机器人，韩国产业通商资源部希望利用机器人振兴传统产业，承诺推广机器人租赁服务并降低准入门槛。在老年护理、医疗、物流和可穿戴设备等领域，韩国政府正酝酿一份 2020～2026 年服务业机器人扶持方案，资金额度为 3000 亿韩元。

德国的汽车制造业是工业机器人应用最广泛的领域，拥有极高的机器人应用水平，促进了德国制造业特别是汽车制造业的发展，而机器人在汽车制造业等行业的广泛应用，也反过来促进了德国在机器人领域的研发及生产。

机器人在这些重点行业中的应用所带来的销售和研发等方面的规模效应，使得日、韩、德等国机器人产业在减速器、数控系统和伺服电机等核心零部件以及整机制造的自主研发和品牌培养等方面不断积累竞争优势，已经超越了美国企业的整机制造水平。

（三）发挥领域优势以形成独特发展模式

从世界机器人领先国家和地区的产业发展过程可以看出，日本、欧洲和美国都充分发挥自身优势，形成了各自不同的发展模式和政策重点。

日本号称“机器人王国”，在汽车和电子行业领域拥有绝对的国家竞争优势，其“新经济增长战略”进一步把机器人产业作为本国经济增长的重要支柱，出台了低息贷款、长期租赁等鼓励中小企业发展和推广应用机器人的一系列扶植政策，通过扩大机器人应用领域、设立“实现机器人革命会议”、加快技术研发、出台放宽限制的政策等大力促进机器人应用。在产业模式上，日本的主要特点是：行业经营者各司其职，分层面完成交钥匙工程。机器人制造厂商以开发新型机器人和批量生产优质产品为主要目标，并由其子公司或社会上的工程公司来设计制造各行业所需要的机器人成套系统，并完成交钥匙工程。

欧洲与日本同处于世界机器人第一阵营，但还存在发展不均衡导致产业优势发挥不充分的问题。因此欧盟委员会和欧洲机器人协会发挥联盟协作的优势，在 2014 年联合 180 家企业及研发机构启动了民用机器人研发计划“SPARC”，采取专业协会和政府相结合的决策模式，欧洲机器人协会是计划的主体，能较好地反映市场的需求和企业的声音，欧盟则扮演推动和监督的角色，经费投入采取公私联合模式，欧盟投入四分之一，其余皆由协会企业投入，这确保了资金的利用效率。欧洲在产业模式上的特点是一揽子交钥匙工程。即机器人的生产和用户所需要的系统设计制造，全部由机器人制造厂商自己完成。

美国作为世界头号科技强国，历来重视其在科技产业领域的领先地位，牢牢占据机器人理论研究和未来发展的制高点。首先提出工业机器人概念的是美国科学家，并在 1962 年由 AMF 公司开发出第一代工业机器人，继而在 20 世纪 80 年代制定了一系列政策措施，增加研究经费，鼓励工业界发展和应用机器人，率先开始生产带有视觉、触觉的第二代机器人；21 世纪以来，美国又进一步提出投资 28 亿美元用于开发基于移动互联技术的第三代智能机器人。2018 年 10 月 5 日，美国白宫发布了《美国先进制造业领导力战略》，提出了要确保未来美国占据先进制造业领导地位的战略规划，明确大力发展先进工业机器人。目前美国在视觉、触觉等方面的智能化技术已非常先进，高智能、高难度的军用机器人、太空机器人等发展迅速。美国模式的特点是：采购与成套设计相结合。美国国内基本上不生产普通的工业机器人，企业需要机器人通常由工程公司进口，再自行设计、制造配套的外围设备，完成交钥匙工程。

五、促进机器人领域发展的思路和建议

（一）集中力量支持机器人核心零部件技术突破

一是集中我国机器人领域的优势科技资源，推进核心零部件和重大标志性产品率先突破。重点在于全面提升高精度减速器、高性能伺服电机和驱动器、高性能控制器等关键零部件的质量稳定性、工艺能力和批量生产能力，突破技术壁垒，打破长期依赖进口的局面。一方面聚焦智能制造、智能物流，面向智慧生活、现代服务、特殊作业等领域，积极开发标志性产品，推动产品向产业链高附加值方向发展，加速推进机器人向中高端迈进。另一方面夯实工业基础能力建设，建立人工智能、感知、识别、驱动和控制等新一代技术研发平台，同时关注没有被现有机器人技术体系所纳入的如能源、大数据、安全和材料等领域的技术创新。

二是建立完善适应我国机器人领域现阶段发展的产学研协同创新机制。积极发挥国家机器人创新平台的支撑引领作用。依托国家机器人创新中心等机构，发挥行业骨干企业主导作用、中小企业协同配套作用、高校科研院所技术支撑基础作用、行业中介组织的保障服务作用，畅通科技成果转化和技术转移渠道。一方面，重点开展人机交互、柔顺控制、功能仿生、智能感知等关键共性技术和前沿技术攻关，打通产业化通道，为企业提供共性技术支持和服务。另一方面，积极跟踪全球机器人未来发展动态，前瞻布局新一代机器人技术，推进新一代信息技术与机器人深度融合，完善操作平台软件、安全控制系统，

重点开展机器人通用控制软件平台、人机共存、安全控制、高集成一体化关节等前沿技术研究。

（二）加快推进机器人产业应用示范

一是推进机器人在细分行业和重点领域的推广应用。围绕机器人区域发展特色和重点应用领域，因地制宜实施一批效果突出、带动性强、关联度高的典型行业应用示范工程，引导企业分步骤、分层次开展机器人在细分行业的推广应用。二是加快推进机器人产业区域差异化集聚发展。结合不同区域机器人产业实地发展基础及特色，引导机器人企业依托当地深厚的产业基础和发展优势，加快产业集聚，增强核心竞争力。三是加快开展体系结构、中间件与模块化技术攻关和应用示范，加大扶持以中间件与模块化技术为核心的软件与功能构件产业化发展。

（三）建立健全机器人领域人才队伍培养体系

一是建立机器人领域多层次的应用型人才培养体系。从机器人行业发展的实际需求出发，切实推进产学研一体化人才培养模式，建立校企联合培养人才的新机制，培养从应用研发、系统集成、安装调试、操作维护到运行管理的多层次、多类型应用型人才。二是建立机器人行业高端人才发展及跟踪评估体系。在核心关键技术领域有针对性地引进海外高层次人才和开展国际人才合作，开展实施围绕机器人行业的创新人才推进计划、领军人才计划、海外高层次人才引进计划等重大人才工程。三是切实加强操作性基础技术人才的培养力度。支持第三方行业组织、企业与高等院校、专业培训机构与产业集聚区建立合作关系，探索实施“校企合作、工学结合”的人才培养模式，共同推动建立符合我国机器人产业发展实际的人才实训基地，重点培训面向操作的应用型人才。

（四）完善机器人产业标准体系和行业规范

一是加快完善机器人产业标准体系。加快研究制定产业急需的各项国家标准、行业标准和团体标准，支持机器人评价标准的研究和验证，尽快制定通用技术标准，构建和完善机器人产业标准体系。二是完善机器人检验与认证体系建设。进一步提高机器人检测认证的规范性、一致性和采信度。推动我国机器人检测认证工作迈入制度化、规范化，提升我国在机器人领域的核心竞争力和国际话语权。三是加强行业规范管理。按照《机器人产业发展规划（2016—2020 年）》的部署，加快推进《工业机器人产业规范条件》《工业机器人行业规范管理实施办法》等产业政策落实，组织开展行业规范管理实施工作。鼓励企业积极申报，对符合工业机器人行业规范条件的企业进行公告，引导各类鼓励政策向公告企业集聚。

（五）建设机器人行业开放式资源共享平台

一是加强国家级机器人公共服务平台建设。围绕机器人技术创新、产业应用和产品推广提供公共服务，探索建立集资源汇聚、人才交汇、成果转化、创业孵化等于一体的综合服务体系，促进行业内信息交流和跨界合作，实现跨机构、跨区域的资源整合与信息共享，建立创新成果产业化支撑体系，为企业切实提供成果供需对接、知识产权布局、中试熟化、产业化等综合服务。二是积极促进机器人领域的国际交流与合作。充分发挥行业协会、学会、产业联盟等第三方机构的组织协调作用，搭建更多交流合作载体，多渠道、多层次地开展技术、标准、产品、人才、资本等方面的国际交流与合作，围绕机器人发展战略布局与政策导向、“一带一路”建设与机器人发展机遇等热点话题，开展高水平的学术交流，积极推动我国机器人技术创新和产业发展。

执笔人：许守任

专题报告九

日本和韩国技术追赶与政府科技管理体制演变：经验与启示

政府大规模介入科技事务是“一战”前后，尤其是“二战”以后出现的现象，日本科学史家广重彻将之称为“科技体制化”。在“科技体制化”这一具有全球普遍性的进程中，各国政府根据本国的历史和现实需要形成或选择了不同的科技决策与管理体制。其中，比较引人注目的是日本和韩国战后经济快速增长，科技迅速崛起，有很多学者将之称为技术追赶模式，并进行了系统的总结。

从广义的角度来说，19 世纪末期，美国和德国抓住第二次工业革命的机遇追赶英国，也可以说是一种技术追赶，但是彼时科技发展尚未体制化，政府客观上所起的直接作用非常有限，更多是通过普及教育、提高国民识字率等间接手段。例如，基础教育的普及被认为是普法战争德国战胜法国的重要原因。而日韩的技术追赶模式则不同，此时政府已经深度介入了科技决策与管理体系，并且形成极具特色的“官产学”合作模式。已有的研究尤其是国内的研究普遍认为，日韩的技术追赶是以企业为主体的，同时政府也扮演着重要的角色，但是涉及具体的细节又语焉不详。政府在此进程中起到了多大的作用？又是如何发挥作用的？是中央政府作用大还是地方政府作用大？二者又是如何分权分工的？

日本和韩国是后发国家科学技术体制化研究以及科技政策研究的重要案例。在回答上述问题之前，我们有必要先对此进程进行一个简短的回顾。日韩经验中，尤以日本经验更为重要。本文将以日本经验为重点，介绍日本和韩国技术追赶与政府科技管理体制演变历程。

一、日本技术追赶与政府科技管理体制演变

（一）战后恢复与科技厅的成立轨迹（1956 年）

日本科技体制化进程可以追溯到明治时期。对于日本这样的科技后发国而言，现代意义上的国家科技系统的构建从一开始即是一种政府行为。明治维新中的各种重大举措均直接发自政府最高决策层，构建、发展国家科学技术事业的工作也不例外。所以，明治初期日本科技管理与决策机制只能是一元的。明治政府于 1868 年设立大学校，1871 年设文部省，1870 年设立工部省，1877 年创立东京大学，1879 年建立东京学士会院。大正时期 1914 年设立了化学工业调查会，1916 年设立了制铁业调查会，1917 年成立理化学研究所。所有这些举措均出自最高决策层，或直接得到了内阁（1885 年，废除太政官制，建立内阁制）及国会的推动和支持。

然而，就在明治政府的形成和扩展过程中，新设立的政府部门均被赋予了科学技术决策及管理的功能，因为各省部均需要通过发展同本部门相关的科学技术来实现明治维新的目标——面向世界求知识、殖产兴业、富国强兵等。这意味着科技决策和管理的基本层面发生下移，意味着某种形式的多头管理模式迅速产生。

在发展国家科学技术系统方面，相对而言，文部省在众多新设立的省部机构中负有更多的责任。自设立以后，文部省即负起了开展科学技术教育乃至研究的责任。设立次年，文部省即颁布了新学制，强制废除日本旧学（和算、历学、皇汉医学），并在从小学到大学的各个教育层面上系统引入西学体制。这种新学制体现的是明治政府的意图，并得到了当时留守政府负责人大隈重信的坚决支持，若非如此，新学制不可能被强行推行，甚至在遭遇重大文化阻力后也不动摇。类似地，工部省、民部省、海军省、陆军省以及其他省部均纷纷建立各自所需要的学寮、职业学校乃至研究机构。

一般来说，多元管理模式的不利之处在于有时无法避免不必要的竞争和资源浪费，但同时也拥有一个极大的长处，这就是，它有利于学术自主的发育和成长。明治中期（1893 年）颁布的大学令即在大学或科研机构科技管理这个较为具体的层面上确立了讲座制和教授会制度，同时废除了原有的科目制和由官方委任的评议制。这两种制度在日本长期存在，对日本学术的发展产生了广泛影响，譬如，教授会制度一直沿用至今，其功能直到大学法人化改革以后才有所削弱。尽管今天人们在评价讲座制和教授会治校制度时经常将日本传统的家学制度与之联系在一起，指责这种制度易于产生学阀；但这种制度与西方学术自治理念有着更多的关联，它对于西方先进科学研究传统的引入和维护也同样起到了极其重要的保障作用（乌云其其格，袁江洋，2010）。

正是在这种多元体制下，日本用了 30 年时间达成了工业化，初步形成了自己的国家科学技术系统。到 20 世纪 30 年代中期，日本已经凭借基础科学全面建立了重化工工业，还建立起了覆盖全国的输配电干线网络。

“二战”战败后，整个日本的经济实力、生产实力和技术实力都遭到了毁灭性打击，生产设备和研究设施被彻底摧毁。不过也有幸免的东西，那就是幸存下来的技术人员。这些被称为“技术官僚”的人员在战后第二年就汇总整理出了战后的第一项政策成果，这就是1946年9月制定的《日本经济重建基本问题的修订版》。其中包括“技术研究的奖励与组织化”“研究经费的支出”“技术研究的实用化”“技术的综合化”以及“重视基础研究”等至今仍适用的建议。这些建议有很多都是战前编制的《科学技术新体制确立要纲》中已经提出过的内容，战前的科技“遗产”就以这样一种形式被继承了下来。当然也有战后新追加的题目，比如“与外国的技术交流”和“出口产业与技术研究”等。

日本战后的科学技术和产业技术主要分为两大谱系。一个是为了在战败后的饥饿和通货膨胀状态中让日本经济重新走上再生轨道而设置的经济安定本部下属的资源委员会。资源委员会由技术官僚和工科领域的大学教授等担任委员，讨论并提出各种经济重振建议。该资源委员会后来更名为资源调查会，1956年5月成立科技厅（2001年改编为文部科学省科学技术与学术政策局）时接管了委员会并接收了其中的人才。

另一个是作为科学技术的新学术体系、于1949年成立的“日本学术会议”。当时在盟军最高司令官总司令部的支持下，为改革战前的学术体制，成立了由各领域参加的学术体制改革委员会，经过该委员会的讨论，成立了作为审议机构的“日本学术会议”，以及负责将学术会议的建议反映到政策制定机构——“科学技术行政协议会”（STAC，由学术会议的代表和相关各省厅的事务次官组成，后来科技厅成立时该机构被废止）。

在这一过程中，给日本国民，尤其是科学家们带来极大自信和希望的，是日本首位诺贝尔奖得主汤川秀树博士获奖的消息。1949 年 11 月，汤川博士凭借基本粒子理论“介子理论”获得了诺贝尔物理学奖。这条令人振奋的消息传开后，1952 ~ 1953 年日本政界和学术界等纷纷呼吁，要想应对全球范围的技术革新，积极推进科技政策，就必须设置强有力的科技行政机构。

主张和平利用原子能的势力推动了这一进程。朝鲜战争爆发后，美国提前结束占领期，并于 1951 年与日本签订《旧金山和约》和《日美安保条约》，将日本转变为政治盟友，允许日本重拾军备，日本由此获得朝鲜特需订单。战后曾受到严格限制的飞机和核能相关研究被解禁。在这种背景下，1955 年 5 月，日本众议院下属商工委员会通过一项决议，即“为了推进核能的和平利用，实现科技的飞跃发展，希望在总理府设置科技厅，对包括原子能统括机构在内的所有科技行政机构进行综合调整和革新”。

同一时期，全球性的原子能和平利用运动蓬勃展开。1955 年 8 月，联合国在瑞士日内瓦主持召开了第一届和平利用原子能国际会议，日本也派出 5 名技术官员出席会议，超党派国会议员团随行。会后，国会议员团视察了欧美各国，并发表联合声明，强烈呼吁制定促进原子能和平利用的基本法律，设置推进相关法律制定的科技行政机构。

关于成立科技厅，国会议员率先行动推进立法，政府内部也积极呼应，首先于 1956 年 1 月在总理府内设置了原子能局，同年 5 月终于成立了科技厅。科技厅的组成部门包括由科学技术行政协议会的事务局变更而来的企划调整局、由总理府原子能局变更而来的原子能局以及由资源调查会事务局变更而来的资源局，此外，工业技术院的调查部门和专利厅的发明奖励部门也合并至科技厅的调查普及局。尽管科技厅成立之初，打算把隶属于各省的试验研究机构全部纳入其麾下统一管理，但是当时的通商产业省、文部省、农林省和运输省等都已经在各自的领域拥有相关的科研所，都不愿意放弃各自的权益，最终它并没有从各省接管到任何一个研究机构，就连通商产业省旗下的工业技术院也没有并入科技厅的管辖范围，只有总理府所属的航空技术研究所和新成立的金属材料研究所划归科技厅管辖，还有就是在其自身的管辖之下设立了一些国立研究机构和半官半民性质的特殊法人机构，开展原子能和航空领域的大科学研究。

但是，科技厅的成立是日本科学技术向“体制化”迈进的重要步伐，它的成立终于使科技政策成为日本国政的一个重要领域，同时，也将科技与工业、经济发展以更密切的方式结合在一起。科技厅的主要任务是，对科学技术进行综合的行政管理，规划科学技术振兴的基本方策，协调各省厅有关科技事务，调整科研经费的预算和分配，促进原子能的试验和研究。科技厅成立后，科学技术行政协议会被废除，同时在其下设立了一个科学技术审议会。

（二）高增长年代与《科学技术基本法》的搁浅又重启

1. 科学技术会议（1959 年）

日本抓住了朝鲜战争带来的机会，打开了通往世界上主要技术输出国的道路，通过进行大规模的技术引进和增大技术创新投资，振兴科学技术并以此带动经济发展。朝鲜战争是日本经济快速摆脱战后经济困境的主要原因。在科技方面，以美国战地记者高度评价尼康和佳能等日本相机的性能为契机，日本开始了相机产品的全面出口。不仅是相机，手表和缝纫机等精密工业也被视为日本高技术水准的象征。

1955 年，日本政府通过阁议出台了“经济自立 5 年计划”，在该计划中政府首次提出了以经济建设为中心的科技振兴政策。

科技厅成立时，日本学术会议十分担心它会阻碍科学的自由研究，使科学成为政治的附庸，因而反对成立科技厅。科技厅的成立大大削弱了日本学术会议的行政职能，但科技厅并不干涉日本学术会议掌管的与人文学科有关的事务以及大学的研究活动，这类事务仍由学术会议掌管。

科技厅虽然是在政界和财界的推动下成立的，但受制于官僚的管辖意识和“省厅利益”，在很长一段时间里，始终未能发挥出全面推进科技管理的主要职能。本应发挥重要作用的科学家及各学术团体担心科技厅是战争时代技术院的翻版，所以并没有表现出积极的合作态度。尽管科技厅每年都在强调科技管理的重要性，并宣传科技厅的存在感，但始终未能获得日本学术界的认可。因此，每年的预算交涉都像是一场角力比赛，国立大学等的科研经费由文部省负责，企业的科研经费则由通商产业省负责，科技厅只负责国策研发。

刚好此时，美国和苏联等轰轰烈烈地推进了太空开发等国家项目。日本在这一时期也从战后重建中崛起，亟须一个能强力推进科技管理的组织。

1957 年 11 月，日本发起了由科技厅、文部省、通产省等 11 个省厅的阁僚组成的科学技术关系阁僚恳谈会，讨论科学技术振兴对策。当时采取的措施中极其重要的一条就是强化科学技术行政机构。为此，以科技厅和众议院的科学技术振兴特别委员会的方案为基础，提出了设立“科学技术会议”的议案。

科学家们担心它会干扰学术的正常发展，对此提出了批判，同时，日本学术会议也不赞成这一机构的成立，因而这一议案拖了一年多后才于1959年得以通过。科学技术会议由8人组成，首相担任议长，此外还包括大藏大臣、文部大臣、经济企划厅长官、科技厅长官以及日本学术会议会长和2名学术专家。与日本学术会议以及其他审议机构有所不同的是，它是一个对政府有约束力的全国性科学咨询机构。但是实际成立的科学技术会议比当初构想的权限要弱了许多。只有当总理大臣认为有必要时，才会就科技相关问题进行咨询。科学技术会议的诞生，使得日本政府又一次以强有力的手段控制了国家的科学技术行政，这种体制化较之战时的动员体制更加有力。这也体现了随着经济的高速发展，面对发展大科学的需要，科学高度国家化的必要性。

战前由各省来分配的各种研究费在战后初期统一由文部省科学教育局分配管理。但是有人担心这种体制会忽视应用研究，并使文部省的权力过于集中，便提出由日本学术会议审议研究经费问题。但是对文部省来说，这样一来就等于削弱了文部省的权限。于是文部省便绕开学术会议，在1966年将省下学术奖励审议会改组为学术审议会。从职能上来说，学术审议会主要调查和审议科学研究费分配问题等与日本学术会议相重复的事项。对于急于扩充业务的文部省来说，其提案经常遭到日本学术会议的批判，因此文部省认为要想避开日本学术会议就必须成立一个外围团体。于是，在1967年，文部省又设立了特殊法人日本学术振兴会（JSPS），对科学研究费进行分配。

图1为日本技术追赶时期的科技决策与管理体制。

2.《科学技术基本法》的搁浅与重启

1960年科学技术会议发布了题为“10年后的科技振兴综合基本政策”的咨询报告。报告中详细提出了“应该实现的科学目标”和“应该实现的技术目标”，并解释了制定基本法的必要性，即“要想取

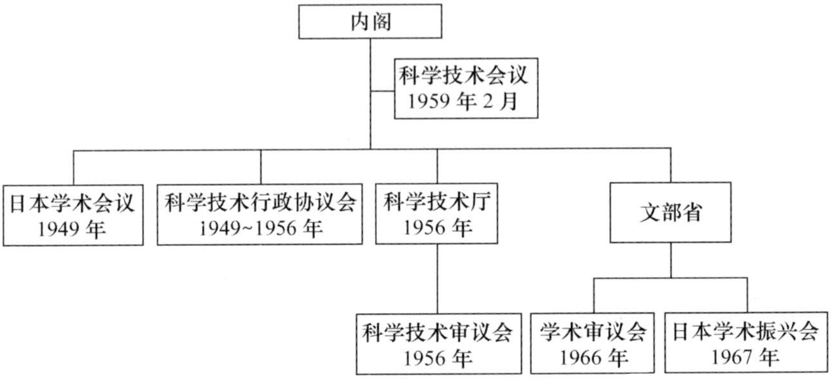

图 1　日本技术追赶时期的科技决策与管理体制

得划时代的发展，必须有统一的指针。为此要明确有关科学技术的基本理念，制定科学技术基本法”。

为此，科学技术会议内设置了各领域分科会进行讨论。同时，日本国会的众议院科学技术振兴对策特别委员会编写了基本法草案，科学技术会议也就制定基本法向政府发出了倡议。

科学技术会议 1965 年整理的“科学技术法案纲要”中，要求政府制定“旨在奠定研究基础的长期计划”和“旨在有计划地促进研究的长期计划”，同时，为了有计划地推进各项政策，还把“制定基本科技计划规定为了政府的义务”。

除此之外，纲要中还包括了以下划时代的特色内容：①覆盖的范围不仅是自然科学，还应包括人文和社会学科，实现各领域的和谐发展；②要为世界和平做贡献；③尊重研究人员的自主性，认可发表研究成果的自由等。

政府内部以上述纲要为基础进行了讨论，最终于 1968 年的例行国会上提交了《科学技术基本法案》。然而，这项政府议案的内容与科学技术会议的纲要相差甚远。由于文化教育领域人士担心学术自由会受到干涉，与人文学科有关的内容和与大学研究有关的内容被排除到了法案的监管对象之外，最终版可谓“面目全非”。

因此，在国会上进行讨论时，在野党和日本学术会议等各方面均提出了反对意见，讨论未能深入，法案最终于同年年底被废弃。基本法案的废弃给科学界留下了巨大的裂痕，此后制定基本法案的势头减弱，遭到了长期搁置。

《科学技术基本法案》于1968 年被废案以后，重新制定科学技术基本法案的呼声始终不太高，原因可能包括以下几个方面。

日本经济在此期间继续保持高速增长，国民生活变得富裕，但从20 世纪60 年代后半期开始到20 世纪70 年代，高速增长的负面影响日益显现。城市化进程急剧加快，土地价格上涨，住房出现不足，工薪族要挤在拥挤的满员电车里通勤。全国工厂的公害问题和环境问题逐渐显现。

日本在战后经历过两次震动全国的大学生运动。这个时期，包括科学研究在内，日本的学术研究严重停滞。在这场学园纷争中，大部分大学都成立了大学改革委员会，探讨大学改革的方向和方式。但从结果来看，可以说进行大学改革的热情迅速萎缩，运动的结果变成了文部省加强对学校的管理。

卷入学园纷争的所有大学都留下了一个后遗症，那就是从此在研究领域大学对与产业界的合作极度警惕。大学从此很讨厌产学合作一词，理工学科的教授与企业的联合研究几乎全部停止。最终导致大学的研究设备陈旧过时，远远落后于欧美的大学。

另外，这一阶段日本进入高速增长期，众多企业克服了各种障碍，实现了稳步增长。克服了公害问题和两次石油危机并实现跃进的代表性产业是电子产业和汽车产业。汽车厂商虽然遭遇了严格的尾气规定，但在全球率先达到了尾气排放标准。幸运的是，由于日本道路本就狭窄、路况不佳，因此汽车产业以小型车为核心推进开发，相对比较容易满足尾气排放限制。经历石油危机之后，消费者节约和节能的意识高涨，与大量消耗汽油的大型车相比，日本对小型车的需求增加，这也是降低尾气排放的一大幸事。家电等电子领域，20 世纪80 ~ 90 年代，日本企业也实现惊人的飞跃，日本电子产品席卷了全球市场。

应该说，支撑日本企业实现跃进的，是日本政府实施的产业结构转型政策。为应对两次石油危机和象征日本经济强大的日元升值，日本以当时的通商产业省为中心，推出了彻底向节能产业转型的政策。即从钢铁和铝等能源密集型材料产业，向可以称为轻薄短小路线的汽车和电子产业大转型。汽车和电子产业原本是美国的代表性产业，日本大胆地动了美国的“奶酪”。终于，20 世纪 80 年代爆发了日美贸易摩擦。日本被赞誉为“日本第一（Japan as Number One）”，这一时代，人们一度认为日本将会战胜美国。

在缺乏基本科技政策的情况下，相关省厅、大学和研究生院以及民营企业的研究所等分别在各自的“地盘”深入。大学和研究生院为保障“学术自由”，对于与政府和民营企业的技术合作并不太积极。即便如此，各领域仍然实现了迅猛发展，通过基础研究开发出了大量独创技术。昭和 30 年代（1955—1965 年），日本的年轻技术人员受益于经济的高度增长，积极致力于开发非欧美技术的独创技术。进入 21 世纪后，日本在物理和化学等领域接连获得诺贝尔奖，可以说，是昭和 30 年代至 40 年代（1955—1975 年）推进的研究为获奖奠定了基础。

当时，研发由民间企业主导，民间企业承担了约 80% 的技术投资。由民间主导技术投资的结果是，很容易朝着开发产品、增加收益的方向发展，无法避免基础研究被削弱的情况发生。是自主开发还是引进外来技术？20 世纪 50 年代后半期至 60 年代，日本产业界和科学技术人员对这个问题一直举棋不定。年轻技术人员强烈希望自主开发技术，但对经营者来说，要想尽可能便宜地制造出产品，直接从外国购买技术比从零开发成本来得更低。主力技术人员中也有很多人认为，要想挽回战争和战败造成的技术差距，比较现实的方法是先引进外国技术，然后加以改良。日本有成功引进外国技术的基础。明治时代以后，日本从欧美引进了大量技术并进行了改良，在这方面的经验非常丰富。

这导致日本的基础科学成果十分匮乏，负责基础研究的大学研究环境落后，研究人员的待遇也非常低。从 20 世纪 80 年代后半期开始，日本曾经引以为傲的高科技也随着与欧美发生摩擦和发展中国家的追赶而逐渐风光不再。在成为世界上最大的工业国之前，为使欧美的基础研究成果在日本实现商品化而实施的民间投资的效率很高，但这种行为被欧美批判为“搭便车”，要求日本努力创造能为世界做贡献的新科学技术。这种要求一出来，日本的科学开发效率便骤然下降。

至此，立足长远、制定系统连贯的科技政策的必要性增加，产业界、政界和学术界的有识之士纷纷提出了这种要求。“必须致力于基础研究，自主掌握技术开发能力，否则日本的未来岌岌可危”。应该可以肯定的是，对该问题的共识促进了基本法的制定。

1993 年，尾身幸次议员就任自民党科学技术部会长，尾身出身于科技厅，制定科技基本法是他长期以来的愿望，他四方游说。不仅是自民党，当时的执政党社会党以及先驱新党也赞同制定基本法，除了三个联合执政党外，新进党也参与了磋商等，共同推进了制定基本法的讨论。最终以四党联合提案的形式提交国会，1995 年（平成 7 年）11 月，《科学技术基本法》在众参两院获得全票通过。

3. 科技厅并入文部省（2001 年）

科技厅于 1956 年成立之后的大约 40 年，终于达成了夙愿，日本于 1995 年颁布了《科学技术基本法》。但在推进根据基本法制定的第一次科学技术基本计划的过程中，“科技官员”的协调能力和本事受到质疑。

科技厅未能升级为一心向往的“科学技术省”，主要与其重要任务之一的核能政策指导力有关。1997 年 3 月，旧动燃事业团的再处理工厂发生火灾和爆炸事故，科技厅应对迟缓，受到了批评。对被称为“亲子关系”的旧动燃事故和丑闻处理不当，导致了科技厅的发言权持续下降。

在 1997 年 8 月举行的行政改革会议上，时任首相桥本龙太郎称：“科技厅下属部门出了事故，而且无法进行自我管理，这副样子令人失望，我反对将其升级为省。”可以说正是这句话决定了科技厅后来被文部省、内阁府和经济产业省吸收合并的命运。

1999 年 9 月底，日本发生了史上首次临界事故，决定了科技厅的最终走向。在位于茨城县东海村的核燃料加工公司 JCO 的设施内，加工核燃料的过程中，铀溶液达到临界状态，发生核裂变链式反应。加工作业的流程被认为非常不正规，3 名近距离受到中子线辐射的工作人员有 2 人死亡、1 人重伤，合计 600 多人受到辐射污染。科技厅被批判在进行安全审查时未实施调查就轻信了 JCO 说的“不会发生临界事故”的说明。

2001 年 1 月日本中央省厅重组，科技厅被文部省“吸收合并”，变成文部科学省，定员 14 万人的文部省合并了 2000 人的科技厅。科技厅的“科学技术政策局（不包括负责制定基本计划的部门）”“科学技术振兴局”和“研究开发局”吸收了文部省的学术创作部门，分别变成文部科学省的“科学技术与学术政策局”“研究振兴局”和“研究开发局”。

政府对核能的行政管理也发生了重大变化。安全规定方面，以前商用核电站由通产省（被经济产业省合并）负责，除此之外的研究堆等由科技厅负责，合并后基本全部由经济产业省的原子力安全保安院负责。文部科学省只负责大学的研究堆等极少数业务。至于核能推进部门，乏燃料再处理和高水平放射性废物等实用化领域转移到了经济产业省，研究和国际保障措施部分由文部科学省负责。另外，原子力委员会和原子力安全委员会的事务局移到了内阁府。可以说，科技厅在被文部科学省“吸收”的同时，作为其主要支柱的核能管理的权限也大幅被削减。

同时，日本政府撤销了原有的“科学技术会议”，在内阁府（其地位高于其他政府部门）新设了综合科学技术会议（2014 年 5 月更名为“综合科学技术创新会议”）。综合科学技术会议的最高长官是总理大臣，但实际上，内阁府还设有一名科学技术政策担当大臣来直接领导该机构，该机构成员不少于 14 人，其中除来自政府各相关省的、由总理大臣指定的大臣外，还有一些来自民间的有识之士，如大学教授、大企业和公司总裁等。机构下设有事务局，事务局有来自产、学、官界的 100 余名工作人员负责日常事务。综合科学技术会议的最主要的任务是，调查和审议与科学技术相关的国家基本政策和计划、调查和审议有关科学技术活动的预算和人才等科技资源的分配方针、对国家重点研发活动和研究课题进行评估和协调跨省厅的事务。另外，为了有效应对总理大臣的咨询，深入了解各有关事项的专业知识，制定合理的科技政策，综合科学技术会议可根据实际需要随时设立一些分科会议，目前，该会议下设的分会有：基本政策专门调查会、重点领域推进战略专门调查会、评价专门调查会、科学技术体制改革专门调查会、生命伦理专门调查会、宇宙开发利用专门调查会、知识财产战略专门调查会等。

综合科学技术会议兼有咨询和决策双重功能，其设立实现了科技决策机制的一元化；而文部科学省的设立则实现了管理操作平台的进一步整合（见图2）。在管理操作方面，文部科学省和经济产业省一直掌管着绝大部分政府科技相关预算，分别占65%和15%。部分国立试验研究机构和特殊法人经改革成为独立行政法人后，开始从过去的官僚控制中摆脱出来，采用了灵活的管理模式，获得了管理上的自主性。

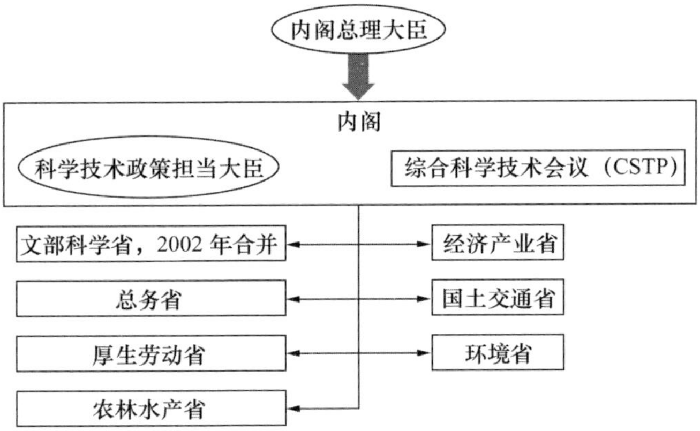

图2　日本《科学技术基本法》时代的科技决策与管理体制

从2004年起又对国立研究机构和大学进行了独立行政法人化改革，改革的事项涉及大学的法律地位、组织管理、人事制度、绩效考评、财务管理、财产管理等重要而广泛的问题。独立行政法人制度的基本理念是：将政府机关行政事务中的战略政策制定和规划职能与具体的实施执行职能分割开来，为更好地执行行政机关事务，追求最适当的组织运营方式，同时减少政府对执行部门的纵深管理，以提升效率、提升普遍服务质量、确保行政的透明化。目前，各国政府都在推行着既能够保持科学研究的自主性，又能够与国家目标相结合的管理政策。这是时代的特征，日本的改革理念也正好体现了这一点。

（三）后《科学技术基本法》时代（1995 年至今）

《科学技术基本法》的制定，标志着日本确立了旨在科学技术立国的基本方针，科学技术被定位为国家最重要的方向之一。该法案是日本制定的与科技有关的基本法案，因此具有在科技领域优于其他法律的特征。虽然日本此前已经有关于科技振兴的独立法律，但《科学技术基本法》通过后，那些法律先后变成了基本法的实施法案或者特别法案。基本法要求政府制定旨在实现科学技术创造立国的基本方针，把科学技术定位为国家最重要的课题之一。该法律施行后，仅在 2001 年和 2014 年修改过部分字句（名称），作为基本法，现在仍然是日本制定科学技术政策的依据。

伴随着 1995 年《科学技术基本法》的正式通过，日本政府于 1996 年（平成 8 年）制定了 5 年一期的“科学技术基本计划”，提出了“科学技术创造立国”的口号，开始实施长期、系统、连贯的科技政策。到目前为止，科学技术基本计划已经实施至第 5 期，建立了研发经费倍增计划，在科技政策制定和科研机构管理等方面施行了一系列改革措施。

二、韩国技术追赶与政府科技管理体制演变

韩国科学技术体制化进程跟日本有着很多相似之处，也存在着科技主管部门的存废之争。与日本一样，韩国最终也制定了《科学技术基本法》。

(一)“出口导向”“工业立国”“科技创新立国”三步走

朝鲜战争把韩国经济推到了崩溃的边缘，为了快速发展经济，1962 年，韩国制定了第一个“五年经济发展计划”，以建立出口导向型工业国家为发展目标。这一时期是韩国现代科技发展的起步阶段，在美国的援助资金和日本的战争赔款支持下，韩国开始了工业化进程，建立了纺织等劳动密集型轻工业。

由于工业基础薄弱，在科技发展起步阶段，韩国不得不选择依赖于引进技术的经济发展模式。1960 年，为推进技术引进工作，韩国政府颁布了《技术引进促进法》；1966 年，颁布《韩国科学技术研究所培养法》；1967 年，颁布《科学技术振兴法》。在这些立法基础上，韩国先后建立了技术管理局（1962 年）、韩国科学技术研究所（1966 年）、科学技术处（1967 年建立，科学技术部的前身），逐步建立起国家科研管理体系。

20 世纪 70 年代，韩国政府将钢铁、机械、造船、电子、非金属和石油化学工业作为重点发展的战略性产业。此时韩国需要对引进技术进行消化吸收、模仿和创新，借以形成自己的技术创新体系。为此，韩国先后推出了《技术开发促进法》（1972 年）、《专门机构促进法》（1973 年）、《技术评估法》（1973 年）、《国家技术资格法》（1973 年）等一系列法律，鼓励企业设立技术研究所。为促进企业对引进技术的消化、吸收和再开发，提供了一整套促进技术研发投资的税收及金融优惠政策措施。同时，韩国政府加大了研究开发经费的投入，持续加强对基础科学研究活动的支持力度，并在 1977 年建立了“韩国科学基金会”。韩国在 20 世纪 70 年代逐步实现了由劳动密集型轻工业向重工业的转变。

从 20 世纪 80 年代开始，韩国调整了国家发展策略，开始了由

“工业立国”向“科技立国”的转变，将提升国家自主创新能力作为主要发展目标。同时，围绕新的科技发展战略和目标，政府制定了包括人才开发、产学研合作、科技管理体制改革、财政与税收优惠政策等一系列政策措施。这一时期韩国科技政策的另一个显著变化是，政府加大了对工程技术研发活动的财政、税收支持力度。此外，还建立了“情报综合中心”为企业创新提供技术指导和技术信息。在政府大力支持和引导下，韩国企业对研发经费的投入呈快速增长趋势，民间研发经费总额超过了政府研发投入总额。

进入20世纪90年代之后，各发达国家纷纷加强技术封锁，世界整体贸易环境日益严峻，1997年爆发的亚洲金融危机更重创了韩国经济。在这样的背景下，韩国科技发展战略开始由引进与消化为主向自主创新与消化吸收并举转变，开始强调产学研相结合，建立以民间研究开发体系为主导的科技创新体系，同时促进产业结构由劳动密集型向技术密集型转变。1999年，为了强化科学技术对经济发展的支撑作用，韩国政府对《科学技术创新特别法》（1997年）进行了修订，根据修订后的《科学技术创新特别法》，对“科学技术委员会”进行改组，同时扩大其原有职能，成立“国家科学技术委员会”，增设了韩国科学技术评价院（韩国科学技术企划评价院的前身），制定了企业科技开发与援助计划，强化了国家对科学技术的领导力量。

21世纪初，韩国把建立创新主导的经济结构和建设科技中心社会作为经济社会发展的基本目标，通过大力改革与完善国家科技创新体系和最大限度地提高研发效率，为产业和经济发展提供持续、坚实的支撑，并成为21世纪最初几年韩国科技体制改革和科技政策调整的主要着眼点。进而提出了“韩国2025年构想：科技发展长远规划”“科学技术基本计划”和“国家技术创新体系构筑方案”等一系列发展规划和政策措施，确定了国家中长期研发投资方向和未来优先发展技术领域。

（二）科技决策与管理体制变迁

1962 年，韩国颁布了“第一次科学技术振兴 5 年计划”，同年成立了负责科学技术宏观管理的“技术管理局”。1967 年，韩国政府在技术管理局的基础上成立了“科学技术处（副部级）”（即现在的韩国科学技术通信信息部的前身）。

进入 20 世纪 80 年代后，韩国由“出口驱动”政策向“技术驱动”转变。为了进一步推动科技管理体制的建设，韩国政府 1982 年召开科技振兴扩大会议，到 1988 年该会议改由民间召开，而政府则成立了“科学技术委员会”，负责科技发展宏观决策和调控任务。1998 年金融危机之后，韩国政府总结并反思了经济危机的经验教训，对国家科技体制进行了重大调整。1999 年，韩国政府对“科学技术创新特别法”进行修订，将“科学技术处（副部级）”升级为“科学技术部”，并在原有的“科学技术委员会”的基础上建立“国家科学技术委员会”（后于 2008 年改建为国家科学技术审议会，2018 年并入国家科学技术咨询会议），科学技术部则作为委员会的秘书处，委员长由总统担任，副委员长由科技部部长担任。

2001 年，韩国政府颁布《科学技术基本法》。为了更好地进行科技预测、技术影响评价和技术水平评价，韩国政府依据该法成立科学技术企划评价院，并明确了科学技术部等部委以及地方政府在科技管理中的地位和职责范围。自此，韩国建立起了较为完整的现代科技管理体系和科技发展支撑体系。2008 年，李明博政府对韩国政府部门进行精简，取消了科技部，将其职能划分到新成立的教育科技部和知识经济部。而在朴槿惠执政时期，对教育科学技术部进行了重组，再次将科技管理相关部门单列出来成立未来创造科学部。同时将国家科学技术委员会改为国家科学技术审议会，委员长则由总统变为总理，总统不再直接参与科学技术审议会的管理。

韩国政府于1989年成立的国家科学技术咨询委员会在设立之初仅针对制定国家科技发展战略和完善国家科技领域制度政策向总统提供科技咨询。2017年，文在寅政府对科技管理部门进行了较大规模的改组。在未来创造科学部的基础上组建成立了科学技术信息通信部。同时将科学技术审议会职能与科学技术咨询会议职能进行合并，于2018年4月成立新的科学技术咨询会议，议长为总统，副议长由民间人士担任，同时设监事1名。这种做法实际上是将科学技术政策建议、制定、审议和执行的主导权集中在由总统主导的科学技术咨询会议之中（见图3）。

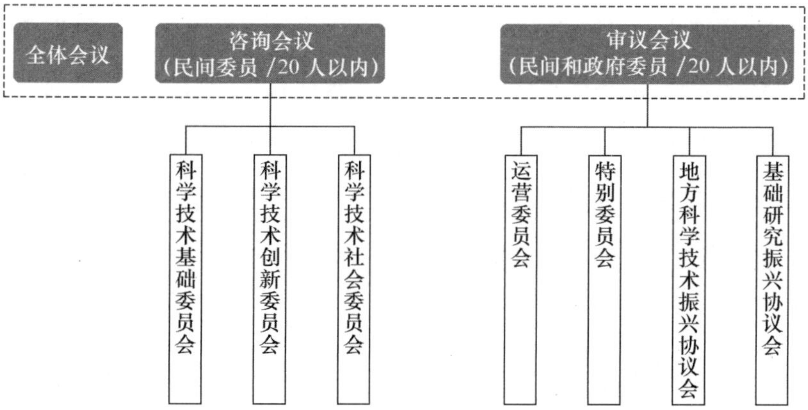

图3　韩国科学技术咨询会议组织结构

（三）《科学技术基本法》（2001年）

2001年制定颁布的《科学技术基本法》是韩国科技领域的根本大法。其宗旨是为科学技术发展奠定基础，鼓励进行科技创新，增强国家竞争力，促进国民经济发展，提高人民生活水平，为社会发展做出贡献。该法规定，当制定或修订其他科学技术相关法律时，应符合《科学技术基本法》的宗旨及基本理念。《科学技术基本法》及其实施令和实施细则对主要科学技术政策、科技管理体制、国家研究开发事业的调查、科学技术预测、技术影响评价及技术水平评价、科学技术投入及人力资源、科学技术基础建设、创新环境营造等方面进行了清晰、详细的规定。

1999 年之前，韩国的国家科技管理体制实行分散管理，即各部委单独列计划，分别进行预算申请，这样往往造成国家计划的重复设置，为改变这种情况，韩国政府需要确定科学技术的中长期发展方向、目标及政策。为此，根据《科学技术基本法》第 7 条，科学技术信息通信部每 5 年综合中央相关行政机关科技计划和措施，制定科学技术基本计划并交由国家科学技术审议会审议决定。韩国政府迄今共实施了三次科学技术基本计划，最近一次是 2013 年 7 月朴槿惠政府发布的《第三次科学技术基本计划》。在此次基本计划中，韩国政府规划了“用创新性科学技术开创新时代”的愿景蓝图并提出五大实施战略：增加国家研发投入并提高其效率；开发面向国家战略需求的技术；增强中长期创新实力；扶持创新产业；创造更多科技就业岗位。

2018 年 2 月，韩国科学技术审议会（2018 年 4 月并入科学技术咨询会议）审议并通过了第四次科学技术基本计划草案。此次基本计划以 2040 年未来愿景为目标，设定了 2018—2022 年韩国的科技发展目标，强调“以人为本”，共设立了四大战略：扩充科研实力以应对未来挑战；构建积极创新的科技发展环境；创造先导型新企业和新的科技岗位；利用科学技术创造人人幸福的美好生活。并在预案中明确了这四个战略的预期目标（见表 1）。

表 1　　　　韩国第四次科学技术基本计划设立的战略目标

战略	指标			
	内　容	现有规模	2022 年目标	现有规模的数据来源
扩充科研实力以应对未来挑战	扩大研究人员主导的基础研究	1.26 兆韩元（2017）	2.52 兆韩元	科学技术信息通信部
	具有世界影响力的专家数	28 名（2017）	40 名	汤森路透
	科学技术关注度	37.7 分（2016）	45 分	科学技术国民理解度调查
构建积极创新的科技发展环境	创新型企业在创业企业中的比例	21%（2014）	30%	经合组织
	每千名研究人员中产学研共有专利数	2.3 件（2014）	3.0 件	国家科学技术创新能力评价
	科技预算在地方政府预算中的比例	1.07%（2016）	1.63%	国家指标体系
创造先导型新企业和新的科技岗位	科学技术、信息通信技术、基础工作岗位	—	创造 26 万个岗位	科学技术信息通信部
	专业化跨国企业	37 个（2016）	100 个	科学技术信息通信部
	人均产业附加值	18 位（2016）	12 位	经合组织
利用科学技术创造人人幸福的美好生活	老年人口中健康老人比例	21.1%（2015）	25.0%	经合组织
	灾害安全技术水平（世界最高技术水平设为 100）	73.5（2016）	80.0	技术水平调查
	雾霾平均浓度（首尔）	26μg/m^3（2017）	18μg/m^3	大气环境年报

除了科学技术基本计划之外，韩国各中央行政机关根据相应法律规定，也设立了许多实施周期在 5 年以上的中长期科技计划。为调查科学技术基本计划和各部门中长期计划的关联性，更好地统筹协调政府科研经费的分配，避免项目的重复立项，根据《科学技术基本法》

实施令第 3 条，韩国每年都对中长期科技计划进行统计和分析。

为了对科技项目进行专业化和科学化管理，韩国采取了设立专业机构管理科技项目的模式。根据《科学技术基本法》第 11 条第 4 项，韩国中央行政机关所管辖的各类国家研发计划相关的企划、管理、评价及成果推广等工作，都交由指定的专业机构进行具体管理。韩国各部委都有指定的专业机构。

在所有的专业机构中，规模最大的是韩国研究基金会，2009 年 6 月由韩国科学基金会、韩国学术振兴基金会、国家科学技术协作基金会合并而成，其职能与我国的国家自然科学基金委员会较为类似，但资助对象除了自然科学研究，还包括人文社科研究，被誉为“专业机构的国家代表”。其 2017 年年度预算达到 48017 亿韩元（按 2017 年 2 月汇率，约合 41.89 亿美元），占韩国当年政府研发预算（194615 亿韩元）的 24.67%。

三、对我国科技决策与管理体制的几点思考

日本和韩国科学技术体制化的情况与演变历程有很多相似之处：都经历了科技主管部门由设立到存废之争，最终都选择了制定科学技术基本法，并且与我国一样，都制定了科技发展规划。

目前国内已有不少学者对日本和韩国科技追赶的经验进行了研究，并且指出了我国科技决策机制存在的问题，如决策的有效性不足；导向存在盲从性；前瞻性、战略性较弱；制约机制匮乏；专家决策系统存在缺陷，等等（黄炳文，2007）。但是这些研究的重点通常放在中央政府层面，对地方政府的作用很少涉及。其实这很好理解：因为单从财政科技投入来看，这两个国家的地方政府所起的作用非常有

限。而我国则不同，我国的地方政府在科技决策和管理体制中扮演着非常重要的角色。

（一）我国财政科技投入中，地方政府所占比重畸高，决策分散很难避免重复研究

日本和韩国科技决策体系也强调地方政府的作用，例如日本《科学技术基本法》第四条规定，“关于科学技术振兴，地方公共团体有责任和义务制定并实施以国家政策为依据的政策，以及能发挥地方公共团体的地区特性的自主性政策”。韩国“第四期科学技术基本计划（2018—2022）”放弃了加大国家研发投资力度的提法，转而强调要建立区域创新体系，加强地方政府对当地研发投资的决策权力。但是从实际财政投入来看，两国的地方政府所占比重都很低。日本自1996年《科学技术基本法》实施以来，地方公共团体部分预算占财政投入预算的比重一般在10%以下。而根据韩国《2020年度国家研究开发项目预算分配调整案》，2020年韩国政府研发预算比2019年增加2.9%，大约投入16.9万亿韩元，地方的研发费用增加8.7%，达8006亿韩元，地方政府研发预算仅占4.7%。

日本和韩国的情况与美国类似。自1953年有研发统计数据起，美国各州及地方政府占全美财政性研发经费支出的比重尽管有逐年提高的趋势，但是也从未超出4%（见图4）。

反观我国，2018年，我国财政科技支出达到9518.2亿元，其中中央政府支出占39.3%，地方政府占60.7%，而且这一比重逐年递增（见图5）。

（二）地方政府科技经费绝大部分消耗在技术研究与开发环节，造成基础研究和应用研究投入严重不足

由图6可见，我国中央政府研发经费的主要类型是应用研究，经

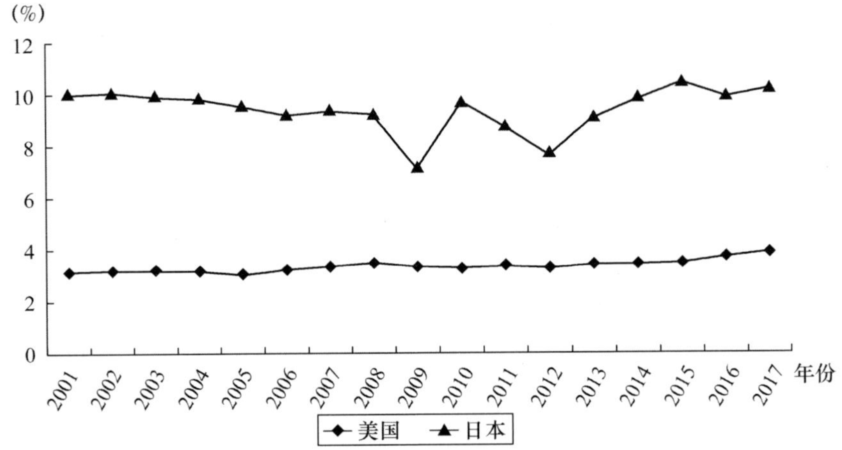

图 4　日本和美国财政性科技投入中地方政府所占比重

资料来源：日本 MEXT、美国 NSF。

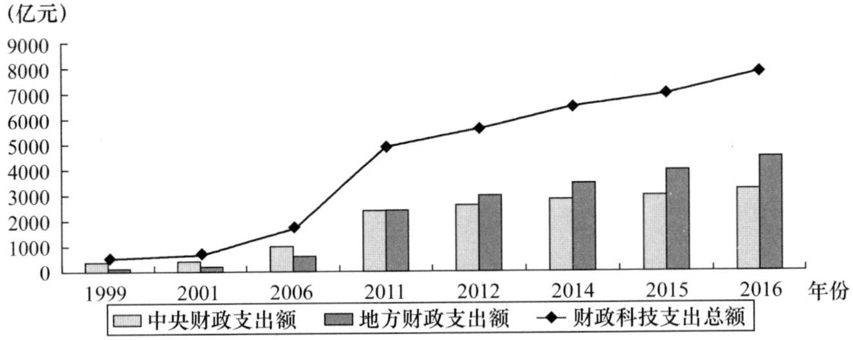

中国中央和地方财政科技支出金额

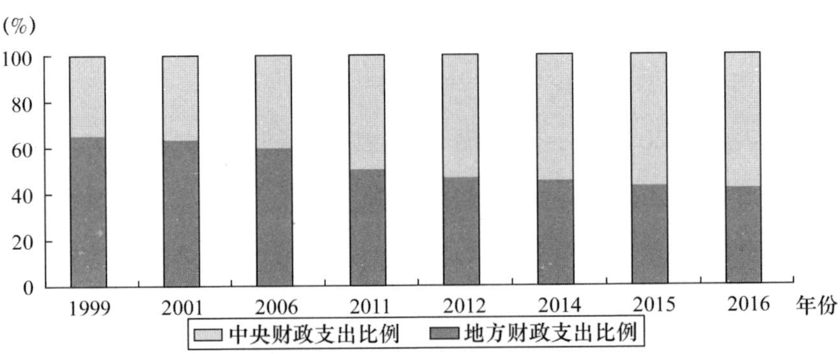

中国中央和地方财政科技支出结构比例

图 5　我国的中央和地方财政科技支出

资料来源：大连理工大学管理与经济学部：《中国研发经费报告（2018）》，2019 年 3 月。

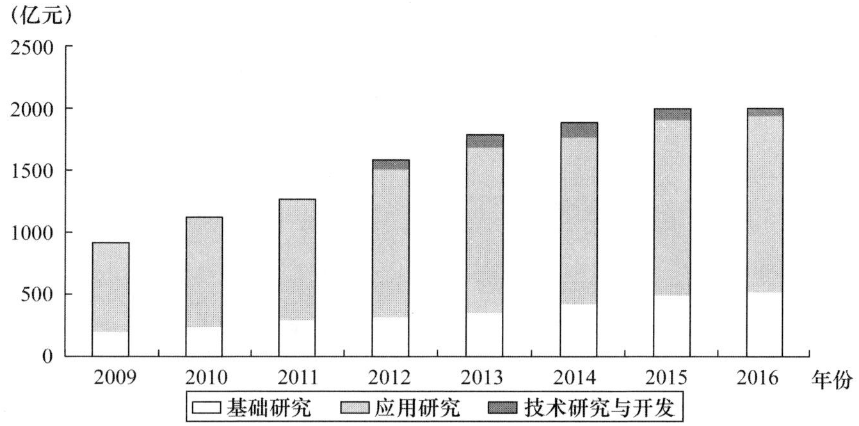

中央政府科技经费的主要类型

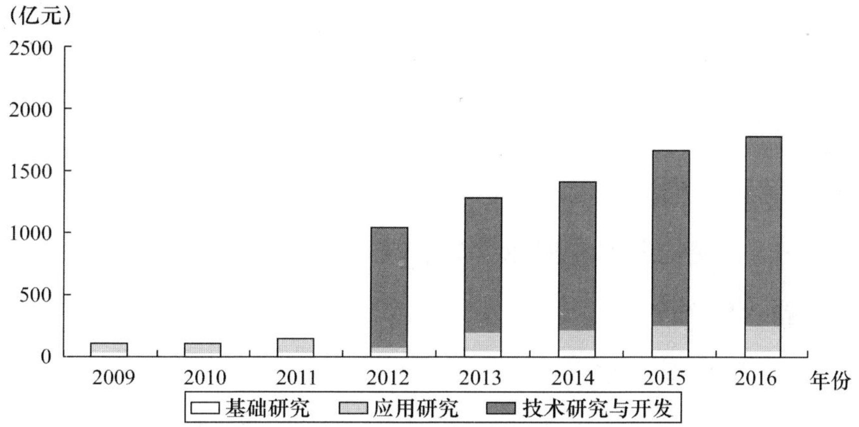

地方政府科技经费的主要类型

图6　我国的中央和地方财政科技经费的主要类型

费增长稳定，占比由77%下降至71%；基础研究经费同样平稳上升，占比由22%上升至26%。而地方政府研发经费2012年开始出现大幅度增长，主要类型是技术研究与开发，经费稳步增长，占比由94%下降至86%，基础研究和应用研究比例有所增长，但是整体比例很低。地方政府的财政性研发经费大量投入技术研究和开发，是造成我国基础研究和应用研究投入不足的重要原因。美国和日本科学研究（基础研究和应用研究）的比重均在30%以上，英国和法国则高达60%，而我国仅有16%。我国科学研究的主要问题不仅是基础研究投入不足，更重要的是应用研究差距比较大，不到美国和日本的一半，与英国和法国的差距更大（图7）。

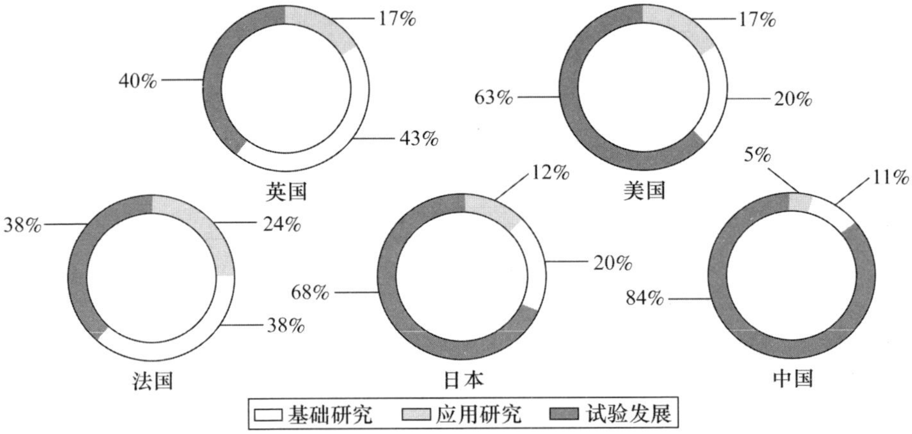

图7　我国与主要国家研发经费类型比较（2015年）

（三）合理确定中央和地方政府在科技决策中的分工和作用，加快科技投入体制改革

日本和韩国地方政府科技经费投入很低，这与其技术追赶的策略是一致的，并且很有可能受到了美国体制的影响。美国联邦政府科研项目大体上可以分为以下几类。一类是联邦政府科研机构的内部研发和政府的外部采购，这一类科研项目的直接目的就是服务于政府机构履行其职能的需要；另一类是政府机构以资助协议和合作协议展开的研发，这一类科研项目并非为了履行机构职能的需要，而是为了满足特定的“公共目的”。而且，政府对企业的科技资助，侧重点是中小企业。

日本和韩国在技术追赶时期由于中小企业发展薄弱，资助的对象主要是大企业。例如，在大规模集成电路研发项目中，日本政府（通产省）联合富士通、日本电气、日立、东芝和三菱电机组成联盟，并提供了约40%的资金（一说是无息贷款）。这种集中的科技决策体制更有效率，更能“集中力量办大事”。但是随着与领先国家技术差距的缩小，技术追赶领域选择难度加大，协调和组织起来也更困难，政府科技投入不得不转向加强基础研究，资助对象也开始转向中小企业，而不是选择具体的技术领域和项目。例如韩国“第四期科学技术基本计划”放弃了强调加大国家研发投资力度，转而注重中小企业的作用，并且愈发重视研发投资评估平台的开发等制度建设。

我国目前的财政科技投入结构与德国有些类似。在德国的研究与开发资助中，各州的资助也占有相当比重。1990～1999年，从38.3%逐年提高至48.1%。2001年和2002年，由于联邦政府明显加大了对研究与开发的投入，各州支出所占的比例有所降低，分别为46.1%和44.8%。但是我国的科技体制化进程与德国有着根本的不同，德国的科技决策和管理体制是由于其历史、联邦和州的分权传统的产物，而我国更多的则是计划经济遗留下来的改革不彻底的产物。如何进一步深化科技体制改革，明确中央和地方政府在科技决策中的分工和作用，是一个需要认真探索的问题。

执笔人：李　忠

参考文献

[1] 大连理工大学管理与经济学部．中国研发经费报告（2018），2019－03

[2] 黄炳文．我国现行科技决策机制的弊端及完善．厦门科技，2007（4）

[3] 李丹．韩国科技创新体制机制的发展与启示．世界科技研究与发展，2018（4）

[4] 泷川进．日本的科技政策．客观日本网站（http：//www.keguanjp.com/kgjp_zuozhe/pt20170309114339.html）

[5] 乌云其其格，袁江洋．日本科学技术决策与管理体制的历史演变进程．自然辩证法通讯，2010（4）

专题报告十

全球创新指数视角下的西方创新政策前沿

一、全球创新指数与西方创新政策前沿

（一）全球创新指数的概念和构成

全球创新指数（The Global Innovation Index，简称 GII）是指创新产出分指数（The Innovation Input Sub-Index）与创新投入分指数（The Innovation Output Sub-Index）的简单平均数。根据 2020 年全球创新指数，2020 年中国处在全球第 14 位，前 13 位的国家和地区分别是瑞士、瑞典、美国、英国、荷兰、丹麦、芬兰、新加坡、德国、韩国、中国香港、法国、以色列。

其中，创新投入分指数有五个支柱：一是制度；二是人力资本和研究；三是基础设施；四是市场成熟度；五是商业成熟度。其中，制度的三个分支柱为：政治环境、监管环境、商业环境。人力资本和研究的三个分支柱为：教育、高等教育、研究和开发。基础设施的三个分支柱为：信息与通信技术、通用基础设施、生态可持续性。市场成熟度的三个分支柱为：信贷；投资；贸易、竞争和市场规模。商业成熟度的三个分支柱为：知识工人、创新联系、知识吸收。[①]

---

① 每个支柱划分为三个分支柱，每个分支柱由若干个指标构成，总计有 80 个指标。

从创新投入分指数看，2020 年中国处在全球第 26 位，前 25 位的国家和地区依次为：新加坡、瑞士、瑞典、美国、丹麦、英国、中国香港、芬兰、加拿大、韩国、荷兰、日本、澳大利亚、德国、挪威、法国、以色列、奥地利、新西兰、爱尔兰、比利时、阿联酋、冰岛、卢森堡、爱沙尼亚。

创新产出分指数有两个支柱：一是知识和技术产出，二是创造性产出。其中，知识和技术产出的三个分支柱为：知识创造、知识影响、知识扩散。创造性产出的三个分支柱为：无形资产、创造性商品和服务、在线创造性。

从创新产出分指数看，2020 年中国处在全球第 6 位，前 5 位的国家依次为瑞士、瑞典、英国、荷兰、美国。

（二）从全球创新指数看西方创新政策前沿

从全球创新指数看，西方的创新指数普遍较高，这与西方创新政策有关，而且西方创新政策的前沿不外乎两个方面：一个方面是创新投入政策，另一个方面是创新产出政策。其中，创新投入政策涉及面广，有很多政策属于范围更广的经济和社会政策，如政治环境、监管环境、教育等，在此不进行详述。而与创新投入直接相关的领域有研究和开发、基础设施、商业环境和商业成熟度。创新产出政策指向明确，诸如知识创造、知识的影响、知识扩散、无形资产、创造性商品和服务、在线创造性都是创新政策的范畴。

二、西方四国的创新政策前沿

（一）瑞士的创新政策前沿

2020年全球创新指数排名中，瑞士高居全球首位，其中创新投入分指数瑞士高居全球第2位，仅次于新加坡，而创新产出分指数瑞士高居全球首位。瑞士的创新政策前沿主要有以下几方面。

1. 联邦出台促进研究和创新的法律，设立瑞士创新促进署

瑞士联邦出台的促进研究和创新的法律主要有以下几个。

一是《促进研究和创新的联邦法案》（Federal Act on the Promotion of Research and Innovation，简称RIPA），该法于2012年12月14日制定，2014年1月1日起生效，之后还多次修订，最近一次修订是在2018年。

二是2016年瑞士出台法律《瑞士创新促进署联邦法案》（Federal Act on the Swiss Innovation Promotion Agency，简称SIAA），成立了专门促进瑞士创新的联邦机构——瑞士创新促进署（the Swiss Agency for the Promotion of Innovation，简称Innosuisse）。瑞士创新促进署的使命是根据经济和社会的利益，支持基于科学的创新，加强瑞士中小企业的国际竞争力。

除了上述两部法律外，瑞士联邦还出台了配套的条例，主要有：一是2013年发布的《研究和创新促进条例》（Research and Innovation Promotion Ordinance，简称RIPO）；二是2017年发布的《瑞士创新促进署资助和其他支持措施的条例》（Ordinance of the Swiss Innovation Promotion Agency on its Funding and Other Support Measures，简称Innosuisse Funding Ordinance)；三是2017年发布的《瑞士创新促进署的薪酬条例》(Innosuisse’s Remuneration Ordinance)；四是2017年发布的《瑞士创新促进署的人员条例》(Innosuisse's Personnel Ordinance)。

2. 营造开放和优质的商业环境

从国土面积看，瑞士只有4万多平方公里，是一个小国，但论及创新和金融，瑞士就不是小国了。瑞士有超过60所大学，研发投入占GDP的比例高达3%，瑞士2016年的专利申请量超过7000件，居世界第五，欧洲第三，瑞士每百万人口的专利数量高居世界首位。瑞士人均拥有的诺贝尔奖得主人数高居世界首位。瑞士拥有出色的研究平台，已经成为世界级的创新中枢。将近一半的瑞士工人从事的是知识密集型产业，高技术产业是瑞士经济成功的一个支柱和一张名片，瑞士大约四分之一的高技术产品出口。

瑞士境内有阿尔卑斯山，但并非一个封闭的国家和市场。一方面，瑞士吸引了国际的人才要素流入，无论大学还是企业都是如此；另一方面，瑞士企业在全球化发展的同时，瑞士也在吸引外国企业来瑞士设立研发中心，例如，谷歌瑞士是谷歌在美国本土以外最大的研发基地，瑞士高质量的人才培养、科学研究和创新是谷歌在瑞士投资成功的重要因素。

瑞士经济的成功依赖于创新和金融两个重要的动能(driver)，但这两大动能依赖于瑞士的商业环境，是瑞士的商业环境导致瑞士经济具有国际竞争力和强大的创新生态系统，在瑞士的创新生态系统中，既有总部位于苏黎世的ABB、瑞银集团、瑞信集团，总部位于巴塞尔的罗氏制药和诺华制药，总部位于日内瓦湖畔的雀巢咖啡这样的大企业，也有很多具有国际竞争力和领导力的中小企业。此外，通过合作来开展创新是瑞士经济得以成功的一个关键。

3. 构建国家创新园区网络，将企业界、大学和研究机构连接起来①

为了推动创新，由瑞士创新（Switzerland Innovation）这一私立基金会出面，瑞士在全国设立了5个瑞士国家科学园区，其整体称为瑞士创新园区（The Swiss Innovation Park）。这5个园区分别是：巴塞尔园区（Switzerland Innovation Park Basel Area）、洛桑联邦理工学院西区园（Switzerland Innovation Park EPFL Network West）、位于菲林根和维伦林根的创新园区（Switzerland Innovation Park Innovaare）、苏黎世园区（Switzerland Innovation Park Zurich）、比尔/比恩园区（Switzerland Innovation Park Biel/Bienne AG）。这些地点都是科教资源密集的城市，例如，在苏黎世，有苏黎世联邦理工学院（简称ETH）和苏黎世大学；在巴塞尔，有巴塞尔大学；在菲林根和维伦林根，有ETH下属的保罗·谢尔研究所（The Paul Scherrer Institute，简称PSI）；在洛桑，有洛桑联邦理工学院（简称EPFL）。5个国家科学园中，4个是集中在一个地点建设，唯一的例外是围绕洛桑联邦理工学院，瑞士取了1个集中点和4个辐射点建设国家科学园西区园。

创新园区都建在大学或科研机构附近，每个创新园区都有自己的优势研究领域：比尔/比恩园区主打空间技术；位于菲林根和维伦林根的创新园区主打加速器技术、高级材料和工艺、卫生健康、能源和环境；巴塞尔园区主打精密医药、生命科学、生物医疗工程；国家科学园西区园主打计算机和计算科学，能源、自然资源和环境，卫生和生命科学，材料和制造业，移动性和交通；苏黎世园区主打生命科学和生活质量、工程和环境、数字技术和通信。

---

① 参见瑞士创新网站：https：//www. switzerland - innovation. com/。

入驻创新园区的条件是：企业不论大小都可以入驻，既有技术驱动的初创企业，也有大企业的研发中心。在办公条件上，不仅为初创企业提供了创业空间，也为大企业的研发中心提供了办公空间。创新园区提供了世界级的研究基础设施，如世界级的化学、物理、光电和生物实验室，温度差控制在0.1摄氏度内，清洁程度达到ISO5级和6级，园区的研究基础设施紧邻大学和研究机构。园区为企业与大学、研究机构和政府开展合作提供服务，搭建起合作网络，企业可以在创新园区接触到最新的研究、知识、技能和科研人员，方便了大企业与初创企业和技术公司打交道，还方便大企业招聘毕业生和科研人员。创新园区能提升企业，将企业一下子带入国家层面和国际层面的商业舞台。创新园区提供的高技术服务有融资、营销、知识产权、税收优惠、法律诉讼、企业家精神、技术咨询等，成立了专门从事可行性研究和专利研究的高技术服务公司，构建了一个商业友好型和经济强大型的商业环境。

（二）美国的创新政策前沿

2020年全球创新指数排名中，美国高居第3位，仅次于瑞士和瑞典。其中，创新投入分指数美国居全球第4位，创新产出分指数美国居全球第5位。美国的创新政策前沿主要有以下几方面。

1. 对初创企业提供更加宽松的直接融资

美国虽然有发达的风险投资和天使投资，但是对于大多数初创企业而言，如何能获得直接融资一直困扰着美国证监会，美国证监会每年都要召开由小企业和资本方参加的专门会议。2012年4月5日，奥巴马总统将JOBS法案（The Jumpstart Our Business Startups Act）签署成法律，JOBS法案要求美国证监会对资本形成、披露和注册进行研究和制定规则，其中就涉及众筹（Crowdfunding）这一新型豁免制度，股权众筹下，初创企业作为发行人可以通过互联网中介（也就是众筹平台），向个人投资者开展小额证券融资的全新豁免形式。为此，美国证监会抓紧时间落实JOBS法案，2015年10月30日，美国证监会出台了《众筹规则》，该规则旨在利用互联网技术发展推动初创企业直接融资。

2. 创新的地理分布更加扩散和均衡

美国在创新的地理分布上近年来出现了新现象：创新在扩散，分布更加均衡，创新型城市增加。传统的创新区域主要是128公路所在的波士顿、硅谷所在的旧金山、研究三角园所在的北卡罗来纳州，现在则发生了很大变化，在东部，纽约市和华盛顿特区成为创新区域；在西南部，达拉斯、休斯敦和奥斯汀则成为创新区域；在南部，亚特兰大、迈阿密成为创新区域；在西部，圣迭戈、洛杉矶和西雅图成为创新区域；在中西部，丹佛成为创新区域。

以奥斯汀为例，该市在生活费用、文化、人才和商业环境方面提供了有吸引力的条件，使得这个小城市成为美国关键的技术中枢之一。这里有得克萨斯大学和得克萨斯州立大学向企业界输送人才，加之这里友好的商业环境，吸引了戴尔、IBM、亚马逊和脸谱入驻。奥斯汀还赢得了“硅山”（Silicon Hills）的绰号，因为奥斯汀的技术类公司密集，这里也是美国初创企业最为活跃的领先城市之一。

3. 地方政府针对高技术企业出台减税政策

减税对于促进创新有时能起到奇效，美国加州旧金山市在2011年的减税措施就是典型的例子。

2011年，硅谷已经人满为患，租金很高，交通拥挤，而旧金山市的楼房空置率很高的市场街中部（Mid – Market）[①] 和充斥着毒品、暴力和犯罪的田德隆区（Tenderloin）失业都很严重，此时硅谷已经无法容纳更多的高技术企业。鉴于此，时任旧金山市长的李孟贤提出了一项著名的减税措施，只要肯入驻市场街中部和田德隆区的企业，都可以享受减税的政策：企业在 8 年内雇用的新雇员，都可以免交 1.5% 的工薪税（payroll tax）。李孟贤市长的减税措施同时也是为了挽留推特公司，因为推特公司威胁要退出旧金山市。2011 年 4 月 5 日，旧金山市监事会（San Francisco Board of Supervisors）以8∶3的投票结果批准李孟贤的减税措施。减税措施一经推出，马上收到奇效，不仅推特公司入驻市场街中部，而且带动很多高技术企业，如 Dolby、Square、Uber 和 Zendesk 的公司总部入驻市场街中部，加上推特公司，这些技术巨人企业的价值估计超过 1400 亿美元。人们戏称这一减税措施为“推特减税”（the Twitter tax break）。

2019 年 5 月 20 日，减税政策期满。8 年减税的代价是，旧金山市的工薪税少收 7000 万美元，但减税的这 8 年间，旧金山市发生了很大的变化，主要体现在以下方面。

一是办公楼空置率降到最低，59 家规模大到足以向旧金山市申报工薪税的公司或者入驻市场街中部，或者就在市场街中部诞生。同时，市场街中部的零售商的数量增长了 3%，而旧金山全市的零售商数量下降了 1%。市场街中部现在是旧金山市的一个正常的办公地区，过去可不是这样。

---

① 市场街中部的再开发，北至第五大街与市场街（Market Street）交叉点，南至凡内斯（Van Ness）大道与市场街的交叉点，并且包含了延伸到教会街（Mission Street）的几栋建筑。为了开发这一区域，市场街中部实际上创造出一个田德隆区（Tenderloin）、市场街南区（SoMa）和思域中心（Civic Center）的子邻域。

二是税收增加。2010～2017年，减税后的市场街中部为旧金山市提供的工薪税和总收入税增加了600万美元，为旧金山市提供的销售税增加了75万美元。旧金山全市范围内，2017年的私营部门企业数量比2010年多出了7027家。企业税收包括工薪税和总收入税，2010～2017年增长了90%，销售税同期增长了96%。

三是政府预算改善。减税不仅加速了市场街中部的经济崛起，而且带动旧金山全市的经济增长。减税之前，旧金山市处在大衰退的深处，政府有巨大的赤字，大约相当于旧金山市预算的10%，减税8年后，不仅赤字消失，而且旧金山市的预算从68亿美元增至111亿美元。

四是失业率降至最低。减税之前，旧金山正在经历两位数的失业率，减税之后，促进就业效果立显，仅在市场街中部，2011～2018年就新增加10000个就业，而就市场街中部及其邻近区域而言，总计新增53000个就业。旧金山全市范围内，失业率从2011年的9%降至2019年的2.6%，全市的就业总数从2011年的543600个，增加到2018年的730900个。

五是收入增加。减税的这8年，不仅旧金山市的人口增加了68000人，而且中等收入家庭的收入从10000美元上升至88600美元。

六是旧金山市成为与硅谷并立的创新中心。因为减税，旧金山挽留了很多硅谷无法容纳的高技术企业，以至于时至今日，旧金山市已经成为数字经济时代美国独角兽的聚居地，旧金山市成为与硅谷并列的全美创新中心。

七是除了减税，针对高技术企业发展，当地政府在优化税制上下足了功夫。旧金山市首席经济学家泰德·艾根（Ted Egan）评价减税的话很有代表性："减税不是市场街中部经济繁荣背后的唯一原因，但减税肯定在加速市场街中部的经济增长时发挥了作用。”减税仅仅是设计用来吸引高技术企业和改进旧金山经济的税收政策的一个变化，但减税的背后，还有更深层次的考虑，就是如何针对促进高技术企业发展，出台相应的税制改革措施。例如，就在旧金山市监事会通过减税政策不久，旧金山市还免除了特定的基于股票的薪酬税收，2011～2017 年上市的企业可以享受这一免税待遇。于是旧金山市要逐步用总收入税取代工薪税，今天，旧金山市的工薪税税率已经低至仅为 0.38%。

（三）新加坡的创新政策前沿

2020 年新加坡的全球创新指数名列第 8 位，其中创新投入分指数名列全球第 1 位，创新产出分指数名列全球第 15 位。新加坡的创新政策前沿主要有以下几方面。

1. 三措并举，将新加坡打造成世界创新中枢[①]

新加坡通过在文化、创新生态系统和城市环境三个方面同时发力，努力将新加坡打造成世界创新中枢。其中，文化影响到创新者接受风险的意愿，并且能培育出一个更加合作的环境。一个有活力的创新生态系统促使有着相同想法的人们可以在一起讨论想法和彼此帮助。全球化时代，创新者可以在不同的国家自由流动，因此，城市还需要提供一个舒适的生活环境来吸引或留住有才能的人。

虽然新加坡可以吸引人才，并且建立了一个由企业家、投资者、

---

① Saheli Roy Choudhury（2017），“One tiny city state is pushing hard to be a center for innovation”，Published Wed，Aug 30 2017 12：07 AM EDT，CNBC；Updated Fri，Sep 15 2017 6：09 AM EDT，CNBC. 网址：https：//www. cnbc. com/2017/08/30/singapore－is－pushing－hard－to－be－a－center－for－innovation. html 。

企业和研究机构构成的创新生态系统，但新加坡在营造风险承担的文化上还滞后于美国。为了鼓励创新和冒险，2016 年，新加坡政府承诺投入 190 亿新加坡元（约合 136 亿美元）来支持未来 5 年的研究和开发，并且，在 2017 年初，新加坡政府宣布对当地尚处在试验阶段的、刚兴起的人工智能产业在未来 5 年内投入超过 1 亿美元。

不仅如此，新加坡理解冒险和探索未知领域是创新的组成部分，政府从监管者的角度，设计出沙盒方法（The Sandbox Approach），来确保在获得一个特定的解决方案之前对风险进行控制。在监管沙盒中，特定的解决方案可以被验证，这可以缓冲失败，允许一定程度的冒险。例如，新加坡政府引入了一个“数据沙盒计划”，让公司和机构可以交换和分析大数据。而新加坡的货币监管当局设立了一个监管沙盒，允许金融科技企业在一个受控制的环境中试验新的金融产品和服务。这样做的好处是，企业可以不断地试错，虽然失败得很快，但从中可以获得教训，并且将教训应用到新的试验中。

2. 推出鼓励研发的税收抵扣政策①

新加坡的企业所得税税率为 17%，为了解决高技术企业研发投入大、很多研发开支无法纳入所得税抵扣的难题，新加坡于 2010 年推出了生产率和创新抵扣（The Productivity and Innovation Credit，简称 PIC）政策，以鼓励企业加大研发投入，具体内容如下。

一是 100% 的基准抵扣。通常企业从事新产品和新工艺开发的成本在本质上是资本，因此不能通过当期的扣减来减少税收缴纳，而 100% 的基准抵扣是这一规则的例外，有资格纳入所得税抵扣的研发费

---

① Inland Revenue Authority of Singapore（2017），IRAS e – Tax Guide：Research and Development：Tax Measures（Fifth edition），网址：https：//www. iras. gov. sg/irashome/uploadedFiles/IRASHome/e – Tax_ Guides/etaxguide_ IIT_ RnDTaxMeasures_ 2017 – 12 – 01. pdf 。

用包括：研发活动的工资和薪酬、研发活动使用的材料。花费在工厂、机械设备、土地或建筑物上的资本支出被排除在外。2009～2025 年，企业上述研发支出可以享受 100% 的所得税抵扣，除非研发活动是在新加坡以外进行的。

二是 50% 的额外抵扣。2009～2025 年在新加坡进行的研发活动，其合资格的研发开支，除了可以享受 100% 的基准抵扣外，还可以享受 50% 的额外抵扣。合资格的研发支出限定为研发人员的薪酬、研发活动使用的易耗品。这个定义比 100% 的基准抵扣要窄，在新加坡以外进行的研发活动不能享受 50% 的额外抵扣。

三是 250% 或 300% 的加强抵扣。在 PIC 的研发抵扣计划下，加强抵扣的期限是从 2011～2018 年。在新加坡进行的研发活动或在新加坡以外进行的研发活动，合资格的研发支出将获得如下加强抵扣：如果研发活动在新加坡进行，则可以享受 250% 的加强抵扣，如果是在新加坡以外进行的研发活动，则可以享受 300% 的加强抵扣。这是在 100% 的基准抵扣基础上进行的，并且 50% 的额外抵扣只适用于在新加坡进行的研发活动。加强抵扣后，在新加坡进行的研发活动，合资格的研发开支将可以享受 400% 的抵扣，而在新加坡以外进行的研发活动，合资格的研发开支将可以享受 300% 的抵扣。

四是为小企业提供加计抵扣上限。2013～2015 年，PIC 计划规定，小企业可以享受 3 年内抵扣 120 万新加坡元，如果是合资格的小企业，则可以享受 3 年内 140 万新加坡元的加强抵扣。2016～2018 年，小企业可以享受 3 年内抵扣 120 万新加坡元，如果是合资格的小企业，则可以享受 3 年内 180 万新加坡元的加强抵扣。

五是额外的超级抵扣。2020 年 3 月 31 日前经新加坡经济发展局（EDB）批准且在新加坡进行的研发项目，将可以享受额外的超级抵扣。100%的基准抵扣、50%的额外抵扣、额外的超级抵扣三者合计不能超过企业实际研发支出的200%。如果企业已经享受了加强抵扣，则不能再享受额外的超级抵扣。

3. 设立多个各具特色的创新园区

新加坡以创新园区为载体，建立了多个创新园区。

一是2021年新加坡即将在双溪加株设立农业食品创新园区（Agri-food Innovation Park）。

二是新加坡科学园区（Singapore Science Park）。该园区分为1、2两个片区，坐落在新加坡技术走廊旁边，毗邻新加坡国立大学，距离新加坡的中央商务区（CBD）只有15分钟车程，优越的地理位置吸引了很多技术类公司入驻。

三是纬壹科技城（One North）。里面包括了启奥生物医药园（Biopolis）、启汇园（Fusionopolis）、媒体工业园（Mediapolis）和起步谷（LaunchPad）。其中，启奥生物医药园毗邻新加坡国立大学医院，汇聚了生命科学研究的全过程，园区内还坐落着公立科研机构；启汇园是信息通信、媒体、自然科学与工程学研发中心；起步谷汇聚了众多的初创企业，过去十年里，新加坡的初创企业数量翻倍，达到55000家。

四是实里达航空园区（Seletar Aerospace Park）。该园区不仅有组装飞机的能力，还有维修和翻新飞机的能力，使得新加坡成为亚太地区最全面的飞机翻新维修中枢。

五是裕廊岛（Jurong Island）。裕廊岛是新加坡的能源化工园区，园区内聚集了上百家能源化工企业。裕廊岛是新加坡的炼油中心，该岛未来的发展方向是成为拥有尖端技术的化学工业基地。

六是芯片园区和显示器园区。新加坡有四个专业化的芯片制造园区，分别是淡滨尼（Tampines）、巴西立（Pasir Ris）、兀兰（Woodlands）和北岸（North Coast），高级显示器园区是在淡滨尼。

（四）澳大利亚的创新政策前沿

2020 年全球创新指数排名中，澳大利亚名列第 23 位，其中，创新投入分指数澳大利亚名列全球第 13 位，创新产出分指数澳大利亚名列全球第 31 位。澳大利亚的创新政策前沿主要有以下几方面。

1. 认清短板，对创新采取国家行动

澳大利亚是一个创新能力强的国度，尽管澳大利亚经济给外界的印象是靠农产品和矿产资源出口的国度。但实际上，即便是农业和矿业，澳大利亚也是基于创新，大量采用了数字技术。虽然澳大利亚已经连续 28 年实现经济增长，这在西方国家中是少见的，但澳大利亚有忧患意识，要用创新应对未来的挑战，澳大利亚的创新目的是培育强大的劳动力和应对社会挑战。目前，澳大利亚在创新业绩上落后于欧美，为此，澳大利亚采取了国家行动，尤其是认清了短板：一是学生的科学和数学教育，二是企业界对研究开发的投资。2015 年启动了澳大利亚创新和科学议程（National Innovation and Science Agenda），2016 年成立了澳大利亚创新和科学委员会（Innovation and Science Australia Board），制定了一项战略性计划——《澳大利亚 2030 年：通过创新创造繁荣》（Australia 2030：Prosperity through Innovation），来加速创新和最优化澳大利亚的科学、研究和创新体系。每年澳大利亚政府对创新的投入高达 100 亿澳元。这些投资不仅包含对研究机构和研究活动直接提供资金，还包括通过税收体系的间接支持。到 2030 年，澳大利亚不仅要成为世界顶尖的创新国度，还要保持其经济增长的纪录。

2. 认清优势，实现从投资矿产开采到投资创新的转变

澳大利亚的创新历史是辉煌的：一是“盛产”诺贝尔奖得主，截至2016年，澳大利亚的诺贝尔奖得主人数已经达到15人，且大多集中在生理学或医学奖上；二是很多为世界所熟知的发明都基于澳大利亚的研究突破，尽管这些发明的商业化都不在澳大利亚，这当中，有飞机的黑匣子、心脏起搏器、光伏电池、X射线晶体衍射、世界上第一个癌症疫苗Gardasil。

澳大利亚的教育出口在全球名列前茅，澳大利亚的医疗体系和医疗研究人员都是世界级的。澳大利亚的研究人员群体也是世界级的。投资于创新收获的便是专利，澳大利亚将专利视为与铁矿石资源一样有价值的资产，从投资于国内的矿产开采潮到投资于创新，这是澳大利亚的一个重大政策转变。

3. 主张依靠新的科学知识驱动经济增长

澳大利亚科学院为了测算科学对澳大利亚经济增长所做的贡献，发布了两份报告，第一份报告是2015年3月发布的《尖端物理和数学科学对澳大利亚经济的重要性》（*The importance of advanced physical and mathematical sciences to the Australian economy*），第二份报告是2016年1月发布的《尖端生物科学对澳大利亚经济的重要性》（*The importance of advanced biological sciences to the Australian economy*）。

尖端物理和数学科学是指以物理学、化学、地球科学和数学为核心的自然科学，尖端则是指最近20年运用到生产中的。正是尖端物理和数学科学才能使得企业界掌握最新的知识和利用商业机遇。当然，在测算时，这些尖端物理和数学科学不仅有澳大利亚科学家创造的最新知识，也包括澳大利亚以外的国家所创造的最新知识。测算结果发现：一是11%的澳大利亚经济活动直接依赖于尖端物理和数学科学；

二是建立在尖端物理和数学科学基础之上的产业对澳大利亚经济产生的直接影响和后续影响之和相当于澳大利亚经济活动的22%，换言之，为每年2920亿澳元；三是7%的澳大利亚就业（约76万个工作岗位）直接依赖于尖端物理和数学科学；四是尖端物理和数学科学对澳大利亚经济的直接贡献是每年1450亿澳元；五是尖端物理和数学科学领域的就业岗位，其劳动生产率比澳大利亚经济中的其他就业岗位要高出75%；六是与尖端物理和数学科学相联系的出口每年为740亿澳元，占澳大利亚货物出口的比重为28%，占澳大利亚货物和服务出口的比重为23%。

尖端生物科学是指过去30年里对经济、健康和环境产生重大影响的生物科学。报告采用反事实度量法测算尖端生物科学对澳大利亚经济、健康和环境产生的影响，测算结果如下：一是3.6%的澳大利亚经济活动直接依赖于尖端生物科学；二是4%的澳大利亚就业（约46.4万个工作岗位）直接和尖端生物科学相关；三是与尖端生物科学相关的出口每年约为120亿澳元，占澳大利亚货物出口的比重为5%，占澳大利亚货物和服务出口的比重为4%；四是尖端生物科学对澳大利亚经济的直接贡献为每年460亿澳元；五是如果没有尖端生物科学，澳大利亚的疾病负担将提高18%～34%；六是尖端生物科学的直接影响和后续影响之和占澳大利亚经济活动的5%，相当于每年约650亿澳元；七是尖端生物科学带来的健康改善的价值相当于830亿～1560亿澳元。

三、创新政策前沿的中西比较分析

在对瑞士、美国、新加坡、澳大利亚的创新政策前沿进行介绍后，下面将对创新政策前沿进行中西方比较分析。

（一）西方的创新投入政策力度大，而且创新投入多样化

在创新投入分指数上，新加坡、瑞士、美国和澳大利亚2020年分别位居全球第1、2、4和13位，排名都明显高于中国所处的全球第26位。这表明，西方把创新政策首先落实在创新投入上，即便是矿业发达的澳大利亚，也重视矿业领域的创新投入，其矿业开采达到了世界一流水平。从上述四国的创新投入政策看，西方创新投入政策呈现出多样化，不同国家各具特色，大体来讲，分为政策投入、基础设施投入、研发投入。其中，政策的投入不仅包括出台创新法律，如瑞士和美国，而且包括发展理念的转变，如新加坡和澳大利亚。基础设施投入分为园区政策、创新网络的构建、创新的地理分布和地理扩散，其代表分别是新加坡、瑞士和美国。研发投入是西方创新投入政策的一个焦点，在这方面，不仅有新加坡的世界领先的研发抵扣政策，还有美国对初创企业的直接融资政策。反观中国，创新投入政策虽然也实现了多样化，但中国作为一个创新大国，创新投入政策的实施力度还不够大，一些政策措施还没有跟上西方的步伐，创新投入政策在多样化上还不及西方。

（二）西方的创新产出政策不仅强调创新的质量，而且强调创新的效率

西方的创新产出政策集中在知识的创造、影响和扩散方面。瑞士、美国、新加坡和澳大利亚的创新产出分指数2020年分别位居全球第1、5、15、31名，而中国位居全球第6名，从中可以看出，中国主要是靠创新的数量取胜，西方则普遍重视创新产出的质量和创新的效率，也就是澳大利亚总结的要依靠新的科学知识驱动经济增长。其中，知识的创造和知识的影响体现的是创新产出的质量，而知识的扩散体

现的是创新的效率。正是因为重视创新产出的质量，使得西方创新不仅在总体水平上仍旧高于中国，而且像瑞士这样的小国也能取得全球创新指数的第一名，证明小国可以同时在创新产出的质量和创新的效率两个方面表现出色。

执笔人：罗　涛

参考文献

［1］Cornell University，INSEAD，and WIPO：The Global Innovation Index 2020：Who Will Finance Innovation?，2020. 网址：https：//www. wipo. int/edocs/pubdocs/en/wipo_ pub_ gii_ 2020. pdf

［2］Australian Academy of Science，"The importance of advanced biological sciences to the Australian economy"，Australian Academy of Science，Canberra，2016. 网址：https：//www. science. org. au/files/userfiles/about/biology%20report_ web. pdf

［3］Australian Academy of Science，"The importance of advanced physical and mathematical sciences to the Australian economy"，Australian Academy of Science，Canberra，2015. 网址：https：//www. science. org. au/files/userfiles/support/reports – and – plans/2015/importance – advanced – sciences – to – economy. pdf

［4］Dineen J. K.，"Mid – Market：Vision and Reality"，Part1 – 3，San Francisco Chronicle，May 9，2019. 网址：https：//projects. sfchronicle. com/2019/mid – market

［5］Lydia Belanger，"The Most Innovative Cities in America"，Inc. magazine，issue of the April，2014. 网址：https：//www. inc. com/magazine/201404/lydia – belanger/the – most – innovative – cities. html

［6］Inland Revenue Authority of Singapore，IRAS e – Tax Guide：Research and Development：Tax Measures（Fifth edition），2017. 网址：https：//www. iras. gov. sg/irashome/uploadedFiles/IRASHome/e – Tax_ Guides/etaxguide_ IIT_ RnDTaxMeasures_ 2017 – 12 – 01. pdf

［7］Saheli Roy Choudhury，"One tiny city state is pushing hard to be a center for innovation"，Published Wed，Aug 30 2017 12：07 AM EDT，CNBC；Updated Fri，Sep 15 2017 6：09 AM EDT，CNBC. 网址：https：//www. cnbc. com/2017/08/30/singapore – is – pushing – hard – to – be – a – center – for – innovation. html

［8］瑞士创新网站：https：//www. switzerland – innovation. com